21世纪 经济管理新形态教材
金融学系列

Securities Investment Fund

证券投资基金学

刘磊 主编

U0361096

清华大学出版社
北京

内 容 简 介

本书结合国内外证券投资基金业发展的实践,共分十章,介绍了证券投资基金的概念与特点、功能与作用、基金分类、参与主体、募集与交易、投资管理、估值与费用、信息披露、监管和业绩评价等。书中各章还提供了拓展阅读和即测即练题等"互联网+"资源。

本书既适合作为高等院校金融类相关专业本科生和研究生的教学用书,以及高等院校其他经济和管理专业学生了解证券投资基金知识的参考书,也可以作为基金从业者、证券从业人员和投资者的参考读物。

图书在版编目(CIP)数据

证券投资基金学 / 刘磊主编. —北京:清华大学出版社,2023.1(2024.8 重印)

21 世纪经济管理新形态教材. 金融学系列

ISBN 978-7-302-62156-0

Ⅰ.①证… Ⅱ.①刘… Ⅲ.①证券投资-基金-高等学校-教材 Ⅳ.①F830.91

中国版本图书馆 CIP 数据核字(2022)第 213251 号

责任编辑:王 青
封面设计:李召霞
责任校对:宋玉莲
责任印制:刘海龙

出版发行:清华大学出版社

      网　　　址:https://www.tup.com.cn,https://www.wqxuetang.com

      地　　　址:北京清华大学学研大厦 A 座　　　　　　邮　　编:100084

      社 总 机:010-83470000　　　　　　　　　　　邮　　购:010-62786544

      投稿与读者服务:010-62776969,c-service@tup. tsinghua. edu. cn

      质量反馈:010-62772015,zhiliang@tup. tsinghua. edu. cn

印 装 者:三河市少明印务有限公司

经　　销:全国新华书店

开　　本:185mm×260mm　　印　张:14.25　　　　字　　数:325 千字

版　　次:2023 年 1 月第 1 版　　　　　　　　　　印　　次:2024 年 8 月第 4 次印刷

定　　价:49.00 元

产品编号:098182-01

前　言

　　本书是为了满足高等院校金融类及其他相关专业教学需要而编写的,也可为商业银行、保险公司、证券公司、基金公司、信托公司及各类互联网金融机构等与基金相关的从业者提供参考。

　　随着证券市场的快速发展,证券投资基金业也获得了迅猛的发展。目前我国的公募基金数量已经超过 1 万只,资产规模近 26 万亿元人民币,已成为证券市场最重要的机构投资者,对稳定和促进我国证券市场的发展具有重要的作用。证券投资基金的地位日益提高,越来越受到金融监管部门、相关金融机构、机构投资者和普通投资者的重视,因此,无论是金融监管部门、金融机构的相关工作人员,还是机构投资者和个人投资者都需要学习、了解并掌握基金的相关知识。本书的结构体系和内容既符合我国基金市场的实际情况,又能很好地满足高等教育及相关实务界人士学习的需要。

　　全书共分十章,具体分工如下:哈尔滨商业大学的刘磊编写第一、三章,哈尔滨金融学院的汤洋编写第二、四、五章,哈尔滨商业大学的段雨馨编写第六、十章,哈尔滨商业大学的刘从敏编写第七、九章,浙江树人学院的董晓红编写第八章。刘磊负责全书内容与大纲的设计、总纂和修改定稿。

　　在本书编写过程中,我们参考了大量国内外书刊资料和文章及业界的研究成果,在此一并表示衷心的感谢! 由于编者水平所限,书中难免存在不足和疏漏之处,敬请专家、学者和读者批评指正。

刘　磊

2022 年 8 月

目 录

第一章

证券投资基金概述

【学习目标】

1. 理解证券投资基金的含义与特征；
2. 了解证券投资基金的功能与作用；
3. 了解证券投资基金的起源与发展；
4. 了解我国基金业的发展历程。

第一节　证券投资基金的概念和特点

一、证券投资基金的概念

证券投资基金(简称"基金")是指通过发售基金份额的方式,将众多投资者的资金汇集起来,形成独立财产,由基金托管人托管、基金管理人管理,以投资组合的方式进行证券投资,基金所得的收益由投资者按投资比例分享的一种集合投资方式。证券投资基金是一种实行组合投资、专业管理、利益共享、风险共担的集合投资方式。与股票、债券不同,基金是一种间接投资工具。

证券投资基金通过发行基金份额的方式募集资金,个人投资者或机构投资者通过购买一定数量的基金份额参与基金投资。基金所募集的资金在法律上具有独立性,由选定的基金托管人保管,并委托基金管理人进行股票、债券等分散化组合投资。基金投资者是基金的所有者。基金投资收益在扣除由基金承担的费用后的盈余全部归基金投资者所有,并依据各投资者所购买的基金份额的多少在投资者之间进行分配。证券投资基金的概念如图 1-1 所示。

每只基金都会订立基金合

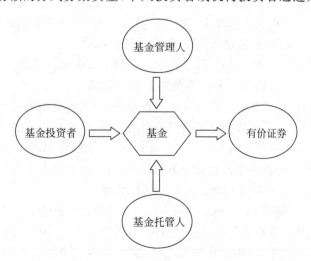

图 1-1　证券投资基金概念图示

同,基金管理人、基金托管人和基金投资者的权利、义务在基金合同中有详细约定。基金公司在发售基金份额时都会向投资者提供一份招募说明书。有关基金运作的各个方面,如基金的投资目标与理念、投资范围与对象、投资策略与限制、基金的发售与买卖、基金费用与收益分配等,都会在招募说明书中详细说明。基金合同与招募说明书是基金设立的两个重要法律文件。

与直接投资股票或债券不同,证券投资基金是一种间接投资工具。一方面,证券投资基金以股票、债券等金融证券为投资对象;另一方面,基金投资者通过购买基金份额的方式间接进行证券投资。

拓展阅读 1-1
基金业发展,站在中国资产管理市场舞台中央

不同国家和地区对证券投资基金的称谓有所不同。证券投资基金在美国被称为共同基金,在英国被称为单位信托基金,在欧洲一些国家被称为集合投资基金或集合投资计划,在日本则被称为证券投资信托基金。

二、证券投资基金的特点

1. 基金是一种集合投资方式

基金通过向投资者发行受益凭证或公司股份的方式,将投资者手中分散的、小额的资金集中起来,积少成多,形成具有一定规模优势的大额资金,然后委托基金管理人进行共同投资,再通过基金组织进行证券投资。在证券市场上,资金规模越大,相对来说越具有投资优势,如可进行真正意义上的组合投资,避免频繁买进卖出,从而节约交易费用等。

2. 实行专业管理

基金的投资决策及运营都是由基金经理及基金管理公司负责的,这些投资专家或者专业投资机构具有丰富的证券投资经验,掌握比较丰富的各种数据、资料等信息,善于利用基金与金融市场的密切联系,运用先进的技术手段分析各种信息资料,对金融市场上各品种的价格变动趋势做出比较正确的预测,最大限度地避免投资决策的失误,提高投资成功率。将资金交给基金管理人管理,中小投资者也能享受专业化的投资管理服务。

3. 可以通过组合投资,分散投资风险

为了降低风险,通常将基金的资金按一定比例投资于不同行业及不同种类的证券,在一定时期内因某些证券价格下跌而造成的损失可由另一些证券价格上涨带来的收益弥补,从而在整体上把风险降到最低限度,也就是所谓的"不要把所有的鸡蛋放在一个篮子里"。个人投资者由于受资金量的限制,很难投资足够多的不同行业及不同种类的证券,因而难以真正做到通过组合投资来分散风险。基金由于资金规模庞大,可以通过组合投资,同时投资不同行业及不同种类的证券,从而有效地分散风险。

4. 能够做到利益共享和风险共担

基金投资者是基金的所有者。基金投资收益在扣除由基金承担的费用后的盈余全部归基金投资者所有,并依据各投资者所持的基金份额比例进行分配。为基金提供服务的基金托管人、基金管理人只能按规定收取一定比例的托管费、管理费,并不参与基金收益的分配。

5. 实行投资运作与财产保管相分离的管理制度

为保障投资者利益不受损害,在基金的运作中,基金管理人和基金托管人有着明确的分工,基金管理人负责基金的投资运作,本身并不参与基金财产的保管,基金财产的保管由独立于基金管理人的基金托管人负责,实现了基金投资运作和基金财产托管相分离,不仅保障了基金资产的安全,而且可以对基金管理人进行有效监督,从而促进基金管理人的规范运作。

6. 实行严格监管和信息透明的监管政策

为切实保护投资者的利益,增强投资者对基金投资的信心,各个国家和地区的基金监管部门对基金行业实行严格的监管,对各种有损投资者利益的行为进行严厉的打击。基金发行时,要按照规定的内容与格式标准公开招募说明书和基金合同,明确基金的投资范围和投资限制。此外,还强制基金进行及时、准确、充分的信息披露,如定期或不定期地披露会计报告、投资组合和重大事项等。

三、证券投资基金与其他金融工具的比较

(一)基金与股票、债券的比较

1. 反映的经济关系不同

股票反映的是一种所有权关系,是一种所有权凭证,投资者购买股票后就成为公司的股东;债券反映的是债权债务关系,是一种债权凭证,投资者购买债券后就成为公司的债权人;基金反映的则是一种信托关系,是一种受益凭证,投资者购买基金份额就成为基金的受益人。

2. 所筹资金的投向不同

股票和债券是直接投资工具,筹集的资金主要投向实业领域;基金是一种间接投资工具,所筹集的资金主要投向有价证券等金融工具或产品。

3. 投资收益与风险大小不同

通常情况下,股票价格的波动性较大,是一种高风险、高收益的投资品种;债券可以给投资者带来较为确定的利息收入,波动性也较股票小,是一种低风险、低收益的投资品种;基金投资于众多金融工具或产品,能有效地分散风险,是一种风险相对适中、收益相对稳健的投资品种。

(二)基金与银行储蓄存款的比较

由于开放式基金早期主要通过银行代销,许多投资者误认为基金是银行发行的金融产品,与银行储蓄存款没有太大区别。实际上,二者有着本质的不同,主要表现在以下几个方面。

1. 性质不同

基金是一种受益凭证,基金财产独立于基金管理人;基金管理人只是受托管理投资者资金,并不承担投资损失的风险。银行储蓄存款表现为银行的负债,是一种信用凭证;银行对存款者负有法定的保本付息责任。

2. 收益与风险特性不同

基金收益具有一定的波动性,投资风险较高;银行存款利率相对固定,投资者损失本金的可能性很小,投资相对比较安全。

3. 信息披露程度不同

基金管理人必须定期向投资者公布基金的投资运作情况;银行吸收存款之后,不需要向存款人披露资金的运用情况。

第二节　证券投资基金的功能和作用

一、证券投资基金的功能

1. 融资功能

证券投资基金是将零散的资金巧妙地汇集起来,交给专业机构投资于各种金融工具,以谋取资产的增值。基金对投资的最低限额要求不高,投资者可以根据自己的经济能力决定购买数量,有些基金甚至不限制投资额大小,完全按份额计算收益的分配,因此基金可以最广泛地吸收社会闲散资金,汇成规模巨大的投资资金。在参与证券投资时,资本越雄厚,优势越明显,而且可能享有大额投资在降低成本方面的相对优势,从而获得规模效益的好处。

2. 专业理财功能

基金实行专家管理制度,这些专业管理人员都接受过专门训练,具有丰富的证券投资及其他项目投资经验。他们善于利用基金与金融市场的密切联系,运用先进的技术手段分析各种信息资料,能对金融市场上各种品种的价格变动趋势做出比较正确的预测,最大限度地避免投资决策失误,提高投资成功率。对于那些没有时间,或者对市场不太熟悉,没有能力专门研究投资决策的中小投资者来说,投资于基金,实际上就可以获得专家们在市场信息、投资经验、金融知识和操作技术等方面所拥有的优势,从而尽可能地避免盲目投资导致的失败。

3. 分散风险功能

单个的投资者资金量有限,不可能持有很多的股票来进行充分的分散化投资,通过持有基金份额就可以间接地持有一个分散化程度较高的组合,从而达到分散风险的目的。以科学的投资组合降低风险、提高收益是基金的另一大特点。在投资活动中,风险和收益总是并存的,因此"不能将所有的鸡蛋都放在一个篮子里",这是证券投资的箴言。不过,要实现投资资产的多样化,需要一定的资金实力,而小额投资者却很难做到这一点。基金则可以帮助中小投资者解决这个困难。基金既可以凭借其雄厚的资金,在法律规定的投资范围内进行科学的组合,分散投资于多种证券,借助资金庞大和投资者众多的优势使每个投资者面临的投资风险变小,又可以利用不同投资对象之间的互补性,达到分散投资风险的目的。

拓展阅读 1-2
了解基金知识,
匹配风险等级

4. 稳定市场功能

证券市场稳定与否同市场的投资者结构密切相关。基金的出现和发展能有效地改善证券市场的投资者结构，成为稳定市场的中坚力量。基金作为证券市场上重要的机构投资者，由专业投资人士经营管理，其投资经验比较丰富，信息资料齐备，分析手段较为先进，投资行为相对理性，客观上能起到稳定市场的作用。同时，基金一般注重资本的长期增长，多采取长期的投资行为，较少在证券市场上频繁进出，能减少证券市场的波动，客观上有利于股票市场的稳定。

二、证券投资基金的作用

1. 为中小投资者拓宽了投资渠道

对中小投资者来说，储蓄存款或购买债券较为稳妥，但收益率较低。投资于股票有可能获得较高收益，但对于手中资金有限、投资经验不足的中小投资者来说，直接进行股票投资有一定困难，而且风险较高，在资金量有限的情况下，很难做到组合投资、分散风险。此外，股票市场变幻莫测，中小投资者由于缺乏投资经验，再加上信息条件的限制，很难在股市中获得良好的投资收益。证券投资基金作为一种面向中小投资者设计的间接投资工具，把众多投资者的小额资金汇集起来进行组合投资，由专业投资机构进行管理和运作，经营稳定，收益可观，为投资者提供了有效参与证券市场的投资渠道。基金已经成为广大民众普遍接受的一种理财方式和投资工具。

2. 有利于优化金融结构，促进经济增长

基金吸收社会上的闲散资金，为企业在证券市场上筹集资金创造了良好的融资环境，实际上起到了把储蓄资金转化为生产资金的作用。这种储蓄转化为投资的机制为产业发展和经济增长提供了重要的资金来源，而且随着基金的发展壮大，这种作用越来越大。证券投资基金将中小投资者的闲散资金汇集起来投资于证券市场，扩大了直接融资的比例，为企业在证券市场上筹集资金创造了良好的融资环境，实际上起到了将储蓄资金转化为生产资金的作用。近年来基金市场的迅速发展已充分说明，以基金和股票为代表的直接融资工具能够有效分流储蓄资金，在一定程度上降低金融行业的系统性风险，为经济增长提供重要的资金来源，以利于生产力的提高和国民经济的发展。

3. 有利于证券市场的稳定和发展

基金作为一种主要投资于证券的金融工具，其出现和发展增加了证券市场的投资品种，扩大了证券市场的交易规模，起到了丰富和活跃证券市场的作用。随着基金的发展壮大，它已经成为推动证券市场发展的重要动力。

基金的出现和发展能有效地改善证券市场的投资者结构，成为稳定市场的中坚力量。基金由专业投资人士经营管理，其投资经验比较丰富，信息资料齐备，分析手段较为先进，投资行为相对理性，客观上能起到稳定市场的作用。同时，基金一般注重资本的长期增长，多采取长期的投资行为，较少在证券市场上频繁进出，可以减少证券市场的波动。基金在投资组合管理过程中对所投资证券进行的深入研究与分析，有利于促进信息的有效利用和传播，有利于市场合理定价，有利于市场有效性的提高和资源的合理配置。同时，基金能够发挥专业理财优势，推动市场价值判断体系的形成，倡导理性的投资文化，有助

于防止市场的过度投机。基金的发展有助于改善我国目前以个人投资者为主的不合理的投资者结构,充分发挥机构投资者对上市公司的监督和制约作用,推动上市公司完善治理结构。

4. 有利于完善金融体系和社会保障体系

金融市场主要由货币市场和资本市场组成,在传统的划分中,资本市场又分为股票市场和债券市场,但现在证券投资基金已经成为金融市场中的一股中坚力量,证券投资基金的发行、交易、赎回自然也形成了一个大的市场。证券投资基金市场的形成,促进了金融市场体系的发展和完善。证券投资基金的专业化服务可以为社会保障体系中的社保基金、企业年金、社会保险资金等提供资金保值增值的重要渠道,促进国家社会保障体系的建立和完善。

第三节　证券投资基金的起源与发展

一、证券投资基金的起源与早期发展

证券投资基金是证券市场发展的必然产物,在发达国家已有上百年的历史。最早的基金究竟诞生于何时目前并没有一致的看法。一些人认为,1822 年由荷兰国王威廉姆一世所创立的私人信托投资基金可能是世界上最早的基金。但另一些人则认为,将不同投资者的资金汇集起来,进行分散投资的思想早在 1774 年就由一位名叫凯特威士的荷兰商人付诸实践,其所创办的一只信托基金名称中就包含"团结就是力量"的含义。但无论如何,封闭式的投资信托基金是后来在英国生根发芽、发扬光大的,因此目前人们更倾向于将 1868 年英国成立的海外及殖民地政府信托基金看作是最早的基金。

海外及殖民地政府信托基金在美国《泰晤士报》上刊登招股说明书,公开向社会上的个人发售认股凭证,这是公认的设立最早的投资基金。该基金以分散投资于国外殖民地的公司债为主,投资地区远及南北美洲、中东、东南亚和意大利、葡萄牙、西班牙等国,投资总额 48 万英镑。该基金与股票类似,不能退股,亦不能将基金单位兑现,认购者的权益仅限于分红和派息两项。因为该基金在许多方面为现代基金的产生奠定了基础,所以金融史学家将其视为证券投资基金的雏形。

另一位投资信托的先驱者是苏格兰人富来明。1873 年,富来明创立了苏格兰美国投资信托,计划代替中小投资者办理新大陆的铁路投资。1879 年《英国股份有限公司法》发布,投资基金脱离了原来的契约形态,发展成为股份有限公司式的组织形式。

基金作为一种社会化的理财工具能在英国落地生根和发扬光大与英国工业革命的发展密不可分。19 世纪中叶时的英国经过第一次产业革命之后,工商业发展速度很快,殖民地和贸易遍及世界各地,社会和个人财富迅速增长,国内投资成本提高,于是许多商人便将私人财产和资金转移到劳动力价格低廉的海外市场进行投资,以谋求资本的最大增值。但由于投资者缺乏国际投资经验,对海外的投资环境缺乏应有的了解,加上地域限制和语言不通,无力自行管理。在经历了投资失败、被欺诈等惨痛教训之后,集合投资者的资金、委托专人经营和管理、分散投资的封闭式信托投资基金应运而生,不仅受到人们的

欢迎，还得到了英国政府的支持。

投资基金产生于英国，但真正的大发展却是在美国。1921 年 4 月美国设立了第一家证券投资基金组织——美国国际证券信托基金，标志着证券投资基金发展中的"英国时代"结束"美国时代"开始。1924 年 3 月 21 日，第一个具有现代投资基金面貌的基金马萨诸塞投资信托基金诞生于波士顿。马萨诸塞投资信托基金的设立，意味着美国式证券投资基金的真正起步。该基金也是世界上第一个公司型开放式投资基金。此后，美国逐渐取代英国成为全球基金业发展的中心。1929 年的经济大危机与股市崩盘，使普遍进行杠杆操作的美国封闭式基金几乎全军覆没，而开放式基金则顽强地生存了下来。美国基金投资者在经济大危机中损失惨重，而且基金在操作中的投机行为也极大地打击了投资者的信心。为此，美国监管部门开始对基金加强监管，1933 年美国《证券法》要求基金募集时必须发布招募说明书，对基金进行描述。1934 年美国《证券交易法》要求共同基金的销售商受证券交易委员会（SEC）的监管。1940 年发布的《投资公司法》和《投资顾问法》是美国关于共同基金的两部最重要的法律，这两部法律不但对美国基金业的发展具有基石性作用，也对基金在全球的普及性发展影响深远。

二、证券投资基金在全球的普及性发展

美国是世界上基金业最为发达的国家，下面我们主要以美国基金业的发展情况为主对证券投资基金在全球的普及性发展做简要介绍。二战后，美国经济在 20 世纪五六十年代的高速增长带动了投资基金的发展。1970 年，美国已有投资基金 361 个，总资产近 500 亿美元，投资者逾千万人。

20 世纪 30 年代美国基金业的发展遭受重创后，在接下来的四五十年代，美国基金业的发展非常缓慢。60 年代尽管出现了短暂的股票基金发展热，但由于 1969 年股票市场大熊市的到来，投资者对基金的兴趣再次减退。1971 年货币市场基金的推出为美国基金业的发展注入了新的活力，基金日益受到普通投资者的青睐。随着 20 世纪 80 年代养老基金制度改革及 90 年代股票市场的持续大牛市，美国基金业的发展真正迎来了大发展的时代。截至 2008 年年末，美国共同基金的资产有 9.6 万亿美元，有 9 300 万名基金投资者，基金数量超过 1 万只。

20 世纪 70 年代美国经济出现滞胀，高失业率伴随高通胀率，投资基金的发展亦进入一个低迷阶段，在投资者数量和管理资产方面都出现萎缩。进入 80 年代后，美国国内利率逐渐降低并趋于稳定，经济的增长和股市的兴旺使投资基金得到快速发展。尤其在 80 年代中后期，股票市场长期平均收益高于银行存款和债券利率的优势逐渐凸显，投资基金的发展出现了很大的飞跃。进入 90 年代，世界经济一体化的迅速发展使投资全球化的概念主导了美国投资基金的发展，同时克林顿执政时期国内经济的高速增长使股市空前高涨，股票基金也得以迅速膨胀。至 2007 年年末，美国的共同基金的资产总量已高达 12 万亿美元，有大约 6 000 万名持有者，有 50% 的家庭投资于基金，基金资产占所有家庭资产的 40% 左右。

与英国模式相比，美国模式具有三个基本特点：一是证券投资基金的组织体系由英国模式中的契约型改为公司型；二是证券投资基金的运作制度由英国模式中的封闭式改为

开放式;三是证券投资基金的回报方式由英国模式中的固定利率方式改为分享收益-分担风险的分配方式。

20 世纪 40 年代以后,各发达国家的政府也认识到证券投资基金的重要性及其在金融市场上的作用,相继制定了一系列法律、法规,在对证券投资基金加强监管的同时,也为证券投资基金提供了良好的外部环境,极大地推动了证券投资基金的发展。80 年代以后,证券投资基金在世界范围内得到了普及性发展。

我国香港特别行政区的投资基金在亚洲具有举足轻重的地位,其投资基金最早出现在 1960 年,但由于经济发展水平的局限性及投资者对基金并不了解等原因,20 世纪 70 年代以前基金市场的发展并不理想,直到进入 80 年代以后,投资基金的发展才出现生机,基金数目和资产总值迅速上升,成为除日本以外亚洲最大的基金管理中心。

从全球基金业的发展来看,20 世纪 80 年代以后,随着世界经济的高速增长和全球经济一体化的迅速发展,受美国及其他发达国家基金业的发展对促进资本市场的健康发展经验的启示,一些发展中国家也认识到基金的重要性,对基金业的发展普遍持积极的态度,相继制定了一系列法律、法规,使基金在世界范围内得到了普及发展。根据美国投资公司协会(ICI)的统计,截至 2020 年年底,全球开放式基金资产净值总规模为 63.06 万亿美元,较 2019 年年末增长了 14.9%。

第四节　我国基金业的发展历程

我国基金业的发展可以分为三个阶段:20 世纪 80 年代末至 1997 年 11 月 14 日《证券投资基金管理暂行办法》颁布之前的早期探索阶段;《证券投资基金管理暂行办法》颁布实施以后至 2004 年 6 月 1 日《证券投资基金法》实施前的试点发展阶段;《证券投资基金法》实施以来的快速发展阶段。

一、萌芽和早期探索阶段

始于 20 世纪 70 年代末的经济体制改革,在推动我国经济快速发展的同时,也引发了社会对资金的巨大需求。在这种背景下,基金作为一种筹资手段开始受到我国一些驻外金融机构的关注。

我国的证券投资基金与证券市场的发育几乎是同步的。但投资基金这一概念从观念和实践引入我国则应追溯到 1987 年,当年中国人民银行和中国国际信托投资公司首开中国基金投资业务之先河,与国外一些机构合作推出了面向海外投资者的国家基金,这标志着中国投资基金业务开始出现。与此同时,1987 年,中国新技术创业投资公司(中创公司)与汇丰集团、渣打集团在我国香港地区联合设立了中国置业基金,首期筹资 3 900 万元人民币,直接投资于以珠江三角洲为中心的周边乡镇企业,并随即在香港联合交易所上市。这标志着中资金融机构开始正式涉足投资基金业务。其后,一批由中资金融机构与外资金融机构在境外设立的中国概念基金相继推出。

中国经济的快速发展也推动了中国证券市场的发展。上海证券交易所与深圳证券交易所相继于 1990 年 12 月、1991 年 7 月开业,标志着我国证券业发展进入了一个新时期。

当时市场规模虽然还小,但市场运作正在日趋完善,投资者的金融投资意识也逐渐增强。在一系列宏观经济政策纷纷出台的前提下,我国基金业千呼万唤,终于走到了前台。

1991年,一些省市的地方证券公司开始尝试发行基金证券。例如,1991年7月,经中国人民银行珠海分行批准,珠海国际信托投资公司发起成立一号珠信物托,属于专项物业投资基金(该投资基金后来更名为"珠信基金"),基金规模为6 930万元,是我国设立最早的投资基金。同年10月,武汉证券投资基金和南山风险投资基金分别经中国人民银行武汉市分行和深圳市南山区人民政府批准设立,规模分别达1 000万元和8 000万元。但这些基金的规模都很小,不足1亿元,而且由于没有立法规范,其类型、资产组合、兑现方式等均存在较大的差异,投资风险无法控制,投资者的利益难以得到保障。

1992年,中国投资基金的发展进入新阶段,基金业主管机关是中国人民银行。当年有各级人民银行批准的37只投资基金成立,规模共计22亿美元。同年6月,我国第一只比较规范的投资基金——淄博乡镇企业投资基金由中国人民银行批准成立,该基金为公司型封闭式投资基金。1992年6月,深圳颁布了《深圳市投资信托基金管理暂行规定》,对基金运作的各个环节及所涉及的方面做出了规定。这是我国第一部地方性证券投资基金法规。同年10月8日,国内首家被正式批准成立的基金管理公司——深圳投资基金管理公司成立。此后,证券交易所和交易中心也相继出台了一些基金上市的试行办法。这些文件的颁布从法律上承认了证券投资基金在我国金融市场上的地位,推动投资基金在我国以前所未有的速度发展起来。

到1993年,各地大大小小的基金约有70家,面值达40亿元。已经设立的基金纷纷进入二级市场开始流通。这一时期是我国基金发展的初期阶段。1993年6月,9家中方金融机构及美国波士顿太平洋技术投资基金在上海成立了上海太平洋技术投资基金,这是第一个在我国境内设立的中外合资的中国基金,规模为2 000万美元。10月,建业、金龙和宝鼎三家面向教育界的基金获批设立。1993年8月,淄博基金在上海证券交易所公开上市,以此为标志,我国基金进入了公开上市交易阶段。90年代初期,我国投资基金无论在数量上还是在资金规模上,都取得了骄人的成绩,从政策的出台到中外合资基金的出现,再到基金的上市交易,我国的投资基金迅速发展,取得了长足的进步。

由于我国的基金从一开始就发展迅猛,其设立和运作的随意性较强,存在发展与管理脱节的问题,调整与规范基金业成为金融管理部门的当务之急。1993年5月19日,中国人民银行总行发出紧急通知,要求省级分行立即制止不规范发行投资基金和信托受益债券的做法。通知下达后,各级人民银行认真执行,未再批设任何基金,把精力放在已经设立的基金的规范化和已批基金的发行工作上。同时,基金交易市场也取得了长足的进展:1994年3月7日,沈阳证券交易中心与上交所联网试运行;3月14日,南方证券交易中心同时与沪、深证交所联网。

1994年7月底,证监会同国务院有关部门就推出股市"新政策",提出发展我国的投资基金,培育机构投资人,试办中外合资基金管理公司,逐步吸引国外基金投资国内A股市场,国内基金业与海外证券基金业联络、商洽,设计和申报了一批中外合资基金的方案等内容。但由于各方面条件限制,1995—1996年,我国申请待批的各类基金已达数百家,但由于法律的滞后,基金发展基本上处于停滞状态。

1996 年 11 月 29 日，建业、金龙和宝鼎基金在上交所上市。全国各地一些证券交易中心与沪、深证券交易所的联网使一些原来局限在当地的基金通过沪、深证券交易所网络进入全国性市场。不难看出，全国性的交易市场开始形成，伴随其市场表现为越来越多的投资者所认识和熟悉，开拓了我国投资基金业的发展道路。

1997 年之前，我国各地共设立了 75 只基金，其中基金类凭证 47 只，募集资金总额 73 亿元。在沪、深证券交易所上市交易的基金有 25 只，占两交易所上市品种的 3％，基金市值达 100 亿元。25 只基金中规模超过 2 亿元的有 7 只，1 亿至 2 亿元的有 7 只，1 亿元以下的有 11 只。此外，还有 38 只基金在全国各地的证券交易中心挂牌交易，其中天津 9 只、南方 10 只、武汉 12 只、大连 7 只。

这一阶段的特点表现为：

（1）组织形式单一。72 只基金全部为封闭式，而且除了淄博乡镇企业投资基金、天骥基金和蓝天基金为公司型基金外，其他基金均为契约型。

（2）规模小。单只基金规模最大的是天骥基金，为 5.8 亿元，最小的为武汉基金第一期，仅为 1 000 万元。平均规模 8 000 万元，总规模仅 66 亿元。

（3）投资范围宽泛，资产质量不高。绝大多数投资基金的资产由证券、房地产和融资构成，其中房地产占相当大的比重，流动性较低。1997 年年末的统计调查结果显示，其投资范围大体为：货币资金占 14.2％，股票投资占 31％，债券投资占 3.5％，房地产等实业投资占 28.2％，其他投资占 23.1％。

（4）基金发起人范围广泛。投资基金的发起人包括银行、信托投资公司、证券公司、保险公司、财政和企业等，其中由信托投资公司发起的占 51％，由证券公司发起的占 20％。

（5）收益水平相差悬殊。1997 年，收益水平最高的天骥基金的收益率达 67％，而最低的龙江基金的收益率只有 2.4％。

我国基金起步阶段存在的问题可以概括为：

（1）基金的设立、管理、托管等环节均缺乏明确有效的监管机构和监管规则。例如，大部分基金的设立由中国人民银行地方分行或地方政府审批，其依据是《深圳市投资信托基金管理暂行规定》等地方性法规，没有统一的标准，甚至在名称上也存在较大差异。在基金获批设立后，审批机关也没有落实监管义务，基金资产运营、投资方向等方面均缺乏相应的监督制约机制。

（2）一些投资基金的运作管理不规范，投资者权益缺乏足够的保障。例如，部分基金的管理人、托管人、发起人三位一体，基金只是作为基金管理人的一个资金来源，而基金资产与基金管理人资产混合使用，账务处理混乱。又如，基金托管人并没有起到监督作用，基金管理人的行为没有得到有效监控。

（3）资产流动性较低，账面资产价值高于实际资产价值。投资基金的大量资产投资于房地产、项目、法人股等流动性较低的资产，同时存在资产价值高估的问题。例如，20世纪 90 年代中期，部分地区房地产泡沫逐渐消除时，沉淀在房地产的资产仍然按照成本计价而没有按照市价进行调整，使个别基金资产的账面价值高于实际资产价值。

二、试点发展阶段

在对老基金发展过程加以反思的基础上，经国务院批准，国务院证券监督管理委员会于 1997 年 11 月 14 日颁布了《证券投资基金管理暂行办法》。这是我国首次颁布的规范证券投资基金运作的行政法规，为我国基金业的规范发展奠定了规制基础。由此，中国基金业的发展进入规范化的试点发展阶段。

《证券投资基金管理暂行办法》是我国首次颁布的规范证券投资基金运作的行政法规，为我国证券投资基金业的规范发展奠定了法律基础。它的颁布与实施也标志着我国封闭式基金进入了新的发展阶段。此后，监管机构又相继颁布了《证券投资基金管理暂行办法》的实施准则、通知、规定等，对基金设立、基金运作、基金契约、托管协议、基金信息披露等内容进行了详细的界定。一系列的办法、规定、准则、通知等规范了投资基金的运作，推动了证券投资基金在我国的规范和快速发展。

在新的管理制度实施后，先后有一批基金管理公司成立，首批成立的基金管理公司是南方基金管理公司和国泰基金管理公司，它们于 1998 年分别发行了开元基金和金泰基金。基金金泰、基金开元这两只契约型封闭式证券投资基金的设立标志着规范化的证券投资基金在我国正式发展。这两只基金的规模均为 20 亿元，远远超过此前的单只基金规模。

随着南方基金公司和国泰基金管理公司的成功，1998 年之后基金行业进入了快速发展的轨道。其后，我国还新设立了华夏基金管理有限公司、华安基金管理有限公司、嘉实基金管理有限公司、鹏华基金管理有限公司等基金管理公司，专门从事证券投资基金的管理。中国工商银行、中国农业银行、中国银行、中国建设银行和中国交通银行等银行先后取得了证券投资基金托管业务资格，从事证券投资基金的托管业务。

1998 年，我国成立了第一批 5 只封闭式基金：基金开元、基金金泰、基金兴华、基金安信和基金裕阳。此后，基金泰和、基金兴华、基金华安等证券投资基金相继设立。2001 年我国证券投资基金的总规模超过 800 亿元，其中，封闭式基金的规模达 689.73 亿元，开放式基金的规模超过 117 亿元。

在《证券投资基金管理暂行办法》出台后，根据新的法规要求，对老基金进行了清理规范，同时批准设立了一批新的基金。在此阶段，基金规模得到快速发展，但也暴露了一些问题。这一阶段的投资基金发展中有三个现象值得关注：①投资基金不仅被监管部门看作重要的机构投资者，而且成为监管部门贯彻政策意图、调控股市走势的重要机制。②投资基金运作中发生了比较严重的违规现象。在证券市场上，投资基金被赋予"专业理财、理性投资"等桂冠，但在实践中，新基金的运作并没有严格遵守有关法律、法规的规定，规范地开展基金投资。③在各方舆论压力之下，证券监管部门对证券投资基金的运作给予更为密切的关注，对证券投资基金运作中的不规范行为予以查处和纠正。自此，证券投资基金的监管进入了监管程序之中。

截至 2002 年年底，我国有契约型封闭式证券投资基金 54 只，资产总规模为 817 亿元左右，单只基金的规模从 5 亿元到 30 亿元不等，平均规模为 15.13 亿元左右。2002 年 8 月以后，封闭式基金停止发行，在开放式基金快速增长的情况下，封闭式基金的市场份额继续趋于缩小,其数量占基金总数的比例下降到了24.77%,资产规模占基金行业的比例下降到了17.52%。随着封闭式基金逐步转换为开放式基金,封闭式基金数量逐步减少。2009年年末,我国封闭式基金的数量从高峰时的54只下降到了31只。到2017年8月14日,基金银丰到期转换为偏股型开放式基金,传统的封闭式基金成为历史。

2000年10月8日,中国证监会发布了《开放式证券投资基金试点办法》,对我国开放式基金的试点起到了极大的推动作用。2001年10月,《开放式证券投资基金试点办法》颁布,使证券投资基金管理的基本框架得到了进一步完善。这些事件标志着我国证券投资基金的发展进入了新的发展阶段。该阶段有两个显著的特点:一是以开放式基金为主的基金市场规模迅速壮大;二是基金业的对外开放取得了突破,QFII(合格境外机构投资者)、QDII(合格境内机构投资者)产品相继问世。

2001年9月21日,华安创新证券投资基金发行,首发规模约为50亿份基金单位,这是国内第一只契约型开放式证券投资基金,标志着我国证券投资基金有了新的发展。2001年之后,基金的品种创新开始加速。仅2002年就推出了不少以各种投资理念为目标的投资基金品种,尤其突出的是南方基金管理公司首次推出债券型基金、华夏基金管理公司首次推出纯债券基金、华安基金管理公司首次推出180指数增强型基金、博时基金管理公司首次推出"安全型"概念的价值增长基金、天同基金管理公司推出首只180指数(标准化指数)基金等开放式基金。此后,我国开放式基金进入发行的高峰阶段,2001年9月到2002年年底,共发行、设立开放式证券投资基金17只,募集资金566多亿元。

2002年6月1日,中国证监会出台了《外资参股基金管理公司设立规则》,该规则自2002年7月1日起实施。这标志着中国证券市场的对外开放进入了一个新的阶段,也迈开了证券投资基金对外开放的步伐。2002年10月,首家中外合资基金管理公司——国安基金管理公司成立。2003年7月9日,瑞银华宝敲入外资进入中国股市的第一单,股票市场迎来了新的投资者——QFII。从入市资金总量来看,QFII占比不到5%,但其对国内投资者的行为产生了巨大的影响,一个明显的标志是国内市场与国际市场的联动。

在试点发展阶段,我国基金业主要表现出以下几个特点:

(1)基金在规范化运作方面得到了很大的提高。在这一阶段,为确保试点成功,监管部门首先在基金管理公司和基金的设立上实行严格的审批制。《证券投资基金管理暂行办法》对基金管理公司的设立规定了较高的准入条件:基金管理公司的主要发起人必须是证券公司或信托投资公司,每个发起人的实收资本不少于3亿元。较高的准入门槛和严格的审批制度尽管不利于竞争,但在保证基金的规范化运作上起到了良好的作用,在很大程度上确保了基金的社会公信力。其次是明确基金托管人在基金运作中的作用。最后就是建立较为严格的信息披露制度。这些措施的实施有力地促进了我国基金业的规范化运作。

(2)在封闭式基金成功试点的基础上成功地推出开放式基金,使我国的基金运作水平实现了历史性跨越。1998年3月27日,经中国证监会批准,新成立的南方基金管理公司和国泰基金管理公司分别发起设立了两只规模均为20亿元的封闭式基金——基金开元和基金金泰,由此拉开了中国证券投资基金试点的序幕。2000年10月8日中国证监会发布了《开放式证券投资基金试点办法》。2001年9月,我国第一只开放式基金——华安创新诞生,使我国基金业发展实现了从封闭式基金到开放式基金的历史性跨越。此后,开放式基金逐渐取代封闭式基金成为中国基金市场发展的方向。

(3) 对老基金进行了全面规范清理,绝大多数老基金通过资产置换、合并等方式被改造成为新的证券投资基金。在新基金成功试点的基础上,中国证监会开始着手对原有投资基金进行清理规范。1999 年 10 月下旬,10 只老基金最先经资产置换后合并改制成 4 只证券投资基金,随后其他老基金也被陆续改制为新基金。老基金的全面清理规范,解决了基金业发展的历史遗留问题。

(4) 监管部门出台了一系列鼓励基金业发展的政策措施,对基金业的发展起到了重要的促进作用。鼓励基金业发展的政策措施包括向基金进行新股配售、允许保险公司通过购买基金间接进行股票投资等。对基金进行新股配售,提高了基金的收益水平,增强了基金对投资者的吸引力,对基金业的发展起到了重要的促进作用。允许保险公司通过购买基金间接进行股票投资,使保险公司成为基金的最大机构投资者,也有力地支持了基金业在试点时期的规模扩张。

(5) 开放式基金的发展为基金产品的创新开辟了新的天地。在开放式基金推出之前,我国共有 47 只封闭式基金。2002 年 8 月,我国封闭式基金的数量增加到 54 只。其后由于封闭式基金一直处于高折价交易状态,封闭式基金的发展陷入停滞状态。与此相反,开放式基金的推出为我国基金业的产品创新开辟了新的天地,我国的基金品种日益丰富。这一阶段具有代表性的基金创新品种有 2002 年 8 月推出的第一只以债券投资为主的债券基金——南方宝元债券基金、2003 年 3 月推出的第一只系列基金——招商安泰系列基金、2003 年 5 月推出的第一只具有保本特色的基金——南方避险增值基金、2003 年 12 月推出的第一只货币型市场基金——华安现金富利基金等。

拓展阅读 1-3
那些历史上的第一"基"

三、快速发展阶段

2004 年 6 月 1 日开始实施的《证券投资基金法》为我国基金业的发展奠定了重要的法律基础,标志着我国基金业的发展进入了一个新的发展阶段。

自《证券投资基金法》实施以来,我国基金业在发展上出现了以下新的变化:

(1) 基金业监管的法律体系日益完善。为配合《证券投资基金法》的实施,中国证监会相继出台了包括《证券投资基金管理公司管理办法》《证券投资基金运作管理办法》《证券投资基金销售管理办法》《证券投资基金信息披露管理办法》《证券投资基金托管管理办法》《证券投资基金行业高级管理人员任职管理办法》等法规,使我国基金业监管的法律体系日趋完备。

(2) 基金品种日益丰富,开放式基金取代封闭式基金成为市场发展的主流。《证券投资基金法》实施以来,我国基金市场产品创新活动日趋活跃,具有代表性的基金创新产品包括:2004 年 10 月成立的第一只上市开放式基金(LOF)——南方积极配置基金;2004 年年底推出的首只交易型开放式指数基金(ETF)——华夏上证 50ETF;2006 年 5 月推出的首只生命周期基金——汇丰晋信 2016 基金;2007 年 7 月推出的首只结构化基金——国投瑞银瑞福基金;2007 年 9 月推出的首只 QDII 基金——南方全球精选基金 QDII 基金;2008 年 4 月推出的国内首只社会责任基金——兴业社会责任基金;2009 年 5 月推出的 ETF 联接基金等。层出不穷的基金产品创新极大地推动了我国基金业的发展。

(3) 基金公司业务开始走向多元化,出现了一批规模较大的基金管理公司。目前,我国的基金管理公司除了募集、管理公募基金外,已被允许开展社保基金管理、企业年金管理、QDII 基金管理及特定客户资产管理等其他委托理财业务,基金管理公司的业务正在日益走向多元化。随着市场的发展,市场上也涌现出一批管理资产规模较大的基金管理公司。截至 2022 年 4 月,我国基金管理公司有 192 家,管理基金数量超过 1.5 万只,管理基金资产规模超过 25 万亿元。

(4) 基金业市场营销和服务创新日益活跃。基金业市场化程度的提高直接推动了基金管理人营销和服务意识的增强。例如,在申购费用模式上,客户可以选择前端收费模式或后端收费模式;在交易方式上,可以采用电话委托、ATM、网上委托等。定期定额投资计划、红利再投资这些在成熟市场上较为普遍的服务项目也越来越多地被我国基金管理公司所采用。

(5) 基金投资者队伍迅速壮大,个人投资者取代机构投资者成为基金的主要持有者。2006 年之前,机构投资者持有开放式基金的比例在 50% 左右。2006 年以来,开放式基金日益受到普通投资者的青睐。2007 年年末,基金投资者已经超过 1 亿户,近 1/4 的家庭购买了基金,基金资产规模相当于城乡居民储蓄总额的 1/6,基金业的影响力显著上升。2021 年年末,我国开放式基金的账户数超过了 2 亿户,基金资产约 80% 以上由个人投资者持有,标志着我国证券投资基金的投资者结构发生了质的变化。

四、平稳发展及创新阶段

2008 年以后,由于全球金融危机的影响、我国经济增速的放缓和股市的大幅调整,基金行业进入了平稳发展时期,管理资产规模停滞徘徊,股票型基金呈现持续净流出态势。面对不利的外部环境,基金业进行了积极的改革和探索。

1. 完善规则,放松管制,加强监管

这一时期,基金监管机构不断坚持市场化改革方向,贯彻"放松管制、加强监管"的思路,允许基金管理公司开展专户管理等私募业务、设立子公司开展专项资产管理和销售业务、设立香港子公司从事 RQFII(人民币合格境外机构投资者)等国际化业务,基金产品的审批也逐步放松,取消产品发行数量的限制,审核程序大大简化。在放松管制的同时,加强了行为监管,打击违法活动,设立"不能搞利用非公开信息获利、不能进行非公平交易、不能搞各种形式的利益输送"的三条底线。

监管机构还推动了《证券投资基金法》的修改。2012 年 12 月 28 日,全国人大常委会审议通过了修订后的《证券投资基金法》,并于 2013 年 6 月 1 日正式实施。修订后的《证券投资基金法》对私募基金监管、基金公司准入门槛、投资范围、业务运作等多个方面进行了修改和完善,主要修订内容包括:①扩大调整范围,将私募基金产品纳入管制范围。规范私募基金运作,统一监管标准,防范监管套利和监管真空。②放宽机构准入,松绑基金业务运作。在市场准入、基金募集审批、基金投资范围、业务运作限制等方面取消或者简

化了限制规定。③规范服务机构,定义了基金服务机构的种类和监管要求。④防范业务风险,加强投资者保护:在市场主体行为和责任追究等方面同步加强了监管要求。⑤强调自我约束和自律管理。促进中介服务机构和行业自律作用的发挥,强化市场自我规范、自我调整和自我救济的内在约束机制。《证券投资基金法》修订后,监管机构配套出台了众多的基金业改革措施。这些新措施的推出,在拓宽基金公司业务范围、扩大基金投资标的、松绑投资运作限制、优化公司治理、规范行业服务行为等方面取得了较大进展。2012 年 6 月 6 日,中国证券投资基金业协会正式成立。随着法律、法规的修订完善,我国基金业的制度基础得以夯实,基金业的发展环境进一步优化,拓展了基金业改革创新的空间。

2. 基金管理公司业务和产品创新,不断向多元化发展

随着行业管制的放松和市场化改革,基金管理公司的业务范围得到极大拓展,业务和产品创新热情得到释放。除了传统的公募基金业务外,企业年金、社保基金、特定客户资产管理等业务有了较快发展。子公司投资于非上市股权、债权和收益权资产的专项资产管理计划开始大量出现,一些基金管理公司还开始涉足财富管理业务。基金产品创新也得到较快发展,基金产品更加精细化,覆盖范围更广,出现了各类股票型、债券型分级基金产品,行业、债券、黄金、跨市场和跨境等 ETF 产品,短期理财债券型基金产品,T+0 及具有支付功能的货币市场基金和场内货币市场基金等新产品。

3. 互联网金融与基金业有效结合

互联网金融与货币市场基金领域成功融合,凭借在投资回报和资金运用便捷性方面的综合竞争优势,成为公募基金行业快速成长的新生力量代表。2013 年 6 月,与天弘增利宝货币基金对接的余额宝产品推出,规模及客户数迅速爆发增长,成为市场关注的新焦点。

4. 股权与公司治理创新得到突破

修订后的《证券投资基金法》放宽了基金管理公司股东的资格条件,2013 年国务院批复同意了中国证监会关于主要股东和非主要股东条件的请示,对自然人成为股东做出了明确规定。2013 年和 2014 年,天弘、中欧等基金管理公司先后实现管理层及员工持股,也有不少公司通过子公司间接实现管理层股权激励,这些探索体现了基金行业人力资本的价值,有利于建立长效激励约束机制。

5. 专业化分工推动行业服务体系创新

修订后的《证券投资基金法》的实施为基金服务机构大发展提供了空间,加速了行业外包市场的发展。特别在基金销售方面,一批城市商业银行和农村商业银行获得基金代销资格,依托互联网的独立销售机构和支付机构得到壮大。外包服务可以使基金管理人专注核心投研业务能力,提高核心竞争力,实现特色化、差异化发展,降低运营成本。特别是私募证券投资基金已经开始广泛使用基金外包服务机构提供的服务。

6. 私募基金机构和产品发展迅猛

修订后的《证券投资基金法》将非公开募集基金纳入范围,为私募基金的发展提供了法律依据。2014 年,中国证监会颁布了《私募投资基金监督管理暂行办法》,对其登记备案、资金募集和投资运作进行了明确。规定设立私募基金管理机构和发行私募基金不设

行政审批,允许各类发行主体在依法合规的基础上,向累计不超过法律规定数量的投资者发行私募基金,由基金业协会对私募基金业开展行业自律管理。我国私募基金机构和产品在这一阶段都有了迅猛的发展。

7. 混业化与大资产管理的局面初步显现

修订后的《证券投资基金法》及配套政策的颁布实施,搭建了大资产管理行业基本制度框架。私募基金纳入统一监管,基金管理公司可以通过设立子公司从事专项资产管理业务,证券公司、保险资产管理公司及其他资产管理机构可以申请开展公募基金业务。各类金融机构交叉持股现象更加普遍,发行各类资产管理产品,形成相互关联的业务网络,同时伴随着互联网金融的发展及互联网企业的逐渐进入,一个更加开放、竞争的资产管理时代已经到来。

8. 国际化与跨境业务的推进

基金行业在资本市场开放的浪潮中走向国际化,如沪港通基金、深港通基金、基金互认、QDLP(合格境内有限合伙人)、上海自贸区股权投资基金等创新性跨地区业务模式出现,丰富了境内外投资者的投资渠道和投资产品,促进境内基金管理机构学习国际先进投资管理经验,推动了境内基金管理机构的规范化与国际化。2014年年底沪港通的推出,实现了沪港股票交易市场互联互通机制,国内公募基金可以通过港股通渠道投资我国香港证券市场,截至2016年年底,共有66只沪港通基金,资产规模共计573亿元。2016年12月深港通开通,同时取消了沪港通的总额度限制,内地资金"南下"热情再起。2015年7月,内地与香港开启基金互认,香港成立的基金可以向内地销售,内地成立的基金也可以进入香港市场。截至2016年年底,香港基金境内发行资金净汇出累计81.8亿元、内地基金香港发行资金净汇入累计0.97亿元。QDLP自2013年9月在上海推出第一批试点境外对冲基金后,在后续3年内陆续推出了第二批和第三批试点,在额度内有试点资格的境外投资机构可在境内设立合伙制私募基金,向境内投资者募集人民币资金,投资于境外市场上的股票、债券、大宗商品、贵金属、未上市公司股权等金融资产。截至2016年年底,共有15家试点资产管理公司合计12亿美元的额度。2014年12月28日,作为全国首只自贸区主题投资基金,上海自贸区股权投资基金发起设立,规模50亿元,成为基金行业助力自贸试验区制度创新、金融创新、重点产业发展的典范。在国际化的进程中,境内基金管理机构将更加规范化,培育出一批具有国际竞争力的资产管理机构。

拓展阅读 1-4
中国式私募证券投资基金的前世今生及未来展望

自测自练　扫码答题

思 考 题

1. 简述证券投资基金的概念和特征。
2. 比较证券投资基金与股票、债券的异同。
3. 比较证券投资基金与银行储蓄存款的差别。
4. 论述我国证券投资基金在金融体系中的地位和作用。

第二章

证券投资基金的类型

【学习目标】

1. 了解基金分类的意义；

2. 明确基金的主要分类方法；

3. 掌握契约型基金与公司型基金的特征、概念和比较；

4. 掌握封闭式基金与开放式基金的异同；

5. 了解创新型封闭式基金及上市型开放式指数基金；

6. 掌握股票基金、债券基金、混合基金和货币市场基金的特点；

7. 掌握交易型开放式指数基金(ETF)的含义、特点、套利交易和类型；

8. 了解ETF联接基金的特点；

9. 了解ETF与LOF的区别和联系；

10. 了解避险策略基金、伞形基金、QDII基金、分级基金、基金中的基金的概念、特征和运作规范。

证券投资基金的一大特点就是数量多、品种丰富，可以较好地满足广大投资者的需求。不管是投资人还是从事基金管理的专业人士都必须对基金的分类有深入的了解。作为投资人，了解基金的分类可以根据基金的特点和自身的偏好选择适合自己的基金，以便获得与所承担风险相对应的收益。作为证券业的相关从业人员，清楚地了解基金的分类，对于开展基金业务和维护基金业的公平竞争都有重要的意义。

第一节　证券投资基金分类概述

一、证券投资基金分类的意义

随着基金数量、品种的不断增多，对基金进行科学合理的分类，无论是对投资者、基金管理公司，还是对基金研究评价机构、监管部门来说，都有重要意义。

对于投资者而言，基金的数量和种类越来越多，要从众多的基金中选出适合自己风险收益偏好的基金，就变得非常困难。因此，科学合理地对基金进行分类，有助于投资者认识、了解和比较各种类型的基金，在挑选基金时能根据自身的风险偏好选出适合自己的基金种类，进而做出正确的投资决策。

对于基金管理公司而言，不同类型的基金，其管理理念、投资策略和操作风险也各不相同。科学地进行基金的分类,也有助于基金管理者针对不同类型的基金采取不同的投资策略,从而有效地提高基金管理业绩和降低管理成本。

对于基金的研究和评价机构而言,基金的分类是进行基金评级的基础。考评应该有一个明确的比较标准,也就是说,在评价基金业绩时必须在同类型、同级别的基金中进行比较,这样的结果才是合理的和公平的。对于基金的监管部门,明确基金的类别特征有助于针对不同基金的特点实施更有效的分类监管。

二、证券投资基金的分类方法

科学合理地对基金进行分类至关重要,但实际工作中对基金进行统一的分类并非易事。作为金融服务行业,基金产业为不断满足投资者的投资需求,从未停止基金产品的创新,没有一种分类方法能够满足所有的需要,各种分类方法之间又不可避免地存在重合和相交。

为了统一基金分类标准,一些国家由监管部门或行业协会出面制定统一的基金分类标准,如美国的投资公司协会依据基金投资目标和投资策略的不同,将美国的基金分为42类。不过监管部门和行业协会的分类标准往往不够精密,无法满足投资者的实际投资需求。因此,尽管存在不同的分类标准,投资者仍然会借助一些基金评级机构的基金分类标准进行实际的投资操作。随着我国基金品种的日益丰富,在原先简单的封闭式基金与开放式基金划分的基础上,2014年8月8日正式生效的《公开募集证券投资基金运作管理办法》将公募证券投资基金划分为股票基金、债券基金、货币市场基金、混合基金及基金中的基金等类型。

1. 根据法律形式分类

证券投资基金依据法律形式的不同,可以分为契约型基金与公司型基金。目前,我国的基金均为契约型基金,公司型基金则以美国的投资公司为代表。

契约型基金是依据基金合同设立的一类基金。基金合同是规定基金当事人之间权利和义务的基本法律文件。在我国,契约型基金依据基金管理人与基金托管人之间所签署的基金合同设立,基金投资者自取得基金份额后即成为基金份额持有人和基金合同的当事人,依法享受权利并承担义务。

公司型基金在法律上是具有独立法人地位的股份投资公司。公司型基金依据基金公司章程设立,基金投资者是基金公司的股东,享有股东权,按所持有的股份承担有限责任,分享投资收益。公司型基金公司设有董事会,代表投资者的利益行使职权。虽然公司型基金在形式上类似于一般股份公司,但与一般股份公司不同的是,它委托基金管理公司作为专业的投资顾问来经营与管理基金资产。

2. 根据运作方式分类

依据运作方式的不同,可以将证券投资基金分为封闭式基金与开放式基金。封闭式基金是指基金份额在基金合同期限内固定不变,基金份额可以在依法设立的证券交易所交易,但基金份额持有人不得申请赎回的一种基金运作方式。

开放式基金是指基金份额不固定,基金份额可以在基金合同约定的时间和场所进行申购或者赎回的一种基金运作方式。这里所说的开放式基金专指传统的开放式基金,不包括交易型开放式指数基金(ETF)和上市开放式基金(LOF)等新型开放式基金。

3. 根据投资对象分类

根据投资对象可以将基金分为股票基金、债券基金、货币市场基金、混合基金、基金中的基金、另类投资基金等。

股票基金是指以股票为主要投资对象的基金。股票基金在各类基金中历史最为悠久,也是各国(地区)广泛采用的一种基金类型。根据中国证监会对基金类别的分类标准,基金资产80%以上投资于股票的为股票基金。

债券基金是指以债券为主要投资对象的基金。根据中国证监会对基金类别的分类标准,基金资产80%以上投资于债券的为债券基金。

货币市场基金以货币市场工具为投资对象。根据中国证监会对基金类别的分类标准,仅投资于货币市场工具的为货币市场基金。

混合基金同时以股票、债券等为投资对象,以期通过在不同资产类别上的投资实现收益与风险之间的平衡。根据中国证监会对基金类别的分类标准,投资于股票、债券和货币市场工具,但股票投资和债券投资的比例不符合股票基金、债券基金规定的为混合基金。混合基金的资产配置比例比较灵活,风格差异较大,基金评级公司一般会在混合基金中进行更细致的分类。

基金中的基金(FOF),又称基金中基金,是指以基金为主要投资标的的证券投资基金。80%以上的基金资产投资于其他基金份额的,为基金中的基金。

交易型开放式证券投资基金联接基金(简称 ETF 联接基金)是指将绝大部分基金资产投资于跟踪同一标的指数的 ETF(简称目标 ETF),紧密跟踪标的指数表现,追求跟踪偏离度和跟踪误差最小化,采用开放式运作方式的基金。ETF 联接基金是一种特殊的基金中的基金。

另类投资基金是指以股票、债券、货币等传统资产以外的资产作为投资标的的基金,范围十分广泛。我国市场上出现的公募另类投资基金主要有以下几类:

(1)商品基金。商品基金以商品现货或期货合约为投资对象,主要有黄金 ETF 和商品期货 ETF。黄金 ETF 是指将绝大部分基金资产投资于在上海黄金交易所挂牌交易的黄金品种,紧密跟踪黄金价格,使用黄金品种组合或基金合同约定的方式进行申购、赎回,并在证券交易所上市交易的开放式基金。商品期货 ETF 是以持有经中国证监会依法批准设立的商品期货交易所挂牌交易的商品期货合约为主要策略,以跟踪商品期货价格或价格指数为目标,使用商品期货合约组合或基金合同约定的方式进行申购、赎回,并在证券交易所上市交易的开放式基金。

(2)非上市股权基金。2014 年,嘉实基金管理公司发行了首只以投资于非上市公司股权的形式参与国企混合所有制改革的公募基金——嘉实元和封闭式混合型发起式基金。嘉实元和基金将 50%的资产参与中石化销售公司的增资扩股,剩余资产投资固定收益类产品。

(3)房地产基金。2015 年,鹏华基金管理公司发行了鹏华前海万科封闭式混合型发起式证券投资基金,以不高于基金总资产 50%的比例投资于深圳市万科前海公馆建设管理有限公司 50%的股权,收益主要来源于租金收入和房地产升值。

依据投资对象对基金进行分类,简单明确,对投资者具有直接的参考价值。

4. 根据投资目标分类

根据投资目标可以将基金分为增长型(成长型)基金、收入型基金和平衡型基金。

增长型基金是指以追求资本增值为基本目标,较少考虑当期收入的基金,主要以具有良好增长潜力的股票为投资对象。

收入型基金是指以追求稳定的经常性收入为基本目标的基金,主要以大盘蓝筹股、公司债、政府债券等稳定收益证券为投资对象。

平衡型基金则是既注重资本增值又注重当期收入的一类基金。

一般而言,增长型基金的风险高、收益高;收入型基金的风险低、收益较低;平衡型基金的风险、收益则介于增长型基金与收入型基金之间。根据投资目标的不同,既有以追求资本增值为基本目标的增长型基金,也有以获取稳定的经常性收入为基本目标的收入型基金和兼具增长与收入双重目标的平衡型基金。不同的投资目标决定了基金的基本投向与投资策略,以适应不同投资者的投资需要。

5. 根据募集方式分类

根据基金是否公开募集以及投资者限制、信息披露和监管的区别,基金可以分为公募基金和私募基金。

公募基金是指面向社会公众公开发售的一类基金,基金募集对象不固定,投资金额要求低,适宜中小投资者参与,必须遵守基金法律和法规的约束,进行公开信息披露,并接受监管部门的严格监管。本书讨论的对象——证券投资基金就是公募基金。

私募基金只能采取非公开方式发行,面向特定投资者募集发售。私募基金不能进行公开宣传推广,投资金额要求高,投资者的资格和人数通常受到严格限制。私募基金所受基金法律、法规的约束较公募基金少,投资对象和投资方式拥有极大的灵活性,不需要进行公开信息披露。按照私募基金投资对象的不同,一般可以分为私募股权基金和对冲基金。

6. 根据资金来源和用途分类

根据基金的资金来源和用途可以将基金分为在岸基金、离岸基金和国际基金。在岸基金是指在本国募集资金并投资于本国证券市场的证券投资基金。由于在岸基金的投资者、基金组织、基金管理人、基金托管人及其他当事人和基金的投资市场均在本国境内,所以基金的监管部门比较容易运用本国法律、法规及相关技术手段对证券投资基金的投资运作行为进行监管。

离岸基金是指一国(地区)的证券投资基金组织在他国(地区)发售证券投资基金份额,并将募集的资金投资于本国(地区)或第三国(地区)证券市场的证券投资基金,如我国的内地香港互认基金。

国际基金是指资本来源于国内,并投资于国外市场的投资基金,如我国的 QDII 基金。QDII 是 qualified domestic institutional investors(合格境内机构投资者)的首字母缩写。QDII 基金是指在一国境内设立,经该国有关部门批准从事境外证券市场的股票、债券等有价证券投资的基金。它为国内投资者参与国际市场投资提供了便利。

7. 根据投资理念分类

根据投资理念可以将基金分为主动型基金与被动型(指数)基金。

主动型基金是一类力图取得超越基准组合表现的基金。与主动型基金不同,被动型基金并不主动寻求取得超越市场的表现,而是试图复制指数的表现。被动型基金一般选取特定的指数作为跟踪的对象,因此通常又被称为指数基金。

指数基金是指按照某种指数构成的标准购买该指数包含的证券市场中的全部或者一部分证券的基金,其目的在于达到与该指数同样的收益水平。指数基金具有客观稳定、费用低廉、分散风险、监控便利等特点,近年来发展十分迅速。

指数基金中,上市交易型开放式指数基金,又称交易所交易基金(exchange traded funds,ETF),发展最为迅速,成为指数基金的重要品种。ETF 是一种在交易所上市交易的、基金份额可变的开放式基金。ETF 最早产生于加拿大,但其发展与成熟主要是在美国。ETF 一般采用被动式投资策略跟踪某一标的市场指数,因此具有指数基金的特点。

8. 特殊类型基金

随着行业的发展,基金产品创新越来越丰富,市场上也出现了不少特殊类型基金。从严格意义上说,前文的基金中的基金、另类投资基金也属于特殊类型基金。

(1) 避险策略基金。避险策略基金原称保本基金,是指通过一定的保本投资策略进行运作,同时引入保本保障机制,以保证基金份额持有人在保本周期到期时可以获得投资本金保证的基金。

(2) 上市开放式基金(LOF)。这是一种既可以在场外市场进行基金份额申购、赎回,又可以在交易所(场内市场)进行基金份额交易和基金份额申购或赎回的开放式基金。它是我国对证券投资基金的一种本土化创新。LOF 结合了银行等代销机构与交易所交易网络的销售优势,为开放式基金销售开辟了新的渠道。LOF 具有的转托管机制,使投资者既可以通过场外销售渠道申购和赎回基金份额,也可以在挂牌的交易所买卖该基金或进行基金份额的申购与赎回。这一机制使 LOF 不会出现封闭式基金的大幅折价交易现象。

(3) 分级基金。分级基金是指通过事先约定基金的风险收益分配,将基础份额分为预期风险收益不同的子份额,并可将其中部分或全部份额上市交易的结构化证券投资基金。

第二节 契约型基金与公司型基金

一、契约型基金

契约型基金又称合同型基金,是基于一定的信托契约组织起来的信托投资制度,通常是由投资者、基金管理公司、基金托管机构三方通过订立信托投资契约建立的。在我国,契约型基金依据基金管理人、基金托管人之间签署的基金合同(规定基金当事人之间权利和义务的基本法律文件)设立,基金投资者自取得基金份额后即成为基金份额持有者和基金合同的当事人,依法享受权利并承担义务。

契约型基金通常是通过基金管理人发行基金份额的方式来募集资金。基金管理公司依据法律、法规和基金合同的规定负责基金的经营与管理运作;基金托管人则负责保管基金资产,执行管理人的有关指令,办理基金名下的资金往来;基金的投资者通过购买基金份额,享有基金投资收益。日本的基金产品大多属于契约型基金。

与公司型基金不同,契约型基金本身并不具备公司法人的身份,因此在组织结构上,基金的持有人没有股东的地位,但可以通过持有人大会来行使相应的权利。

二、公司型基金

公司型基金是依据《公司法》成立的投资基金,即委托人发起以投资为目的的投资公司(或称基金公司),发行出售投资公司的股份,投资者购买投资公司股份,参与共同投资。

公司型基金在法律上是具有独立法人地位的股份投资公司。公司通过发行股票或受益凭证的方式来筹集资金。投资者购买了该公司的股票,就成为该公司的股东,凭股票领取股息或红利、分享投资所获得的收益。基金管理公司设有董事会,代表投资者的利益并行使职权。公司型基金在形式上类似于一般股份公司,但不同于一般股份公司的是,它是由公司法人自行或委托基金管理公司进行管理的股权型投资基金。

公司型基金与一般股份公司一样,都是由发起人通过发行股份的方式来募集资金的,只是对于公司型基金来说,在证券市场投资获利是唯一的经营目标。投资者购买了基金份额后,就成为基金的股东,享有股东的权益,并成立董事会,再由董事会将基金资产委托给基金管理公司管理。在运作过程中,公司型基金的董事会对基金管理公司的投资运作有较大的监督作用,相对于契约型基金,更能保障投资者的利益。在基金业最为发达的美国,公司型基金居于绝对的主导地位。英国投资信托也是公司型基金。

三、契约型基金与公司型基金的区别

1. 法律主体资格不同

公司型基金具有法人资格,而契约型基金没有法人资格。

2. 基金组织方式和营运依据不同

公司型基金借用了《公司法》规定的股份有限公司的组织方式,其依据投资公司章程经营基金,设有股东会、董事会等决策监督机构,基金投资人通过股东会行使权利,设立董事会进行相关事务的决策与监督,基金管理人的身份是公司董事会聘请的投资顾问。契约型基金借用了信托法律制度,依据基金合同经营基金,基金投资人与基金管理人、托管人之间是信托委托人、受托人和受益人的关系。基金投资人通过基金持有人大会行使权利。

公司型基金的优点是法律关系明晰清晰、监督约束机制较为完善,但契约型基金在设立上更为简单易行。二者之间的区别主要表现为法律形式的不同,并无优劣之分。

3. 发行的筹资工具不同

公司型基金发行的是股权份额,契约型基金发行的是受益凭证(基金份额)。

4. 投资者的地位不同

公司型基金的投资者作为公司股东有权对公司的重大决策发表自己的意见,可以参加股东大会,行使股东权利。契约型基金的投资者购买受益凭证后,即成为契约关系的当事人,即受益人,不能直接干涉资金的运用。契约型基金持有人大会赋予基金持有者的权利相对较小;公司型基金的投资者作为基金的股东,享有股东的权益,并成立董事会,再由董事会将基金资产委托给基金管理公司。

5. 融资渠道不同

公司型基金具有法人资格,在一定情况下可以向银行借款;而契约型基金一般不能向银行借款。

综上可知,公司型基金的优点是法律关系明确,监管机制较为完善;契约型基金在设立上更为简单易行。二者之间的区别主要表现为法律形式的不同,并无优劣之分。

第三节　封闭式基金与开放式基金

一、封闭式基金与开放式基金的区别

依据运作方式的不同,可以将基金分为封闭式基金与开放式基金。

封闭式基金是指基金份额在基金合同期限内固定不变,基金份额可以在依法设立的证券交易所交易,但基金份额持有人不得申请赎回的一种基金运作方式。

开放式基金是指基金份额不固定,基金份额可以在基金合同约定的时间和场所进行申购或者赎回的一种基金运作方式。这里所说的开放式基金特指传统的开放式基金,不包括交易型开放式指数基金和上市开放式基金等新型开放式基金。

封闭式基金与开放式基金的主要区别如下。

1. 期限不同

封闭式基金一般有一个固定的存续期限,而开放式基金通常是无特定存续期限的。我国《证券投资基金法》规定,封闭式基金合同中必须规定基金封闭期,封闭式基金期满后可以通过一定的法定程序延期或者转为开放式基金。

2. 份额限制不同

封闭式基金的基金份额是固定的,在封闭期限内未经法定程序认可不能增减;开放式基金规模不固定,投资者可以随时提出申购或赎回申请,基金份额会随之增加或减少。

3. 交易场所不同

封闭式基金份额固定,在完成募集后,基金份额在证券交易所上市交易。投资者买卖封闭式基金份额,只能委托证券公司在证券交易所按市价买卖,交易在投资者之间完成。开放式基金份额不固定,投资者可以按照基金管理人确定的时间和地点向基金管理人或其销售代理人提出申购、赎回申请,交易在投资者与基金管理人之间完成。

4. 价格形成方式不同

封闭式基金的交易价格主要受二级市场供求关系的影响。当需求旺盛时,封闭式基金二级市场的交易价格会超过基金份额净值出现溢价交易现象;反之,当需求低迷时,交易价格会低于基金份额净值出现折价交易现象。开放式基金的买卖价格以基金份额净值为基础,不受市场供求关系的影响。

5. 激励约束机制与投资策略不同

封闭式基金份额固定,即使基金表现好,其扩展能力也受到较大的限制。如果表现不尽如人意,由于投资者无法赎回投资,基金经理通常也不会在经营与流动性管理上面临直接的压力。与此不同,如果开放式基金的业绩表现好,通常会吸引新的投资,基金管理人的管理费收入会随之增加;如果基金表现差,开放式基金则会面临来自投资者要求赎回投资的压力。因此,与封闭式基金相比,开放式基金为基金管理人提供了更好的激励约束机制。

但也要注意,由于开放式基金的份额不固定,投资操作常常会受到不可预测的资金流入、流出的影响与干扰。特别是为满足基金赎回的需要,开放式基金必须保留一定的现金资产,并高度重视基金资产的流动性,这在一定程度上会给基金的长期经营业绩带来不利影响。相对而言,由于封闭式基金份额固定,没有赎回压力,基金投资管理人完全可以根据预先设定的投资计划进行长期投资和全额投资,并将基金资产投资于流动性相对较弱的证券上,这在一定程度上有利于基金长期业绩的提高。表 2-1 比较了开放式基金与封闭式基金。

表 2-1 开放式基金与封闭式基金的比较

项 目	开放式基金	封闭式基金
规模	不固定	固定
存续期限	不确定,理论上可以无限期存续	确定
交易方式	一般不上市,通过基金管理公司和代销机构进行申购、赎回	上市流通
交易价格	按照每日基金单位资产净值	依据市场行情变化,相对于单位资产净值可能折价或溢价,多为折价
信息披露	每日公布基金单位资产净值,每季度公布资产组合,每 6 个月公布变更的招募说明书	每周公布基金单位资产净值,每季度公布资产组合
投资策略	强调流动性管理,基金资产中要保持一定的现金及流动性资产	全部资金在封闭期内可进行长期投资

二、创新型封闭式基金

为了改变市场上封闭式基金长期存在的折价现象,中国证监会已经批准创新型的封闭式基金上市,为封闭式基金的发展走出一条新路。

创新型封闭式基金是封闭式基金的一种,是指采用封闭式运作方式,经核准的基金份额总额在基金合同期限内固定不变,基金份额可以在依法设立的证券交易场所交易,但基金份额持有人不得申请赎回的基金。创新型封闭式基金的投资标的范围和投资者买卖门槛与传统封闭式基金不同。创新型封闭式基金不仅投资于二级市场上的股票及债券等,其投资范围还包括非上市公司股权及其他经证券监督管理机构认可的产品。投资者通过二级市场买入创新型封闭式基金(如嘉实元和),最小买入单位为 10 000 份,买入数量应为 10 000 份的整数倍。

创新型封闭式基金的创新主要涉及以下三个方面:

（1）基金存续期内，若上市交易后，折价率连续 50 个交易日超过 20%，则基金可通过召开基金份额持有人大会转换运作方式，成为开放式基金（LOF），接受投资者赎回申请。该内容被称为"救生艇条款"，如大成优选混合型证券投资基金即采用这一应对长期高折价率的措施。

（2）结构化分级基金由优先级份额和普通级份额两级份额组成。两级份额分别募集和计价，但资产合并运作，在法律主体上是同一基金。

（3）开放式基金封闭化管理。开放式基金封闭化管理是指将封闭式基金的某些特点引入开放式基金中，基金合同生效以后，在封闭一段时间以后再转为开放式基金。简单地说，就是把开放式基金 3 个月的封闭期延长至 1 年，从而有效地规避短期市场赎回带来的流动性压力。

开放式基金封闭化管理融合了封闭式基金和开放式基金的双重优点，在一段时间内避免了开放式基金的流动性困扰，为基金管理人创造了良好的投资环境，同时也为 1 年以上闲散资金提供了有更高收益可能的投资品种。

开放式基金封闭化管理引入一定封闭期，而且在封闭期内，基金按照封闭式基金的运作方式运作，封闭期结束以后，再转换为开放式基金。封闭期的引入，可以减少因申购赎回证券投资运作的冲击，尤其是减少基金刚设立不久的无谓的申购、赎回对投资运作的冲击，也可以减少对证券市场本身的助涨助跌效应。此外，在市场剧烈波动阶段，还可以在客观上帮助投资者克服一些情绪化投资行为。设置封闭期的基金兼具封闭式基金与开放式基金的特点，但是又不同于传统的开放式基金，也不同于一般的封闭式基金。这类基金可以不在证券市场上交易，避免折价对投资者的心理影响，因此可被视为一种创新型封闭式基金。

三、上市型开放式基金（LOF）

上市型开放式基金（listed open-ended fund，LOF）是指在证券交易所上市交易的开放式证券投资基金。投资者既可以通过基金管理人或其委托的销售机构以基金净值进行申购、赎回，也可以通过证券交易所市场以交易系统撮合成交价进行买入卖出。它是我国自主创新的基金产品，目前只有深圳证券交易所开办 LOF 业务。

2004 年 8 月，我国第一只 LOF——南方积极配置基金正式发行。在开放式基金交易效率低、成本高、发行困难的背景下，LOF 的诞生提高了开放式基金的交易效率，降低了交易成本，充分利用了证券市场现有的发行、交易与结算登记网络优势，从而有利于基金的发行，适应了基金管理公司和证券交易所拓展业务的需求。

1. LOF 的特点

LOF 实质上是开放式基金发行方式和交易方式的创新，其特点主要体现在以下几个方面。

（1）降低交易者交易成本，提高交易效率。LOF 产品的交易成本相对低廉，持有人通过证券交易所买卖 LOF 基金单位的双边交易费用最高为 0.5%，远低于在一级市场（银行或基金管理公司）申购和赎回的双边 1.5%～2% 的平均交易费用。通过证券账户，利用交易所电话、网络方式交易 LOF，比在银行通过面对面的柜台式服务更为方便和快捷。

（2）改变传统开放式基金"一对一"的交易模式。开放式基金上市后，投资者可以像买卖封闭式基金一样，在二级市场上买卖已存在的开放式基金份额，也可以通过基金的代销或直销网点进行一级市场的申购与赎回。

（3）减轻甚至消除基金的折价问题。一旦在交易所挂牌交易的开放式 LOF 出现较高折价，就会有套利者在二级市场上买入、经转托管后再到银行等一级市场以基金净值赎回，套利行为将减小甚至消除折价。

（4）为封闭式基金转型开放式后继续上市交易提供了模式。LOF 为我国封闭式基金转换为开放式基金提供了转型后的运作方式，目前在我国深圳证券交易所上市的封闭式基金到期转型为开放式基金后，均成为 LOF 继续留在深圳证券交易所上市。

（5）提高基金的运作透明度。LOF 在交易所上市后，除了像传统的开放式基金一样公布每日净值等信息外，还必须遵守交易所的信息披露规则。为了便于二级市场投资者的操作，目前 LOF 一般在证券交易时间内每天四次披露实时净值，这大大提高了基金运作的透明度，有助于开放式基金的规范运作。

2. LOF 的运作架构

由于 LOF 是在证券交易所上市交易的开放式证券投资基金，所以投资者在通过基金管理人或代销机构以基金净值进行申购、赎回的同时，也可以通过证券交易所市场以交易系统撮合成交价进行基金的买入和卖出。这样 LOF 就涉及场内和场外两个市场。LOF 的交易运作结构如图 2-1 所示。

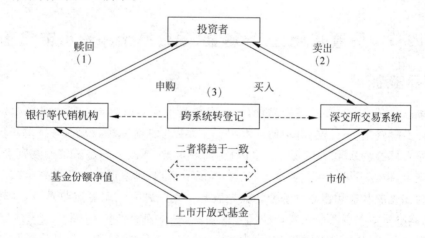

图 2-1　LOF 的交易运作结构图

说明：

① 投资者通过银行等代销机构以当日收市的基金单位份额申购、赎回基金份额；

② 投资者通过深交所交易系统以市价买进、卖出基金份额；

③ 投资者如需将在深交所交易系统买入的基金份额转入银行等代销机构赎回，或将在银行等代销机构申购的基金份额转入深交所交易系统卖出，需要办理跨系统转登记手续。

3. LOF 套利机制

LOF 的问世，不仅带来了基金发行方式和交易方式的创新，而且可以满足投资者不同的投资风格，为投资者带来全新的套利模式——跨市场套利。由于 LOF 既在交易所上市,又可以办理申购、赎回,所以存在基金的一级市场交易价格与二级市场的申购赎回价格产生背离的可能,由此产生了套利的机会。如果二级市场价格高于基金净资产的幅度超过手续费率(申购费率＋市场间转托管费率＋二级市场交易费率),投资者就可以从基金公司或代销机构申购 LOF 基金份额,再转到二级市场卖出基金份额;如果二级市场价格低于基金净资产的幅度超过手续费率(二级市场交易费率＋市场间转托管费率＋赎回费率),投资者就可以先在二级市场买入基金份额,再转到基金管理公司办理赎回业务完成套利过程。由于上市 LOF 的基金份额托管在中国证券登记结算有限责任公司的两个不同的清算系统,投资者在套利过程中必须办理市场间转托管手续。

转托管是指投资者持有的上市开放式基金的份额在中国证券登记结算有限责任公司的开放式基金注册登记系统(简称 TA 系统)、中国证券登记结算有限责任公司深圳分公司的证券登记结算系统之间的转托管。

之所以需要转托管,是因为上市基金的份额采取分系统托管原则。托管在证券登记系统中的基金份额只能在证券交易所集中交易,不能直接进行认购、申购、赎回;托管在 TA 系统中的基金份额只能进行认购、申购、赎回,不能直接在证券交易所集中交易。投资者拟将托管在证券登记系统中的基金份额申请赎回,或拟将托管在 TA 系统中的基金份额进行证券交易所集中交易,则应先办理跨系统转托管手续,即将托管在证券登记系统中的基金份额转托管到 TA 系统,或将托管在 TA 系统中的基金份额转托管到证券登记系统。

第四节　股票基金、债券基金、混合基金和货币市场基金

一、股票基金

股票基金是一种重要的基金品种,是指发行基金证券所筹集的资金主要投资于上市股票的证券投资基金。这类基金的证券组合主要以股票为对象,根据《公开募集证券投资基金运作管理办法》(2014 年 8 月 8 日施行)的规定,80％以上的基金资产投资于股票的,为股票基金,但也不排除有一定数量(如 20％以下)的非股票证券。股票基金按股票类型可划分为优先股基金和普通股基金。优先股基金是一种可获取稳定收益、风险较低的股票基金,其投资对象以各公司发行的优先股为主,收益分配主要是股利。

股票基金以追求长期的资本增值为目标,比较适合长期投资。与其他类型的基金相比,股票基金的风险较高,但预期收益也较高。股票基金提供了一种长期的投资增值性,可供投资者用来满足教育支出、退休支出等远期支出的需要。与房地产一样,股票基金也是应对通货膨胀最有效的手段。

1. 股票基金的优势

(1)股票市场规模庞大、运作规范、政府监管严格,为股票基金投资操作创造了良好的客观条件。作为一种金融投资工具,股票本身就具有很多优点,股票交易是最能体现"公开、公平、公正"原则的,而且由于市场规模大,股票的流通性较强,不同股票所代表的企业在经营规模、资本实力和获利能力等方面也存在很大差别。股票基金可以根据不同

的投资目标和投资策略,灵活地组合股票品种,为投资者提供各级风险的投资工具。高风险的有新兴市场股票基金、中小企业股票基金、认股权证基金等,低风险的有蓝筹股基金和国际股票基金等。

(2)在金融一体化的趋势下,股票基金投资者可以投资于国际股票市场。金融市场的全球一体化趋势日益明显,全球外汇交易可以 24 小时不间断进行。对欧洲货币市场的兴趣及离岸金融业务的迅速扩大,使各国投资者均有可能进行国际投资。但由于受到各国经济政策、法律体系、政府金融货币政策的限制,投资者个人要从事股票的国际投资,不仅可能性较小,而且投资风险很高。而投资者通过加入股票基金参与国际股票投资,不仅风险相对较低,而且在基金公司的帮助下,可以获得较高的投资收益。

(3)股票基金可以通过其掌握的巨额资金创造更多的盈利机会。基金可以通过委托专业人员使投资更为科学,从而捕捉市场上更多的获利机会,这是中小投资者较难做到的。

2. 股票基金与股票的区别

作为一篮子股票组合的股票基金,与单一股票之间存在许多不同,列举如下。

(1)股票价格在每一个交易日内始终处于变动中;股票基金份额净值的计算每天只进行 1 次,因此每一交易日股票基金只有一个价格。

(2)股票价格会由于投资者买卖股票数量的多少和多空力量强弱的对比而受到影响;股票基金份额净值不会由于买卖数量或申购、赎回数量的多少而受到影响。

(3)人们在投资股票时,通常会根据上市公司的基本面,如财务状况、市场竞争力、盈利预期等方面的信息对股票价格高低的合理性做出判断,但不能对股票基金份额净值进行合理与否的评判。换言之,对基金份额净值高低进行合理与否的判断是没有意义的,因为基金份额净值是由其持有的证券价格复合而成的。

(4)单一股票的投资风险较为集中且风险较高;股票基金由于分散投资,投资风险低于单一股票的投资风险。

3. 股票基金的类型

股票可以根据所在市场、规模、性质及所属行业等归结为几种主要类型。与此相适应,可以根据基金所投资股票的特性对股票基金进行分类。一种股票可能同时具有两种以上的属性。类似地,一只股票基金也可以被归为不同的类型。

1)按投资市场分类

按投资市场分类,股票基金可以分为国内股票基金、国外股票基金和全球股票基金三大类。国内股票基金以本国股票市场为投资场所,投资风险主要受国内市场的影响。国外股票基金以非本国的股票市场为投资场所,由于币制不同,存在一定的汇率风险。全球股票基金以全球股票市场为投资对象,进行全球化分散投资,可以有效克服单一国家或区域投资风险,但由于投资跨度大,费用相对较高。

国外股票基金又可进一步分为单一国家型股票基金、区域型股票基金和全球股票基金三种类型。单一国家型股票基金以某一国家的股票市场为投资对象,以期分享该国股票投资的较高收益,但会面临较高的国家投资风险。区域型股票基金以某一区域内的国家组成的区域股票市场为投资对象,以期分享该区域股票投资的较高收益,但会面临较高的区域投资风险。全球股票基金以除本国以外的全球股票市场为投资对象,能够分散本国市场外的投资风险。

2) 按股票规模分类

按股票市值的大小将股票分为小盘股票、中盘股票和大盘股票,是最基本的股票分析方法。与此相适应,专注于投资小盘股票的基金就称为小盘股票基金。类似地,有中盘股票基金与大盘股票基金之分。

对股票规模的划分并不严格,通常有两种划分方法。一种是依据市值的绝对值进行划分,如通常将市值小于 5 亿元的公司归为小盘股,将超过 20 亿元的公司归为大盘股。另一种是依据相对规模进行划分,如将一个市场的全部上市公司按市值大小排名。市值排名靠后、累计市值占市场总市值 20% 以下的归为小盘股;市值排名靠前,累计市值占市场总市值 50%以上的为大盘股。

3) 按股票性质分类

根据股票性质的不同,通常可以将股票分为价值型股票与成长型股票。价值型股票通常是指收益稳定、价值被低估、安全性较高的股票,其市盈率、市净率通常较低。成长型股票通常是指收益增长速度快、未来发展潜力大的股票,其市盈率、市净率通常较高。

与成长型股票的投资者相比,价值型股票的投资者一般表现得更有耐心,更倾向于长期投资。与此相反,一旦市场有变,成长型股票的投资者往往会选择快进快出,进行短线操作。

专注于价值型股票投资的股票基金称为价值型股票基金;专注于成长型股票投资的股票基金称为成长型股票基金;同时投资于价值型股票与成长型股票的基金则称为平衡型基金。价值型股票基金的投资风险要低于成长型股票基金,但回报通常也不如成长型股票基金。平衡型基金的收益、风险则介于价值型股票基金与成长型股票基金之间。

在价值型与成长型分类中还可以对股票基金的性质进一步进行细分,从而会有各种不同的价值型基金与成长型基金。

价值型股票可以进一步被细分为低市盈率股、蓝筹股、收益型股票、防御型股票、逆势型股票等,从而有蓝筹股基金、收益型基金等。蓝筹股是指规模大、发展成熟、高质量公司的股票,如上证 50 指数、上证 180 指数的成分股。收益型股票是指高分红的一类股票。防御型股票是指利润不随经济衰退而下降,可以有效抵御经济衰退影响的一类股票。逆势型股票是指价值被低估或非市场热点的一类股票,通常是典型的周期性衰退公司的股票。专注于此类股票投资的基金经理期望这些股票能进入周期性反弹或其收益能有较大的改善。

成长型股票可以进一步分为持续成长型股票、趋势增长型股票和周期型股票等,从而有持续成长型基金、趋势增长型基金和周期型基金等。持续成长型股票是指业绩能够持续稳定增长的一类股票。趋势增长型股票是指波动大、业绩有望加速增长的一类股票。周期型股票是指利润随经济周期波动变化比较大的一类股票。

4) 按基金投资风格分类

一只小盘股既可能是价值型股票,也可能是成长型股票;而一只较大规模的大盘股同样既可能是价值型股票,也可能是成长型股票。为有效分析股票基金的特性,人们通常会根据基金所持有的全部股票市值的平均规模与性质的不同将股票基金分为不同投资风格的基金,如大盘成长型基金、大盘平衡型基金、大盘价值型基金、小盘成长型基金、小盘平衡型基金、小盘价值型基金等。表2-2直观地将股票基金按投资风格分为九种类型。

表 2-2　股票基金风格类型

	小盘	中盘	大盘
成长	小盘成长	中盘成长	大盘成长
平衡	小盘平衡	中盘平衡	大盘平衡
价值	小盘价值	中盘价值	大盘价值

需要注意的是,很多基金在投资风格上并非始终如一,而是会根据市场环境不断对投资风格进行调整,以期获得更好的投资回报。这就是所谓的风格轮换现象。

5）按行业分类

同一行业内的股票往往表现出类似的特性与价格走势。以某一特定行业或板块为投资对象的基金就是行业股票基金,如基础行业基金、资源类股票基金、房地产基金、金融服务基金、科技股基金等。不同行业在不同经济周期中的表现不同,为追求较好的回报,还有一种行业轮换型基金。行业轮换型基金集中于行业投资,投资风险相对较高。

二、债券基金

债券基金是指发行基金证券所募集的资金主要投资于债券的证券投资基金。这种基金的证券组合主要以不同期限、不同利率(甚至不同国家)的债券(国债、地方政府债券、金融债、企业债等)为对象,但也不排除有一定数量(如 20% 以下)的非债券证券。债券基金的规模仅次于股票基金。债券基金专为稳健型的投资者设计,具有流动性强、安全性高、投资风险小、回报稳定等特点。债券基金的风险主要来源于市场利率、国家间债券市场汇率风险及债券信用等级。因为投资风险比股票基金低,因此债券基金的回报率通常比股票基金低。

债券基金主要以债券为投资对象,因此对追求稳定收入的投资者具有较强的吸引力。债券基金的波动性通常小于股票基金,因此被大多数投资者认为是收益、风险适中的投资工具。此外,当债券基金与股票基金进行适当的组合投资时,通常能较好地分散投资风险。

1. 债券基金的优点

相对于股票基金,债券基金的优点表现在以下几个方面。

（1）低风险、低收益。由于债券收益稳定、风险较低,相对于股票基金,债券基金风险低但回报率也不高。

（2）费用较低。由于债券投资管理不如股票投资管理复杂,因此债券基金的管理费也相对较低。

（3）收益稳定。投资于债券均有定期利息回报,到期还承诺还本付息,因此债券基金的收益较为稳定。

（4）注重当期收益。债券基金主要追求当期较为固定的收入，相对于股票基金而言，缺乏增值的潜力，较适合不愿冒险、谋求当期稳定收益的投资者。

2. 债券基金与债券的区别

作为投资于一篮子债券的组合投资工具，债券基金与单一债券存在重大的区别。

（1）债券基金的收益不如债券的利息固定。投资者购买固定利率性质的债券，在购买后会定期得到固定的利息收入，并可在债券到期时收回本金。债券基金作为不同债券的组合，尽管也会定期将收益分配给投资者，但债券基金分配的收益有升有降，不如债券的利息固定。

（2）债券基金没有确定的到期日。与一般债券会有一个确定的到期日不同，债券基金由一组具有不同到期日的债券组成，因此并没有一个确定的到期日。不过为分析债券基金的特性，我们仍可以对债券基金所持有的所有债券计算出一个平均到期日。

（3）债券基金的收益率比买入并持有到期的单个债券的收益率更难以预测。单一债券的收益率可以根据购买价格、现金流及到期收回的本金计算其投资收益率；但债券基金由一组不同的债券组成，收益率较难计算和预测。

（4）投资风险不同。单一债券随着到期日的临近，所承担的利率风险会下降。债券基金没有固定的到期日，所承担的利率风险取决于所持有的债券的平均到期日。债券基金的平均到期日通常相对固定，债券基金所承受的利率风险通常也会保持在一定的水平。单一债券的信用风险比较集中，而债券基金通过分散投资可以有效避免单一债券可能面临的较高的信用风险。

3. 债券基金的类型

根据发行者的不同，可以将债券分为政府债券、企业债券、金融债券等。根据债券到期日的不同，可以将债券分为短期债券、长期债券等。根据债券信用等级的不同，可以将债券分为低等级债券、高等级债券等。与此相适应，也就产生了以某一类债券为投资对象的债券基金。

除上述分类外，事实上我国市场上的债券基金分类还有其自身的特点，常见的有以下类型：

（1）标准债券型基金，仅投资于固定收益类金融工具，不能投资于股票市场，常被称为纯债基金。标准债券型基金又可细分为短债基金、信用债基金等品种。

（2）普通债券型基金，即主要进行债券投资（80%以上基金资产）但也投资于股票市场，这类基金在我国市场上占主要部分。实践中可再细分为两类：以债券投资策略为主，可适当参与新股申购和股票增发等的"一级债基"；以债券投资策略为主，同时可适当参与新股申购和股票增发、二级市场股票等权益资产投资的"二级债基"。

（3）其他策略型的债券基金，如可转债基金等。

对于债券基金，投资者应当关注基金的久期、杠杆率、基金所持债券信用等级等因素。

三、混合基金

混合基金是指发行基金证券所筹集的资金主要用于投资超过一种金融工具的证券投资基金。混合基金的投资对象可以是股票、债券或货币市场工具等多种投资工具的组合，因此可集各类基金的特点于一身,分散风险,提高收益。

　　混合基金为投资者提供了一种在股票、债券等不同资产类别之间进行灵活配置的投资工具,基金管理人对基金投资有比较大的自由调整权限。混合基金的问题在于基金的投资目标、投资策略、风险收益特征等要素在基金合同中体现得并不明显,使投资者难以识别和选择。

　　由于混合基金数量多、范围广,难以通过基金合同判断其风险、收益特征,在实践中需要根据其比较基准、投资运作状况进行识别。一般来说,依据资产配置的不同可以将混合基金分为偏股型基金、偏债型基金、股债平衡型基金、灵活配置型基金等。偏股型基金中股票的配置比例较高,债券的配置比例相对较低,一般采用股票指数或者以股票指数为主作为业绩比较基准。

　　偏债型基金与偏股型基金正好相反,债券的配置比例较高,股票的配置比例则相对较低。一般采用债券指数或者以债券指数为主作为业绩比较基准。

　　股债平衡型基金股票与债券的配置比例较为均衡,其业绩比较基准也会以股票指数和债券指数大致均衡组合。

　　灵活配置型基金在股票、债券上的配置比例则会根据市场状况进行调整,有时股票的比例较高,有时债券的比例较高。

　　基金评价机构一般会对混合基金再进行详细的分类。根据 2017 年中国银河证券基金研究中心调整的分类体系,混合基金根据基金资产投资范围与比例及投资策略分为偏股型基金、灵活配置型基金、偏债型基金、保本型基金、避险策略型基金、绝对收益目标基金、其他混合型基金七个二级类别。

　　(1) 偏股型基金是指基金名称自定义为混合基金,基金合同载明或者合同本义是以股票为主要投资方向,业绩比较基准中也是以股票指数为主的混合基金。偏股型基金分为两个三级分类。基金合同中载明有约束力的股票投资下限为 60% 的是偏股型基金(股票下限 60%),不满足 60% 股票投资比例下限要求但业绩比较基准中股票比例值等于或者大于 60% 的是偏股型基金(基准股票比例 60%～100%)。

　　(2) 灵活配置型基金是指基金名称自定义为混合基金,原则上基金名称中有"灵活配置"4 个字,基金合同载明或者合同本义是股票和债券等大类资产之间较大比例灵活配置的混合基金。但是实践中不同的灵活配置型基金所配置的股票与债券的重心差异非常大,在缺乏有约束力的股票下限与债券下限的情况下,选择具有指导意义的业绩比较基准中的股票比例作为划分标准,分为基准股票比例 60%～100%(含 60%)、基准股票比例 30%～60%(均不含)、基准股票比例 0～30%(含 30%)三个三级分类。

　　灵活配置型基金也是业绩基准为复合指数的混合基金的兜底分类。对于业绩基准是股票指数与债券指数复合比例的混合基金,无法在偏股、偏债中划分的都纳入灵活配置型基金。由于灵活配置型基金股票比例值覆盖 95%,因此适合作为兜底分类。

　　灵活配置型基金(基准股票比例值 60%～100%)与偏股型基金(基准股票比例值 60%～100%)、灵活配置型基金(基准股票比例值 0～30%)与偏债型基金虽然同属于混合基金一级大类,但二者的内涵是有区别的,划分依据是基金名称中是否有"灵活配置"4 个字。

(3) 偏债型基金是指基金名称自定义为混合基金,基金合同载明或者合同本义是以债券为主要投资方向,业绩比较基准中也是以债券指数为主的混合基金。基金合同中债券投资下限等于或者大于 60%,业绩比较基准中债券比例值等于或者大于 70%,满足其中一个条件即可。偏债型基金暂不进行三级分类。

(4) 保本型基金是指基金名称自定义为混合基金,基金名称中出现保本字样,基金合同载明基金管理人或第三方承担保本保证责任的混合基金。保本型基金暂不进行三级分类。

(5) 避险策略型基金是指基金名称自定义为混合基金,基金合同载明通过一定的避险投资策略进行投资运作,引入相关保障机制,以在避险策略周期到期时,力求避免基金份额持有人投资本金出现亏损的混合基金。避险策略型基金暂不进行三级分类。

(6) 绝对收益目标基金是指基金名称自定义为混合基金,基金合同载明基金投资运作比较宽泛,没有明确的投资方向,没有股票、债券 80% 比例的最低持仓要求,业绩比较基准为银行定期存款收益或者定期存款收益基础上增加某个固定值或某个年化固定值的混合基金。绝对收益目标基金并不能保证保本和保证收益,仅是追求绝对收益目标。绝对收益目标基金根据投资策略的差异分为灵活策略基金与对冲策略基金两个三级分类。灵活策略基金是指在股票、债券等大类资产之间进行灵活运作。对冲策略基金是指运用股指期货等工具对基金资产进行对冲运作。

拓展阅读 2-1
华夏成长混合——
灵活配置型混合式
基金

(7) 其他混合型基金。这是兜底的分类,是指不适合与其他混合基金进行收益与风险评价比较,在上述分类中无法明确归属的混合基金。一旦某个领域或者特征的基金数量达到 10 只时就从其他混合型基金中独立出来形成单独的分类。其他混合型基金暂不进行三级分类。

四、货币市场基金

与其他类型基金相比,货币市场基金具有风险低、流动性好等特点,是厌恶风险、对资产流动性与安全性要求较高的投资者进行短期投资和现金管理的理想工具,或是暂时存放现金的理想场所。

1. 货币市场基金的投资对象

货币市场基金的投资对象是货币市场工具,通常指到期日不足 1 年的短期金融工具。货币市场工具通常由政府、金融机构及信誉卓著的大型工商企业发行,流动性好、安全性高,但其收益率与其他证券相比则非常低。货币市场与股票市场的一个主要区别是:货币市场进入门槛通常很高,在很大程度上限制了一般投资者的进入。此外,货币市场属于场外交易市场,交易主要由买卖双方通过电话或电子交易系统以协商价格完成。货币市场基金的投资门槛极低,因此货币市场基金为普通投资者进入货币市场提供了重要通道。

按照中国证监会和中国人民银行 2015 年颁布的《货币市场基金监督管理办法》的规定,货币市场基金应当投资于以下金融工具:

(1) 现金;

（2）期限在 1 年以内（含 1 年）的银行存款、债券回购、中央银行票据、同业存单；

（3）剩余期限在 397 天以内（含 397 天）的债券、非金融企业债务融资工具、资产支持证券；

（4）中国证监会、中国人民银行认可的其他具有良好流动性的货币市场工具。

货币市场基金不得投资于以下金融工具：

（1）股票；

（2）可转换债券、可交换债券；

（3）以定期存款利率为基准利率的浮动利率债券，已进入最后一个利率调整期的除外；

（4）信用等级在 AA＋以下的债券与非金融企业债务融资工具；

（5）中国证监会、中国人民银行禁止投资的其他金融工具。

2. 货币市场基金的支付功能

由于货币市场基金风险低、流动性好，通过以下机制设计，基金管理公司将货币市场基金的功能从投资拓展为类似货币的支付功能：

（1）每个交易日办理基金份额申购、赎回；

（2）在基金合同中将收益分配的方式约定为红利再投资，并每日进行收益分配；

（3）每日按照面值（一般为 1 元）进行报价。

在美国等发达市场，货币市场基金兼具银行储蓄和支票账户的功能，投资者可以根据货币市场基金账户余额开出支票用于支付，甚至可以在自动取款机（ATM）上从货币市场基金账户中提取现金。1999 年网上支付公司 Paypal 设立了账户余额的货币市场基金，用户只需简单地进行设置，存放在 Paypal 支付账户中不计利息的余额就将自动转入货币市场基金，从而获得收益，堪称互联网金融的创举。

3. 货币市场基金的收益率

基金收益采用日每万份基金净收益和最近 7 日年化收益率表示。日每万份基金净收益是把货币市场基金每天运作的净收益平均分摊到每一基金份额上，然后以 1 万份为标准进行衡量。最近 7 日年化收益率是以最近 7 个自然日日平均收益率折算的年化收益率。这两个收益指标都是短期指标。

货币市场基金日每万份基金净收益的计算公式为

$$日每万份基金净收益 = \frac{当日基金净收益}{当日基金份额总额} \times 10\,000$$

货币市场基金在计算和披露 7 日年化收益率时，由于收益分配频率的不同而有所差异。

7 日年化收益率的计算公式为

$$结转份额的\,7\,日年化收益率 = \left\{ \left[\prod_{i=1}^{7}(1 + \frac{R_i}{10\,000}) \right]^{\frac{365}{7}} \right\} \times 100\%$$

$$按月结转份额的\,7\,日年化收益率 = \frac{\sum_{i=1}^{7} R_i}{7} \times \frac{365}{10\,000} \times 100\%$$

其中，R_i 为最近第 i 个自然日(包括计算当日)的每万份基金净收益。

在运用基金收益指标对货币市场基金进行分析时，应注意指标之间的可比性。不同的份额结转方式使按日结转份额与按月结转份额的货币市场基金之间没有可比性。按日结转份额等于是日复利，按月结转份额等于是月复利。由于按日结转份额方式在及时增加基金份额的同时会摊薄每万份基金的日净收益，而且会增加基金管理费计提的基础，使每万份基金净收益可能进一步降低，因此按日结转份额与按月结转份额本身并无优劣之分，两类基金的 7 日年化收益率也不能直接用于比较优劣。

4. 货币市场基金的特点

(1) 安全性高。大多数货币市场基金主要投资于剩余期限在 1 年以内的国债、金融债、央行票据、债券回购、同业存款等低风险证券品种，这些投资品种决定了货币市场基金在各类基金中是风险最低的，保证了本金的安全。

(2) 流动性强。货币市场基金的流动性可以与活期存款媲美，基金买卖方便，资金到账时间短、容易变现，流动性很高。相比之下，货币市场基金的流动性优于其他类型的基金。

(3) 收益稳定。货币市场基金除了可以投资一般机构可以投资的交易所回购等投资工具外，还可以对银行间债券及回购市场、中央银行票据市场进行投资，其年净收益率一般可达 2%～3%，远高于银行活期存款利率。此外，货币市场基金还可以避免隐性损失，抵御通货膨胀。当出现通货膨胀时，实际利率可能很低甚至为负值，货币市场基金可以及时把握利率变化及通货膨胀趋势，获取稳定收益，因此被用作抵御物价上涨的工具。

(4) 投资成本低。基金费用包括管理费、托管费、销售服务费、证券交易费等。货币市场基金的低费用体现在两个方面：一方面，货币市场基金的管理费用属于所有基金中最低的，一般按照基金净资产的 0.25%～1% 收取管理费，而其他基金的年管理费率为 1%～2.5%；另一方面，货币市场基金的认购、申购、赎回免收手续费，而且多数货币市场基金的面值永远保持 1 元，收益天天计算，每日都有利息收入，且不用交利息税。货币市场基金每日分红结转为基金份额，分红免收所得税。因此，货币市场基金进出方便，既降低了投资成本，又保证了流动性。

拓展阅读 2-2
2008 年金融危机中美国历史最悠久货币基金的清盘

(5) 投资门槛低。货币市场基金门槛低，只要 1 000 元就可以进行投资，如果定期定额购买基金，申购门槛更是可以低至数十元。同时，货币市场基金没有期限限制，投资者可以随时赎回基金份额，避免承担可能产生的流动性风险。

第五节　交易型开放式指数基金(ETF)

一、ETF 的含义与特点

交易型开放式指数基金(exchange traded fund，ETF)，又称交易所交易基金，是一种在证券交易所买卖的指数基金，代表一篮子股票的所有权。机构投资者和大额投资者以一篮子股票与基金管理公司进行 ETF 基金份额的申购和赎回。投资者既可以在证券交易所像买卖股票一样买卖ETF,也可以通过赎回ETF单位换得所存托的一篮子股票。

ETF具有如下几个特点。

(1)被动操作指数基金。ETF是以某一选定的指数所包含的成分证券(股票、债券等)或商品为投资对象,依据构成指数的证券或商品的种类和比例,采取完全复制或抽样复制方法,进行被动投资的指数基金。ETF不但具有传统指数基金的全部特色,而且是更为纯粹的指数基金。

(2)独特的实物申购、赎回机制。所谓实物申购、赎回机制,是指投资者向基金管理公司申购ETF,需要拿这只ETF指定的一篮子证券或商品来换取;赎回时得到的不是现金,而是相应的一篮子证券或商品;如果想变现,需要再卖出这些证券或商品。实物申购、赎回机制是ETF最大的特色之一,使ETF省却了用现金购买证券或商品以及为应付赎回卖出证券或商品的环节。此外,ETF有"最小申购、赎回份额"的规定,只有资金达到一定规模的投资者才能参与ETF一级市场的实物申购、赎回。

中国市场上目前仅有跨时区ETF,由于暂时无法买到跨时区的市场证券所以采用全现金替代模式进行申购、赎回,部分商品和债券ETF采用实物申购、赎回与全现金替代申购、赎回两种模式并行,股票ETF基本都采用实物申购、赎回制度。

(3)实行一级市场与二级市场并存的交易制度。在一级市场上,只有资金达到一定规模的投资者(基金份额通常要求在30万份、50万份甚至100万份以上)可以随时在交易时间内进行以股票换份额(申购)、以份额换股票(赎回)的交易,中小投资者被排斥在一级市场外。在二级市场上,ETF与普通股票一样在市场挂牌交易。[①] 无论是资金在一定规模以上的投资者还是中小投资者,均可按市场价格进行ETF份额的交易(交易门槛与普通股票相同,1手100份起)(见图2-2)。一级市场的存在使二级市场交易价格不可能偏离基金份额净值很多,否则两个市场的差价会引发套利交易。套利交易会使套利机会最终消失,使二级市场交易价格恢复到基金份额净值附近。因此,正常情况下,ETF二级市场交易价格与基金份额净值总是比较接近。

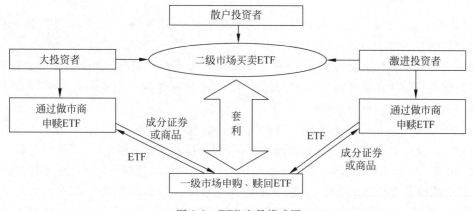

图2-2 ETF交易模式图

① ETF份额交易无印花税。

ETF 本质上是一种指数基金,因此对 ETF 的需求主要体现在对指数产品的需求上。由一级市场和二级市场的差价所引致的套利交易则属于一种派生需求。与传统的指数基金相比,ETF 的复制效果更好、效率更高、成本更低,买卖更为方便(可以在交易日随时进行买卖),而且可以进行套利交易,因此对投资者具有独特的吸引力。

二、ETF 的套利交易

当同一商品在不同市场上价格不一致时就会存在套利交易。传统上,数量固定的证券会在供求关系的作用下形成二级市场交易价格独立于自身净值的交易特色,如股票、封闭式基金即是如此。而数量不固定的证券,如开放基金则不能形成二级市场交易价格,只能按净值进行交易。ETF 的独特之处在于实行一级市场与二级市场交易同步进行的制度安排,因此投资者可以在 ETF 二级市场交易价格与基金份额净值二者之间存在差价时进行套利交易。

具体而言,当二级市场 ETF 交易价格低于其份额净值,即发生折价交易时,大的投资者可以通过在二级市场低价买进 ETF,然后在一级市场赎回(高价结算)份额,再于二级市场上卖掉股票而实现套利交易;相反,当二级市场 ETF 交易价格高于其份额净值,即发生溢价交易时,大的投资者可以在二级市场买进一篮子股票,于一级市场按份额净值转换为 ETF(相当于低价买入 ETF)份额,再于二级市场高价卖掉 ETF 而实现套利交易。套利机制的存在会迫使 ETF 二级市场交易价格与份额净值趋于一致,使 ETF 既不会出现类似封闭式基金二级市场大幅折价交易和溢价交易现象,也克服了开放式基金不能进行盘中交易的缺点。

折价套利会导致 ETF 总份额的减少,溢价套利会导致 ETF 总份额的扩大。但正常情况下,套利活动会使套利机会消失,因此套利机会并不多,通过套利活动引致的 ETF 规模的变动也就不会很大。ETF 规模的变动最终取决于市场对 ETF 的真正需求。

三、ETF 联接基金

ETF 联接基金是将绝大部分基金资产投资于某一 ETF(称为目标 ETF)、密切跟踪标的指数表现、可以在场外(银行渠道等)申购赎回的基金。根据中国证监会的规定,ETF 联接基金投资于目标 ETF 的资产不得低于联接基金资产净值的 90%,其余部分应投资于标的指数成分股和备选成分股等。而且,ETF 联接基金的管理人不得对 ETF 联接基金财产中的 ETF 部分计提管理费。

ETF 联接基金的主要特征包括以下几个方面(参见表 2-3):

(1) 联接基金依附于主基金,通过主基金投资,若主基金不存在,联接基金也不存在。因此,联接基金和 ETF 是同一法律实体的两个不同部分,联接基金处于从属地位。

(2) 联接基金提供了银行、证券公司场外、互联网公司平台等申购 ETF 的渠道,可以吸引大量的银行和互联网公司平台客户直接通过联接基金介入 ETF 的投资,增强 ETF 的影响力。大多数 ETF 都是在场内交易的,即需要开立股票账户才能交易 ETF,而很多投资者拥有银行账号,却没有股票账号,当他们也看好同样的 ETF 标的时即可投资联接基金。在联接基金成立和开放申赎后,投资者可以通过申购联接基金的方式(联接基金最少投资 10 元、100 元或 1 000 元),参与 ETF 投资。联接基金为银行和互联网公司平台的中小投资者申购 ETF 打开了通道。

(3) 联接基金可以提供目前 ETF 不具备的定期定额投资等方式来介入 ETF 的运作。

(4) 联接基金不能参与 ETF 的套利,发展联接基金主要是为了做大指数基金的规模。联接基金的目的不在于套利,而是通过把场外渠道的资金引进来,做大指数基金的规模,推动指数化投资。

(5) 联接基金是一种特殊的基金中的基金(FOF),ETF 联接基金持有目标 ETF 的市值不得低于该联接基金资产净值的 90%。

表 2-3　ETF 联接基金与 ETF 的比较

	ETF 联接基金	ETF
业绩	紧密跟踪标的指数表现	紧密跟踪标的指数表现
运作方式	开放式	开放式
申购门槛	低(1 000 份)	高(至少 30 万、50 万、100 万份等)
投资标的	(1) 跟踪同一标的指数的组合证券(目标 ETF) (2) 标的指数的成分股和备选成分股 (3) 中国证监会规定的其他证券品种 (4) ETF 联接基金资产中,目标 ETF 不得低于基金资产净值的 90%。它更类似于增强指数基金。90% 的基金资产用来投资跟踪指数,10% 的基金资产通过主动管理来强化收益	一篮子股票或其他资产组合,这一组合中的股票或其他资产种类与某一特定指数构成完全一致;ETF 的投资组合通常完全复制标的指数,其净值表现与盯住的特定指数高度一致
申购、赎回渠道	银行、证券公司、互联网公司平台	证券公司
费用	管理费:ETF 联接基金的管理人不得对 ETF 联接基金资产中持有的自身管理的基金部分收取管理费 托管费:ETF 联接基金的基金托管人不得对 ETF 联接基金资产中的 ETF 部分计提托管费 费率:认购、申购、赎回的费率可以参照开放式基金的相关费率水平	ETF 在交易所交易的费用与封闭式基金的交易费用相同,远比现在的开放式基金申购、赎回费低

2009 年 9 月,我国最早的两只联接基金——华安上证 180ETF 联接基金和交银 180 治理 ETF 联接基金成立。

四、ETF 的类型

根据 ETF 跟踪某一标的市场指数的不同,可以将 ETF 分为股票型 ETF、债券型 ETF、商品型 ETF 等。而在股票型 ETF、债券型 ETF 中,又可以根据 ETF 跟踪的具体指数的不同对其进行进一步细分,如股票型 ETF 可以进一步分为全球指数 ETF、综合指数 ETF、行业指数 ETF、风格指数 ETF(如成长型、价值型等)、策略指数 ETF 等。

根据复制方法的不同,可以将 ETF 分为完全复制型 ETF 与抽样复制型 ETF。完全复制型 ETF 是依据构成指数的全部成分股在指数中所占的权重,进行 ETF 的构建。我国首只 ETF——上证 50ETF 采用的就是完全复制。在标的指数成分股数量较多、个别成分股流动性不足的情况下,抽样复制的效果可能更好。抽样复制就是通过选取指数中部分有代表性的成分股,参照指数成分股在指数中的比重设计样本股的组合比例进行 ETF 的构建,目的是以最低的交易成本构建样本组合,使 ETF 能较好地跟踪指数。

五、ETF 与 LOF 的比较

ETF 与 LOF 都具有开放式基金可以申购、赎回和场内交易的特点,但二者存在本质区别,主要表现在以下几个方面。

(1)申购、赎回的标的不同。ETF 与投资者交换的是基金份额与一篮子证券或商品;而 LOF 申购、赎回的是基金份额与现金的对价。

(2)申购、赎回的场所不同。ETF 的申购、赎回通过交易所进行;而 LOF 的申购、赎回既可以在代销网点进行也可以在交易所进行。

(3)对申购、赎回的限制不同。只有资金在一定规模以上的投资者(基金份额通常要求在 30 万份以上)才能参与 ETF 一级市场的申购、赎回交易;而 LOF 在申购、赎回上没有特别要求。

(4)基金投资策略不同。ETF 通常采用完全被动式管理方法,以拟合某一指数为目标;LOF 则是普通的开放式基金增加了交易所的交易方式,可以是指数基金,也可以是主动管理型基金。

(5)净值报价频率不同。在二级市场的净值报价上,ETF 每 15 秒提供一个基金份额参考净值(IOPV)报价;而 LOF 的净值报价频率要比 ETF 低,通常 1 天只提供 1 次或几次基金参考净值报价。

第六节　避险策略基金

一、避险策略基金概述

避险策略基金是指通过一定的保本投资策略进行运作,同时引入保本保障机制,以保证基金份额持有人在保本周期到期时可以获得投资本金保证的基金。避险策略基金的投资目标是在锁定风险的同时力争有机会获得潜在的高回报。

避险策略基金的前身是保本基金,其最大特点是招募说明书中明确引入保本保障机制,以保证基金份额持有人在保本周期到期时可以获得投资本金的保证。根据中国证监会 2010 年 10 月 26 日公布的《关于保本基金的指导意见》,我国保本基金的保本保障机制包括:①由基金管理人对基金份额持有人的投资本金承担保本清偿义务;同时,基金管理人与符合条件的担保人签订保证合同,由担保人和基金管理人对投资人承担连带责任。

②基金管理人与符合条件的保本义务人签订风险买断合同,约定由基金管理人向保本义务人支付费用;保本义务人在保本基金到期出现亏损时,负责向基金份额持有人偿付相应损失。保本义务人在向基金份额持有人偿付损失后,放弃向基金管理人追偿的权利。③经中国证监会认可的其他保本保障机制。

总体来看,保本基金运作较为平稳,并未出现到期不能保本的情况,在丰富基金产品类型、满足投资者多元化需求方面发挥了积极作用。但在保本基金发展的同时,监管部门注意到保本基金存在一些问题,具有一定的潜在风险:一是保本基金保障机制存在问题。目前已发行的保本基金均采用连带责任担保的保障机制,担保机构有权无条件向基金管理人进行追偿,基金管理人实际对基金份额持有人的投资本金承担保本清偿义务。一旦保本基金到期不能实现保本,基金管理人应偿付最终的投资损失,行业风险不容忽视。二是保本基金保本投资策略可能失效的问题。部分保本基金为提高收益率,投资运作不够稳健,存在将低等级信用债纳入稳健资产投资范围、剩余期限错配、风险资产放大倍数过高等问题,使基金净值波动加剧。三是保本基金快速膨胀可能带来的风险。随着保本基金数量、规模不断快速增大,尤其是部分基金管理人大量集中发行保本基金,若出现到期亏损且无法赔付的情况,容易损害持有人利益。

针对保本基金存在的问题,中国证监会于2017年年初对《关于保本基金的指导意见》进行了修订,将"保本基金"的名称调整为"避险策略基金",相应地,《关于保本基金的指导意见》调整为《关于避险策略基金的指导意见》(简称《指导意见》)。《指导意见》的内容做了如下修订:取消连带责任担保机制;完善对避险策略基金的风控要求;限定避险策略基金规模上限,防范相关风险;完善基金管理人风控管理要求。此外,为做好新旧规则衔接,《指导意见》明确对避险策略基金依照"新老划断"原则进行过渡安排,存续的保本基金仍按基金合同的约定进行运作,无须变更基金名称。但在保本周期到期前不得增持不符合规定的资产、不得增加稳健资产投资组合剩余期限、不得增加风险资产放大倍数等;存续保本基金到期后,应当根据《指导意见》的规定,调整产品保障机制,更名为"避险策略基金",不符合的应转为其他类型的基金或予以清算。

为保证本金安全,避险策略基金通常会将大部分资金投资于与基金到期日一致的债券;同时,为提高收益水平,避险策略基金会将其余资金投资于股票、衍生工具等高风险资产,使市场不论是上涨还是下跌,该基金于投资期限到期时都能保障本金不受损失。

避险策略基金的投资目标是在锁定风险的同时力争有机会获得潜在的高回报。这类基金从本质上讲是一种混合基金,锁定了投资亏损的风险,产品风险较低,也并不放弃追求超额收益的空间,因此比较适合不能忍受投资亏损的比较稳健和保守的投资者。

二、避险策略基金的投资策略

避险策略的前身保本基金于20世纪80年代中期起源于美国,其核心是运用投资组合保险策略进行基金的操作。国际上比较流行的投资组合保险策略主要有对冲保险策略与固定比例投资组合保险策略(constant proportion portfolio insurance,CPPI)。

对冲保险策略主要依赖金融衍生产品(如股票期权、股指期货等),实现投资组合价值的保本与增值。国际成熟市场的保本投资策略目前较多采用衍生金融工具进行操作。目前,国内尚缺乏这些金融工具,所以国内避险策略基金为实现保本目的,主要选择固定比例投资组合保险策略作为投资的保本策略。

CPPI 是一种通过比较投资组合现时净值与投资组合价值底线,从而动态调整投资组合中风险资产与保本资产的比例,以兼顾保本与增值目标的保本策略。CPPI 投资策略的投资步骤可分为以下三步:

第一步,根据投资组合期末最低目标价值(基金的本金)和合理的折现率设定当前应持有的保本资产的价值,即投资组合的价值底线。

第二步,计算投资组合现时净值超过价值底线的数额。该值通常称为安全垫,是风险投资(如股票投资)可承受的最高损失限额。

第三步,按安全垫的一定倍数确定风险资产投资的比例,并将其余资产投资于保本资产(如债券投资),从而在确保实现保本目标的同时实现投资组合的增值。风险资产投资额通常可用下式确定:

$$风险资产投资额=放大倍数×(投资组合现时净值-价值底线)$$
$$=放大倍数×安全垫$$

$$风险资产投资比例=\frac{风险资产投资额}{基金净值}×100\%$$

如果安全垫不放大,将投资组合现时净值高于价值底线的资产完全用于风险资产投资,即使风险资产(股票)投资完全亏损,基金也能实现到期保本。因此,可以适当放大安全垫的倍数,提高风险资产投资比例以增加基金的收益。例如,将投资债券确定的投资收益的 2 倍投资于股票,也就是将安全垫放大 1 倍,那么如果股票亏损的幅度在 50% 以内,基金仍能实现保本目标。安全垫放大倍数的增加,尽管能提高基金的收益,但投资风险也将趋于同步增大;但放大倍数过小,则基金收益将不足。基金管理人必须在股票投资风险加大和收益增加二者间寻找适当的平衡点。也就是说,要确定适当的安全垫放大倍数,力求既能保证基金本金的安全,又能尽量为投资者创造更高的收益。

通常,保本资产和风险资产的比例并不是经常发生变动的,必须在一定时间内维持恒定比例,以避免出现过激的投资行为。基金管理人一般只在市场可能发生剧烈变化时才对基金安全垫的中长期放大倍数进行调整。在放大倍数一定的情况下,随着安全垫价值的上升,风险资产投资比例也将上升。一旦投资组合现时净值向下接近价值底线,系统将自动降低风险资产的投资比例。

三、避险策略基金的风险与分析

1. 避险策略基金的投资风险

避险策略基金的投资目标是避险,因此会采取相应的避险策略来实现这一目标。但与其他金融产品一样,避险策略基金也具有相应的投资风险,具体表现为:①避险策略基金有一个避险策略周期,投资者只有持有到期后才能获得本金保证或收益保证。如果投资者在到期前急需资金,提前赎回,则不享有保证承诺,投资可能发生亏损。避险策略基金的避险策略周期通常为 3～5 年,也有长达 7～10 年的。基金持有人在认购期结束后申购的基金份额不适用保本条款。②避险的性质在一定程度上限制了基金收益的上升空间。为了保证到期能够向投资者兑现保本承诺,避险策略基金通常会将大部分资金投资于期限与避险策略周期一致的债券。避险策略基金中债券的比例越高,其投资于高收益资产的比例越低,基金收益的上升空间也就越小。③投资于避险策略基金面临机会成本和通货膨胀风险。避险策略基金在到期后可以保本,但如果到期后不能取得比银行存款利率和通货膨胀率高的收益率,保本将失去意义。

2. 避险策略基金的分析指标

避险策略基金的分析指标主要包括封闭周期、保本比例、赎回费、安全垫、担保人等。

避险策略基金通常有一个封闭周期。较长的封闭周期使基金经理有较大的操作灵活性,即在相同的保本比例要求下,经理人可适当提高风险性资产的投资比例。但封闭周期越长,投资者承担的机会成本越高,因此封闭周期是一个必须考虑的因素。

保本比例是到期时投资者可以获得的本金保障比率。常见的保本比例为80%～100%。保本比例是影响基金投资风险性资产比例的重要因素之一。其他条件相同时,保本比例较低的基金投资于风险性资产的比例较高。

避险策略基金为避免投资者提前赎回资金,往往会对提前赎回基金的投资者收取较高的赎回费,这将加大投资者退出投资的难度。

安全垫是风险资产投资可承受的最高损失限额。如果安全垫较低,基金将很难通过放大操作提高基金的收益。较高的安全垫在提高基金运作灵活性的同时也有助于增强基金到期保本的安全性。

第七节　伞形基金

一、伞形基金的含义与特点

伞形基金又称系列基金(series fund),是指在一个母基金之下再设立若干个子基金,各个基金独立进行投资决策。其主要特点是在基金内部可以为投资者提供多种选择。由于市场处于不断的变化中,投资者的需求也在不断变化,如果投资者在不同的基金之间进行重新选择,就需要支付很多销售费用。而伞形基金的投资者可以随时根据自己的需求转换基金类型,不需要支付转换费,能够在低成本的情况下为投资者提供较大的选择余地。

伞形基金实际上是开放式基金的一种组织结构。在这一组织结构下,基金发起人根据一份总的基金招募书发起设立多只相互之间可以根据规定的程序进行转换的基金,这些基金称为子基金或成分基金。而由这些子基金共同构成的这一基金体系合称伞形基金。进一步说,伞形基金不是一只具体的基金,而是同一基金发起人对由其发起、管理的多只基金的一种经营管理方式,因此通常认为"伞形结构"的提法可能更为恰当。

伞形基金具有下列特点:

(1)伞形基金内部可以为投资者提供多种投资选择。投资者根据市场变化,可以随时根据自己的需求转换基金类型,从前景看淡的基金退出,转向前景看好的基金。投资者可以根据市场行情的变化选择和转换不同的子基金,从而降低了转换成本。伞形基金不需要很长的时间,亦不需要支付较高的转换费,就能为投资者提供较大的选择余地。

（2）伞形基金有助于基金管理公司稳定客户、减少赎回压力。在单一结构基金的条件下,由于市场热点不断转换,投资者对不同品种基金的追逐也将发生变化,因而基金管理公司面临很高的赎回压力和风险。伞形基金的魅力就在于,它能够在一个基金内部满足投资者追逐市场热点转换的要求,因而可以将基金赎回的压力和风险减小到最低程度。

（3）伞形基金提供了更为广泛的投资机会。伞形基金根据投资者的不同需求设立各种类型的子基金,这些子基金在投资目标、投资政策、投资对象、投资地区等方面各不相同,细致而有针对性的品种设计使伞形基金可以在同一品牌下广泛地吸引具有不同投资目标、投资偏好的众多投资者。由于这一特点,伞形基金有时也被称为"适合所有人的基金"。

二、伞形基金的优势与存在的问题

1. 伞形基金的优势

对于基金管理公司来说,伞形基金具有下列优势:

（1）管理效率明显提高,运作成本得到有效控制,体现了规模经济的效应。伞形基金旗下各子基金在一个相同的管理框架内运作,在托管、审计、法律服务、管理费用等方面享有规模经济优势,从而降低了管理成本。

（2）可以根据投资者需求变化,增加或清盘旗下基金,操作上极具灵活性,因此其可拓展性比单一基金具有很大的优势。

（3）推出系列产品,突出了品牌效应,更有利于营销和推广。此外,伞形基金有利于基金管理公司稳定客户,减少赎回压力。

（4）简化了基金设立和运作的法律程序,多只下属基金可以一次履行法律程序,而单一基金每只都必须单独履行程序。

（5）从保持流动性、减轻赎回压力的角度看,伞形基金的鲜明特点之一就是方便投资者在同一个伞形基金之下转换,这样无疑可以避免投资者的资金外流,同时也可为投资者节省额外的申购和赎回手续费用。此外,伞形基金在低迷市道的销售中能够比单一基金更好地突出基金的品牌效应,例如,可以用适当的方式强调伞形基金的规模庞大、品种齐全、管理统一规范等特点,从而在一定程度上增强投资者的信任感和认同感。

因此,伞形基金通过在开放性体系下的统一品牌的运作,能够较好地降低管理成本,在基金的托管、审计、法律服务、管理团队等方面享有规模经济,从而降低设立及管理一只新基金的成本,提高基金管理公司的竞争力。

对投资者来说,伞形基金提供了更为广泛的投资机会。伞形基金一般会对投资者进行市场细分,根据投资者的不同需求设立各种类型的子基金。例如,招商安泰系列基金根据投资者对风险的不同偏好或承受程度设立了三种风险-收益水平不同的子基金:招商债券基金、招商平衡型基金、招商股票基金;湘财合丰行业系列基金则由价值优化型成长类、周期类、稳定类三只基金组成。基金品种的多样性为投资者提供了多种选择。从伞形基金在国际基金市场的发展来看,目前该基金品种已经成为国际基金市场的主流品种之一。

2. 伞形基金存在的问题

伞形基金作为一种新的组织形式的探索,必然会在一些操作性的领域涉及原有的监管架构没有覆盖到的地方,这也为当前临管体系的完善提供了实践的推动力。

例如,在采取伞形结构的框架中,不同子基金均隶属于同一体系,但是同一伞形基金下的不同子基金在很大程度上是相互独立的,如何在法律关系、组织架构等方面处理好这种统一性和独立性的关系就成为一个难题。此外,值得关注的重要现实问题还包括:不同子基金之间的转换应当如何进行会计处理才能避免对不同子基金的持有人利益形成冲击;转换费率应当如何确定,才能既方便投资者的转换,又防止投资者利用不同子基金申购费率之间的差异少交申购费用;如何才能以伞形基金的引入为契机,促使伞形基金的子基金在基金品种的设计上做到市场细分程度更高、选择范围更广、投资的风格更为明显。

第八节　QDII 基金

一、QDII 基金概述

2007 年 6 月 18 日,中国证监会颁布的《合格境内机构投资者境外证券投资管理试行办法》规定,符合条件的境内基金管理公司和证券公司,经中国证监会批准,可在境内募集资金进行境外证券投资管理。这种经中国证监会批准可以在境内募集资金进行境外证券投资的机构称为合格境内机构投资者(qualified domestic institutional investor,QDII)。QDII 是在我国人民币没有实现可自由兑换、资本项目尚未完全开放的情况下,有限度地允许境内投资者投资海外证券市场的一项过渡性的制度安排。目前,除了基金管理公司和证券公司外,商业银行等其他金融机构也可以发行代客境外理财产品,但本节讨论的主要是由基金管理公司发行的 QDII 产品,即 QDII 基金。QDII 基金可以人民币、美元或其他主要外汇货币为计价货币募集。

QDII 是一项投资制度,我国设立该制度的直接目的是"进一步开放资本账户,以创造更多外汇需求,使人民币汇率更加平衡、更加市场化,并鼓励国内更多企业走出国门,从而减少贸易顺差和资本项目盈余",直接表现为让国内投资者直接参与国外的市场,并获取全球市场收益。QDII 制度是由我国香港特别行政区的政府部门最早提出的,与 CDR(预托证券)、QFII 一样,是在外汇管制下内地资本市场对外开放的权宜之计,在资本账户项目未完全开放的情况下容许国内投资者前往海外资本市场进行投资。

不同于只能投资于国内市场的公募基金,QDII 基金可以进行国际市场投资。通过QDII 基金进行国际市场投资,不但为投资者提供了新的投资机会,而且由于国际证券市场往往与国内证券市场具有较低的相关性,也为投资者降低组合投资风险提供了新的途径。

二、QDII 基金的投资对象

1. QDII 基金可投资的金融产品或工具

除中国证监会另有规定外,QDII 基金可投资于下列金融产品或工具:

（1）银行存款、可转让存单、银行承兑汇票、银行票据、商业票据、回购协议、短期政府债券等货币市场工具。

（2）政府债券、公司债券、可转换债券、住房按揭支持证券、资产支持证券等及经中国证监会认可的国际金融组织发行的证券。

（3）在与中国证监会签署双边监管合作谅解备忘录的国家或地区证券市场挂牌交易的普通股、优先股、全球存托凭证和美国存托凭证、房地产信托凭证。

（4）在与中国证监会签署双边监管合作谅解备忘录的国家或地区证券监管机构登记注册的公募基金。

（5）与固定收益、股权、信用、商品指数、基金等标的物挂钩的结构性投资产品。

（6）远期合约、互换及经中国证监会认可的境外交易所上市交易的权证、期权、期货等金融衍生产品。

2. QDII 基金禁止投资行为

除中国证监会另有规定外，QDII 基金不得有下列行为：

（1）购买不动产。

（2）购买房地产抵押按揭。

（3）购买贵重金属或代表贵重金属的凭证。

（4）购买实物商品。

（5）除应付赎回、交易清算等临时用途以外，借入现金。该临时用途借入现金的比例不得超过基金、集合计划资产净值的 10%。

（6）利用融资购买证券，但投资金融衍生产品除外。

（7）参与未持有基础资产的卖空交易。

（8）从事证券承销业务。

（9）中国证监会禁止的其他行为。

三、QDII 基金的风险

通过 QDII 进行境外投资，除了要面临证券投资的一般风险（包括市场风险、信用风险、流动性风险、利率风险及投资管理人风险等）外，还要关注海外投资的特别风险，主要包括：

（1）汇率风险。QDII 以人民币计价，但以美元等外币进行投资。美元等外币相对于人民币的汇率变化将会影响 QDII 以人民币计价的基金资产价值，从而导致基金资产面临潜在风险。

（2）境外市场投资风险。境外投资要考虑各国或地区汇率、税收法规、政府政策、对外贸易、结算、托管及其他运作风险等多种因素的变化导致的潜在风险。此外，境外投资的成本和境外市场的波动性均可能会高于本国市场，也存在一定风险。

（3）新兴市场投资风险。相较成熟市场而言，新兴市场往往具有市场规模较小、发展不完善、制度不健全、市场流动性较差、市场波动性较高等特点，投资于新兴市场的潜在风险往往高于成熟市场，从而导致资产面临更大的波动性和潜在风险。

（4）法律风险。由于各国或地区法律、法规方面的原因，某些投资行为受到限制或合同不能正常执行,从而存在面临损失的可能性。

（5）政府管制风险。所投资国家或地区可能会临时采取某些管制措施,如资本的类型或外汇控制、对公司或行业的国有化、没收资产及征收高额税款等带来的不利影响。

（6）政治风险。所投资的国家或地区政治经济局势变化（如罢工、暴动、战争等）或法令的变动,将给市场造成波动,会直接或间接地影响投资收益。

（7）金融衍生工具投资风险。投资于金融衍生产品（包括期货、远期、掉期、期权及其他结构性产品）时,由于金融衍生产品具有杠杆效应,价格波动较为剧烈,在市场面临突发事件时,可能会导致投资亏损高于初始投资金额。

此外,还有会计核算风险、税务风险、证券借贷风险、初级产品风险等其他风险。

第九节　分级基金

一、分级基金的概念与特点

1. 分级基金的概念

分级基金是指通过事先约定基金的风险收益分配,将母基金份额分为预期风险收益不同的子份额,并可将其中部分或全部类别份额上市交易的结构化证券投资基金。其中,分级基金的基础份额称为母基金份额,预期风险收益较低的子份额称为 A 类份额,预期风险收益较高的子份额称为 B 类份额。

2. 分级基金的特点

分级基金作为一种创新型基金,是继 ETF 后交易所场内的重要交易工具之一,具有下列与普通基金不同的特点。

（1）一只基金,多类份额,多种投资工具。普通基金仅适合某一类特定风险收益偏好的投资者,而分级基金借助结构化设计将同一基金资产划分为预期风险收益特征不同的份额类别,可以同时满足偏好不同风险收益的投资者的需求。目前的分级基金一般为融资类分级基金,即 B 份额以一定的成本向 A 份额融资,B 份额承担扣除融资成本后的母基金全部的收益或亏损。以我国目前具有代表性的股票型分级基金"银华深证 100 指数分级证券投资基金"为例,股票型分级基金一般分为母基金份额和 A 类、B 类两类子份额,三类份额各自具有不同的风险收益特征。其中,母基金份额即为普通股票指数基金份额,具有较高风险、较高预期收益的特征;A 类份额根据基金合同的约定可以定期获得约定收益,通常是在基准利率的基础上有所上浮,同时通过不定期折算等特殊机制,使 B 类份额以自身的净值保证 A 类份额的本金安全及约定收益,从而使 A 类份额体现出类固定收益产品的特性,具有低风险、收益相对稳定的特征;B 类份额则获取扣除了 A 类份额的约定收益后的母基金的全部收益或亏损,具有鲜明的杠杆特性,因此 B 类份额具有高风险、高预期收益的特征。

通过上述结构化分级机制和收益分配的划分,使一只分级基金同时具有了风险收益特征不同的三类份额,可以同时满足三类投资者的需求:A 类份额具有低风险、收益稳定的特征,比较适合保守型、偏好固定收益品种的投资者;B 类份额具有高风险、高预期收益的特征,比较适合偏好杠杆投资的激进型投资者;母基金份额等同于普通股票指数基金份额,具有较高风险、较高预期收益的特征,比较适合具有较高风险承受能力的配置型投资者。

(2) A类、B类份额分级,资产合并运作。尽管分级基金将基础份额拆分为不同风险收益特征的子份额,但基金资产仍然作为一个整体进行投资运作,不同类别子份额的估值与收益分配既取决于事先约定的收益分配条件,也会受基金整体投资业绩的影响。

(3) 基金份额可以在交易所上市交易。目前主流的股票型分级基金与LOF类似,母基金可以通过场外、场内两种方式募集,通过场外与场内获得的基金份额分别被注册登记在场外系统与场内系统,但基金份额可以通过跨系统转托管实现在场外市场与场内市场的转换。基金成立后,投资者在场内认购的母基金份额自动分离为A类份额和B类份额,并上市交易。对于从场内申购的母基金份额,投资者既可选择将其分拆为A类份额和B类份额并上市交易,也可选择不进行基金份额分拆而保留母基金份额。因此,证券交易所场内可存在三类份额:母基金份额、A类份额和B类份额,其中深圳证券交易所(深交所)母基金份额通常只能被申购和赎回(QDII分级除外),上海证券交易所(上交所)母基金份额既能被申购和赎回,也可上市交易;而A类份额和B类份额则只可上市交易。投资者认购/申购母基金份额后可以根据自己的风险偏好选择持有母基金份额;或者在分离/分拆母基金份额后选择卖出某一类份额,持有另一类份额。此外,偏好某一类子份额的投资者也可以选择在二级市场上单独买入该类子份额,或者同时买入两类子份额合并成母基金份额,满足投资者的多种投资需求。

分级基金A类、B类份额的上市交易,满足了投资者根据不同的风险收益偏好进行交易选择的需求。需要注意的是,并非所有的分级基金份额均可上市交易。例如,目前深交所A股标的的股票型分级基金的基础份额不可上市交易;部分债券型分级基金的A类份额不可上市交易,有些债券型分级基金的A类份额和B类份额均不上市。

(4) 内含衍生工具与杠杆特性。分级基金涉及收益分配权的分割与收益保障等结构性条款的设置,使其普遍具有杠杆化的特性,从而具有了内含衍生工具特性。此外,由于结构设计、运作方式、定价和杠杆的不同,不同的分级基金表现出较大的差异性,这些情况都使分级基金的复杂程度超过普通基金。

(5) 多种收益实现方式,投资策略丰富。普通基金通常只能通过基金资产净值的增长或二级市场价格的变化实现投资收益,但分级基金由于份额分类和结构化设计,使其内含了期权、杠杆等多种特性,为投资者提供了多种投资工具,投资者可以利用折(溢)价套利、A类份额持有策略、B类份额波段操作策略、定期折算与不定期折算投资机会捕捉等多种投资策略寻求多样化的收益实现方式。

二、分级基金的类型

1. 按运作方式分类

按运作方式可以将分级基金分为封闭式分级基金与开放式分级基金。

封闭式分级基金母基金份额只能在基金发行时购买,发行结束后不能申购赎回母基金份额,只能通过二级市场买卖分级份额(A类或B类份额)。开放式运作能够满足投资者在基金日常运作期间申购赎回分级基金母基金份额的需求,同时通过配对转换的功能实现母基金份额与分级份额之间的联通。封闭式分级基金有一定的存续期限,目前多为3年期或5年期,封闭期到期后分级基金通常转为普通LOF进行运作,分级机制不再延续。开放式的分级基金也分为有期限分级基金和永续分级基金。有期限分级基金与封闭式分级基金一样,到期后通常会转型为普通LOF;永续分级基金则能保证分级基金的分级机制在正常情况下长期有效和永久存续。封闭式运作有利于某些债券投资策略的实施,开放式运作不仅为基金份额提供了流动性,结合配对转换功能还有利于平抑分级基金份额之间的总体折(溢)价率。

2. 按投资对象分类

按投资对象的不同,可以将分级基金分为股票型分级基金、债券型分级基金(包括转债分级基金)、QDII分级基金等。

3. 按投资风格分类

按投资风格的不同,可以将分级基金分为主动投资型分级基金与被动投资(指数化)型分级基金。

4. 按募集方式分类

按募集方式的不同,可以将分级基金分为合并募集和分开募集两种类型。合并募集是统一以母基金代码进行募集,募集完成后,可将场内基金份额按约定比例分拆为两类子份额;分开募集是指基金以子代码进行分开募集,通过比例配售实现子份额的配比。分开募集的分级基金通常为债券型分级基金。

5. 按子份额之间收益分配规则分类

根据子份额之间收益分配规则的不同,可以将分级基金分为简单融资型分级基金与复杂型分级基金。

简单融资分级相当于B级份额以一定的约定成本向A级份额融资而获得杠杆;复杂分级的子份额通常暗含多个期权,估值与定价更为复杂。我国现有分级基金大多是简单融资型分级基金。

6. 按是否存在母基金份额分类

按是否存在母基金份额,可以将分级基金分为存在母基金份额的分级基金和不存在母基金份额的分级基金。

现有全部股票型分级基金和少量债券型分级基金都属于存在母基金份额的分级基金,大部分债券型分级基金都属于不存在母基金份额的分级基金。不存在母基金份额的分级基金具有两个特点:一是必然不采取份额配对转换机制;二是其披露的基础份额净值并不代表基金整体的投资收益情况,存在一定的失真。

7. 按是否具有折算条款分类

按是否具有折算条款,可以将分级基金分为具有折算条款的分级基金和不具有折算条款的分级基金。

分级基金的折算条款一般有两类:一类为定期折算条款,旨在将A类份额的约定收益分配给其持有人,一般情况下,定期折算将A类份额的约定收益以母基金的形式折算给A类份额持有人;另一类为不定期折算,其条款设置一般为当分级基金B类份额净值触发下折阈值时进行向下折算,或者当母基金的份额净值触发上折阈值时进行向上折算。

三、分级基金的主要运作机制

1. 分级基金的杠杆机制

根据分级基金收益分配机制的不同设计,子基金存在不同的杠杆特征。一般来说,市场上比较普遍的是股债分级模式、盈利分级模式和本金保本模式等。

1)股债分级模式

在股债分级模式下,低风险份额获得约定年收益率,高风险份额以净值的一定比例作为低风险约定收益率的担保,并承担支付低风险份额约定收益之后的剩余损益,本质上是高风险份额向低风险份额融资。

以银华深证 100 指数分级基金为例,其包括母基金银华深证 100 以及子基金银华稳进和银华锐进三类份额。该基金通过场外、场内两种方式公开发售,场外认购所得的全部份额将确认为银华深证 100,场内认购所得的全部份额将按 1∶1 的比例确认为银华稳进和银华锐进,两类子基金的份额配比始终保持不变。其中,银华稳进的约定收益率为 1 年期同期银行定期存款利率(税后)+3%,剩余净资产全部计入银华锐进份额。通过这种合约安排可以看出,银华稳进和锐进的净值分别为

$$V_a = (1+r)^{\frac{t}{N}}$$

和

$$V_b = \frac{V - 0.5V_a}{0.5}$$

其中,t 日为基金份额净值计算日,$t=1,2,3,\cdots,N$;N 为当年实际天数;$t = \min\{$自年初至 t 日,自基金合同生效日至 t 日,自最近一次会计年度内份额折算日至 T 日$\}$;V 为 t 日每份银华深证 100 份额的基金份额净值;V_a 为 t 日银华稳进份额的基金份额净值;V_b 为 t 日银华锐进份额的基金份额净值;r 为银华稳进份额约定年基准收益率。由于 a 和 b 的配比关系为 1∶1,b 的杠杆率可知,当

$$L = \frac{V_a + V_b}{V_b}$$

母基金与子基金处于不同净值时,b 有着不同的杠杆率。在基金成立或折算之初,b 的杠杆率为 2。

2)盈利分级模式

盈利分级模式一般通过基金合同的设定,使母基金收益率在不同情形下,子基金获取不同比例的收益分成。年阈值即为预先设定的各个运作周期内划分两类子份额不同分成比例的临界点。例如,国投瑞银瑞和沪深 300 指数分级基金(简称瑞和 300)分为三个产品级别,一是与普通沪深 300 指数基金完全相同的瑞和 300,另两个分级子产品分别为瑞和小康和瑞和远见,二者比例为 1∶1。当瑞和 300 的净值低于 1 元时,瑞和小康和瑞和远见的净值与瑞和 300 相同,两类子基金没有杠杆。当瑞和 300 的净值超过 1 元后,在年阈值以内和年阈值以外的净值增长部分分别按 8∶2 和 2∶8 比例分成。初期设定的年阈值为 10%。也就是说,在瑞和 300 净值处于 1~1.1 元区间时,瑞和小康与瑞和远见的净

值增长部分按 8:2 分成。这时瑞和小康的杠杆率为 8/5=1.6 倍,而瑞和远见的杠杆率仅为 2/5=0.4 倍;当瑞和 300 的净值大于 1.1 元后,瑞和小康与瑞和远见的净值增长部分按 2:8 分成,这时瑞和小康的杠杆率为 0.4 倍,瑞和远见的杠杆率则上升为 1.6 倍。

3) 本金保本模式

这种模式一般通过基金合同约定,在每个运作期到期日,母基金份额净值低于阈值时,低风险份额获得本金保护;母基金份额净值高于阈值时,低风险份额参与部分的收益分配。例如,兴全合润分级基金包括兴全合润基础份额、合润 A 份额和合润 B 份额。其主要特点为:对于场内认购的投资者按照 4:6 的比例确认为合润 A 份额、合润 B 份额;当合润基金份额的净值低于或等于 1.21 元时,合润 A 份额获得其份额期初净值(1 元/份),而合润 B 份额获得剩余收益或承担其余损失;当合润基金份额的净值高于 1.21 元时,合润 A 份额、合润 B 份额与合润基金份额享有同等的份额净值增长率。

对于合润 B 份额,只要母基金份额净值增长未超过 21%,合润 B 份额将零息使用合润 A 份额的资金,因此具有一定的杠杆,且合润 B 份额的杠杆随合润基金份额净值的减小而增大。当母基金份额净值达到运作期提前到期触发点(0.5 元)时,合润 B 份额杠杆达到最大,等于 5;当母基金份额净值增长超过 21%之后,合润 B 份额与合润 A 份额、合润基金份额享有同等的份额净值增长率,因此合润 B 份额的杠杆率下降至 1,即失去杠杆运作的特征。

2. 分级基金的配对转换机制

配对转换机制即两种份额可以按比例合并成母基金场内份额,同时,母基金份额也可按比例拆分成两种份额上市交易。目前,主流股票型分级基金均存在配对转换机制。

例如,按国投瑞银瑞和沪深 300 指数分级基金的招募说明书,份额配对转换是指瑞和 300 份额与瑞和小康份额、瑞和远见份额之间的配对转换,包括分拆和合并两个方面。

(1)分拆。基金份额持有人将其持有的每两份瑞和 300 份额的场内份额申请转换成一份瑞和小康份额与一份瑞和远见份额的行为。

(2)合并。基金份额持有人将其持有的每一份瑞和小康份额与一份瑞和远见份额进行配对申请转换成两份瑞和 300 份额的场内份额的行为。

3. 分级基金的折算机制

1) 定期折算

一般情况下,稳健份额的约定收益并非以现金分红的形式实现。对于稳健份额期末的约定应得收益,即稳健份额期末份额净值超出本金 1 元部分,将折算为场内对应母基金份额分配给稳健份额持有人。由于折算后母基金份额增多,净值会相应向下调整。例如:2020 年 12 月 31 日,银华深 100 份额的净值为 1.6967 元;银华稳进的净值为 1.554 元(其中 0.554 元是当年的约定收益)。折算前,投资者持有 100 份银华稳进,价值为 155.4 元;折算后,银华深 100 的净值调整为 1.6967-(0.554/2)=1.4197 元,投资者获得 100 份银华稳进份额(单位净值 1 元)和银华深 100 份额 55.4/1.4197=39.02 份,合计 140.72 元。

2) 不定期折算

不定期折算是指当进取份额净值跌至阈值或者母基金份额净值高于阈值时,稳健份额、进取份额和母基金份额净值均被调整为 1 元。调整后的稳健和进取份额按初始配比保留,各类份额数量按比例增减,稳健份额与进取份额配对后的剩余部分将会转换为母基金场内份额,分配给相应份额持有者。

母基金份额的净值高于阈值时发生的不定期折算一般被称为"向上不定期折算",而进取份额净值跌至阈值时发生的不定期折算一般被称为"向下不定期折算"。

(1) 向下不定期折算。为保护稳健份额持有人的利益,大部分分级基金设计了向下不定期折算机制。其处理方式是,当进取净值跌至一个阈值(不同产品该阈值设定在$0.15\sim0.25$元),触发不定期折算。稳健份额、进取份额和母基金份额的基金份额净值将均被调整为1元。调整后的稳健份额和进取份额按初始配比保留,稳健份额与进取份额配对后的剩余部分将会转换为母基金场内份额,分配给稳健份额投资者。

例如,银华中证等权90向下不定期折算的阈值是银华鑫利净值触及0.25元。截至2012年8月24日,银华鑫利净值为0.293元,银华金利净值为1.045元。如果市场继续下跌,银华鑫利净值达到0.25元,此时,假设银华金利净值为1.045元。不定期折算发生后:原100份银华鑫利持有者(持有净值25元)折算后持有25份银华鑫利,每份净值1元,合计净值25元。原100份银华金利持有者(持有净值104.5元)折算后持有25份银华金利(与鑫利配对),每份净值1元,并获得银华等权90场内份额79.5份,每份净值1元,合计104.5元。

(2) 向上不定期折算。随着母基金净值增大,进取份额杠杆逐渐降低,对投资者的吸引力下降。因此,当母基金净值高于一定阈值($2\sim2.5$元)时会触发向上不定期折算。稳健份额、进取份额和母基金份额的基金份额净值将均被调整为1元,稳健份额和进取份额按合同约定的配比保留,进取份额净值高于1的部分转换为母基金场内份额,分配给进取份额的持有人。

第十节　基金中的基金

一、基金中的基金的概念与特点

基金中的基金(FOF)又称基金中基金,是指以其他证券投资基金为投资对象的基金,其投资组合由其他基金组成。FOF是基金市场发展到一定阶段的产物,这类产品的基本特点是将大部分资产投资于一篮子基金,而不是直接投资于股票、债券等金融工具。在合理的投资操作下,这一投资模式大多具有投资标的分散化及波动相对偏低的特点,而且能够帮助投资者解决基金挑选的难题。在基金发达的国家(如美国),基金中的基金已经成为一类重要的公募证券投资基金。

过去我国的FOF产品主要由私募基金、券商、银行、信托等机构发起,以这些机构为载体形成了私募FOF、券商FOF、银行理财FOF、信托FOF等各类FOF产品。在公募基金领域,根据我国《证券投资基金法》第74条第4款,"基金财产不得用于下列投资或者活动:买卖其他基金份额,但是国务院证券监督管理机构另有规定的除外"。除外的主要是指ETF联接基金。2014年8月生效的《公开募集证券投资基金运作管理办法》中规定,"80%以上的基金资产投资于其他基金份额的,为基金中基金。"

2016 年 9 月 11 日，中国证监会发布《公开募集证券投资基金运作指引第 2 号——基金中基金指引》（简称《基金中基金指引》），为公募基金进入 FOF 业务设定了基础框架，意味着公募 FOF 产品的成立、发展由此拉开了序幕。

二、基金中的基金的运作规范

《基金中基金指引》主要针对 FOF 的定义、分散投资、基金费用、基金份额持有人大会、信息披露等方面进行了详细的规范。

1. 明确基金中的基金的定义

将 80％ 以上的基金资产投资于经中国证监会依法核准或注册的公开募集的基金份额的定义为 FOF。

2. 强化分散投资，防范集中持有风险

规定 FOF 持有单只基金的市值不得高于 FOF 资产净值的 20％，而且不得持有其他 FOF。除 ETF 联接基金外，同一管理人管理的全部 FOF 持有单只基金不得超过被投资基金净资产的 20％，被投资基金净资产规模以最近定期报告披露的规模为准。

3. 不允许 FOF 持有分级基金等具有衍生品性质的产品

FOF 主要是为广大投资者提供多样化投资基金的工具，而不是为投资者提供绕过衍生品市场适当性制度进入衍生品市场的工具。FOF 不得持有具有复杂的衍生品性质的基金份额，包括分级基金和中国证监会认定的其他基金份额。

4. 防范利益输送

要求除 ETF 联接基金外，FOF 投资其他基金时，被投资基金的运作期限应当不少于 1 年、最近定期报告披露的基金净资产应当不低于 1 亿元。

5. 减少双重收费

要求基金管理人不得对 FOF 财产中持有的自身管理的基金部分收取 FOF 的管理费；基金托管人不得对 FOF 财产中持有的自身托管的基金部分收取 FOF 的托管费；基金管理人使用 FOF 财产申购自身管理的基金（ETF 除外），应当通过直销渠道申购，且不得收取申购费、赎回费、销售服务费等销售费用。

6. FOF 参与持有基金的份额持有人大会的原则

如果 FOF 与所投资基金的管理人为同一管理人，在参与被投资基金的持有人大会时，可能面临利益冲突。《基金中基金指引》规定 FOF 持有的基金召开基金份额持有人大会时，FOF 的基金管理人应代表 FOF 份额持有人的利益，根据基金合同的约定参与所持有基金的份额持有人大会，并在遵循 FOF 份额持有人利益优先原则的前提下行使相关投票权利。FOF 管理人需将表决意见事先征求基金托管人的意见，并将表决意见在定期报告中予以披露。

7. 强化 FOF 信息披露

为使投资者能够对 FOF 运营状况做出客观判断，减少信息不对称，《基金中基金指引》规定，FOF 的投资风格应当清晰、鲜明。基金名称应当表明基金类别和投资特征。基金合同中应明确被投资基金的选择标准。定期报告和招募说明书等文件中应设立专门章节披露所持有基金的相关情况，并揭示相关风险：①投资政策、持仓情况、损益情况、净值披露时间等；②交易及持有基金产生的费用，包括申购费、赎回费、销售服务费、管理费、托管费等，招募说明书中应当列明计算方法并举例说明；③FOF 持有的基金发生的重大影响事件，如转换运作方式、与其他基金合并、终止基金合同及召开基金份额持有人大会等；④FOF 投资于管理人及管理人关联方所管理基金的情况。

8. 保证估值的公允性

《基金中基金指引》规定，FOF 应当采用公允的估值方法，及时、准确地反映基金资产的价值变动。基金管理人应当在 FOF 所投资基金披露净值的次日，及时披露 FOF 份额净值和份额累计净值。

9. 明确基金公司开展 FOF 业务的组织架构

《基金中基金指引》规定，除 ETF 联接基金外，基金管理人开展 FOF 业务，应当设置独立部门、配备专门人员，制定业务规则和明确相关安排，有效防范利益输送、内幕交易等行为。除 ETF 联接基金外，FOF 的基金经理不得同时兼任其他基金的基金经理。

10. 强化相关主体责任

为切实保护投资者合法权益，《基金中基金指引》第 10 条、第 11 条要求基金管理人、基金托管人等相关主体做好估值核算等方面的准备工作，有效防范投资风险，安全保障基金资产，确保基金平稳运行。

三、基金中的基金的类型

由于我国公募基金行业已经历了 18 年的发展，已具备超过 1 500 余只符合公募 FOF 投资标的的产品，涵盖了股票、债券、混合、货币、商品、QDII 等各类基金，这为公募 FOF 业务的发展及通过 FOF 进行大类资产配置奠定了基础。FOF 产品可以通过不同的投资标的、投资策略、投资目标等维度划分成不同的类型。从运作模式来看，FOF 产品可以归纳为主动管理主动型 FOF、主动管理被动型 FOF、被动管理主动型 FOF、被动管理被动型 FOF 四类。

1. 主动管理主动型 FOF

主动管理主动型 FOF 是指基金经理主动对不同资产的未来表现进行判断并择时，然后基于配置结论将标的投资于各主动管理型基金。这一模式的优点是 FOF 产品可以得益于母基金管理人的大类资产投资能力及子基金管理人的具体金融工具投资能力。

2. 主动管理被动型 FOF

主动管理被动型 FOF 是指基金经理通过主动管理的方式投资于被动型基金产品，如 ETF 等特征鲜明的主题类基金。这一投资模式的优点在于母基金的基金经理的投资观点可以较完整地得到执行，避免因子基金的基金经理风格漂移而使整个基金的表现异于母基金管理人最初的投资意图。此外，被动型基金在费用、流动性等方面也比主动型基金具有相对优势。

3. 被动管理主动型 FOF

被动管理主动型 FOF 是指 FOF 母基金采用指数编制的方式或采用特定的投资比例对子基金进行投资并做定期调整，而被投资的子基金则为主动管理型基金。这一投资模式的特点使母基金的基金经理的主要工作聚焦子基金的挑选，避免在资产配置、择时上出现错误从而削弱 FOF 的整体业绩。

4. 被动管理被动型 FOF

被动管理被动型 FOF 是指 FOF 母基金采用指数编制的方式或采用特定的投资比例对子基金进行投资并做定期调整，而被投资的子基金为被动管理型基金。这一运作模式往往意味着 FOF 基金经理对各类资产有着固定且长期的展望，通过投资被动型子基金达到对资产进行长期配置的目的。

从前景来看，主动管理主动型 FOF 及主动管理被动型 FOF 将在公募 FOF 领域占据较大的比例。然而，实际运作中这四类运作模式并非严格割裂，而多是不同程度的混合。

2017 年 4 月，中国证监会机构监管部发布了《基金中基金（FOF）审核指引》，根据基金投资标的及投资方向的不同，将 FOF 的产品类别细分为股票型 FOF、债券型 FOF、货币型 FOF、混合型 FOF 及其他类型 FOF。

自测自练　　扫码答题

思　考　题

1. 什么是公司型基金？什么是契约型基金？它们之间的区别有哪些？
2. 封闭式基金和开放式基金的联系与区别有哪些？
3. 什么是 ETF？什么是 LOF？请比较它们之间的异同点。
4. 成长型基金与收入型基金的区别何在？
5. 什么是伞形基金？伞形基金的特点体现在哪些方面？
6. 什么是货币市场基金？货币市场基金的特点有哪些？
7. 简述避险策略基金的投资风险。

第三章

投资基金的参与主体

【学习目标】

1. 了解基金管理人的职责与主要业务；
2. 了解基金托管人的市场准入和主要职责；
3. 了解基金份额持有人的权利和义务；
4. 了解基金市场服务机构的种类和功能；
5. 了解基金监管机构和自律组织的作用。

第一节　基金管理人

基金管理人是指凭借专门的知识与经验，运用所管理基金的资产，根据法律、法规及基金章程或基金合同的规定，负责基金发起、设立、募集、投资运作、收益分配等职能，谋求所管理的基金资产不断增值，并使基金持有人获取尽可能多的收益的金融机构。

基金管理人是基金产品的募集者和管理者，其最主要的职责就是按照基金合同的约定，负责基金资产的投资运作，在有效控制风险的基础上为基金投资者争取最大的投资收益。基金管理人在基金运作中具有核心作用，基金产品的设计、基金份额的销售与注册登记、基金资产的管理等重要职能大多由基金管理人或基金管理人选定的其他服务机构承担。在我国，基金管理人由依法设立的公司或合伙企业担任。公开募集基金的基金管理人由基金管理公司或者经国务院证券监督管理机构按照规定核准的其他机构担任。基金管理公司在不同的国家有着不同的称谓，英国将其称为"投资管理公司"，美国将其称为"投资顾问公司"或"资产管理公司"，日本将其称为"投资信托公司"或"证券投资信托委托公司"。

一、基金管理人的资格条件

为了保护基金投资者的利益，各国证券监管部门都对基金管理人的资格做出了严格规定。基金管理公司必须经证券监管部门审核合格后才能从事基金管理业务。鉴于基金管理公司在证券投资基金运作中的特殊地位和作用，我国对基金管理公司实行较为严格的市场准入管理。

1. 基金管理公司的法定设立条件

《证券投资基金法》明确规定，设立管理公开募集基金的基金管理公司，应当具备下列

条件,并经国务院证券监督管理机构批准:

(1) 有符合本法和《中华人民共和国公司法》规定的章程;

(2) 注册资本不低于一亿元人民币,且必须为实缴货币资本;

(3) 主要股东应当具有经营金融业务或者管理金融机构的良好业绩、良好的财务状况和社会信誉,资产规模达到国务院规定的标准,最近三年没有违法记录;

(4) 取得基金从业资格的人员达到法定人数;

(5) 董事、监事、高级管理人员具备相应的任职条件;

(6) 有符合要求的营业场所、安全防范设施和与基金管理业务有关的其他设施;

(7) 有良好的内部治理结构、完善的内部稽核监控制度、风险控制制度;

(8) 法律、行政法规规定的和经国务院批准的国务院证券监督管理机构规定的其他条件。

《证券投资基金法》还规定,国务院证券监督管理机构应当自受理基金管理公司设立申请之日起六个月内依照本法第十三条规定的条件和审慎监管原则进行审查,做出批准或者不予批准的决定,并通知申请人;不予批准的,应当说明理由。

基金管理公司变更持有百分之五以上股权的股东,变更公司的实际控制人,或者变更其他重大事项,应当报经国务院证券监督管理机构批准。国务院证券监督管理机构应当自受理申请之日起六十日内做出批准或者不予批准的决定,并通知申请人;不予批准的,应当说明理由。

2. 公募基金管理人董监事、高级管理人员和其他从业人员的禁止规定

(1) 因犯有贪污贿赂、渎职、侵犯财产罪或者破坏社会主义市场经济秩序罪,被判处刑罚的;

(2) 对所任职的公司、企业因经营不善破产清算或者因违法被吊销营业执照负有个人责任的董事、监事、厂长、经理及其他高级管理人员,自该公司、企业破产清算终结或者被吊销营业执照之日起未逾五年的;

(3) 个人所负债务数额较大,到期未清偿的;

(4) 因违法行为被开除的基金管理人、基金托管人、证券交易所、证券公司、证券登记结算机构、期货交易所、期货经纪公司及其他机构的从业人员和国家机关工作人员;

(5) 因违法行为被吊销执业证书或者被取消资格的律师、注册会计师和资产评估机构、验证机构的从业人员、投资咨询从业人员;

(6) 法律、行政法规规定不得从事基金业务的其他人员。

基金管理人的经理和其他高级管理人员,应当熟悉证券投资方面的法律、行政法规,具有基金从业资格和三年以上与其所任职务相关的工作经历。

3. 基金管理公司主要股东的资格条件

(1) 从事证券经营、证券投资咨询、信托资产管理或者其他金融资产管理业务;

(2) 注册资本不低于3亿元人民币,净资产不低于1亿元人民币,具有较好的经营业绩,资产质量良好;

(3) 持续经营3个以上完整的会计年度,公司治理健全,内部监控制度完善;

(4) 最近3年没有因违法违规行为受到行政处罚或者刑事处罚;

（5）没有挪用客户资产等损害客户利益的行为；

（6）没有因违法违规行为正在被监管机构调查，或者正处于整改期间；

（7）具有良好的社会信誉，最近3年在金融监管、税务、工商等行政机关，以及自律管理、商业银行等机构无不良记录。

4. 公募基金管理人股东的禁止规定

公开募集基金的基金管理人的股东、实际控制人应当按照国务院证券监督管理机构的规定及时履行重大事项报告义务，并且不得有下列行为：

（1）虚假出资或者抽逃出资；

（2）未依法经股东（大）会或者董事会决议擅自干预基金管理人的基金经营活动；

（3）要求基金管理人利用基金财产为自己或者他人牟取利益，损害基金份额持有人的利益；

（4）国务院证券监督管理机构规定禁止的其他行为。

公开募集基金的基金管理人的股东、实际控制人有前款行为或者股东不再符合法定条件的，国务院证券监督管理机构应当责令其限期改正，并可视情节责令其转让所持有或者控制的基金管理人的股权。

在前款规定的股东、实际控制人按照要求改正违法行为、转让所持有或者控制的基金管理人的股权前，国务院证券监督管理机构可以限制有关股东行使股东权利。

5. 基金管理人的更换与退任

基金在运作过程中可以更换基金管理人。在我国，更换基金管理人需要符合以下条件：

（1）被依法取消基金管理资格；

（2）被基金份额持有人大会解任；

（3）依法解散、被依法撤销或者被依法宣告破产；

（4）基金合同约定的其他情形。

公开募集基金的基金管理人职责终止的，基金份额持有人大会应当在六个月内选任新基金管理人；新基金管理人产生前，由国务院证券监督管理机构指定临时基金管理人。

公开募集基金的基金管理人职责终止的，应当妥善保管基金管理业务资料，及时办理基金管理业务的移交手续，新基金管理人或者临时基金管理人应当及时接收。

公开募集基金的基金管理人职责终止的，应当按照规定聘请会计师事务所对基金财产进行审计，并将审计结果予以公告，同时报国务院证券监督管理机构备案。

二、基金管理人的职责与禁止规定

1. 基金管理人的职责

依据我国《证券投资基金法》的规定，公开募集基金的基金管理人应当履行下列职责：

（1）依法募集资金，办理基金份额的发售和登记事宜；

（2）办理基金备案手续；

（3）对所管理的不同基金财产分别管理、分别记账，进行证券投资；

（4）按照基金合同的约定确定基金收益分配方案，及时向基金份额持有人分配收益；

（5）进行基金会计核算并编制基金财务会计报告；

（6）编制中期和年度基金报告；

（7）计算并公告基金资产净值，确定基金份额申购、赎回价格；

（8）办理与基金财产管理业务活动有关的信息披露事项；

（9）按照规定召集基金份额持有人大会；

（10）保存基金财产管理业务活动的记录、账册、报表和其他相关资料；

（11）以基金管理人名义，代表基金份额持有人利益行使诉讼权利或者实施其他法律行为；

（12）国务院证券监督管理机构规定的其他职责。

从以上对基金管理人职责的规定中不难看出，在整个基金的运作中，基金管理人实际上处于中心地位，起着核心作用。只有基金管理人才有权发售基金份额，进行基金财产的投资管理。与基金募集与管理有关的其他事务性工作，如基金份额的注册登记、基金资产的会计核算、基金的分红派息、持有人大会的召集、基金服务机构的选择通常也由基金管理人承担。基金投资者投资基金最主要的目的就是要实现资产的保值、增值，基金管理人对此负有重大责任。基金管理人的投资管理能力与风险控制能力的高低直接关系投资者投资回报的高低与投资目标能否实现。

基金管理人的作用除了直接体现在业务覆盖的广度、深度及资产的保值增值上外，还体现在其对基金持有人利益保护的责任上。基金管理人管理的不是自己的资产，而是投资者的资产，因此其对投资者负有重要的信托责任。基金管理人必须以投资者的利益为最高利益，严防利益冲突与利益输送。

2. 基金管理人及其董监事、高级管理人员和其他从业人员的禁止行为

公开募集基金的基金管理人及其董监事、高级管理人员和其他从业人员不得有下列行为：

（1）将其固有财产或者他人财产混同于基金财产从事证券投资；

（2）不公平地对待其管理的不同基金财产；

（3）利用基金财产或者职务之便为基金份额持有人以外的人牟取利益；

（4）向基金份额持有人违规承诺收益或者承担损失；

（5）侵占、挪用基金财产；

（6）泄露因职务便利获取的未公开信息、利用该信息从事或者明示、暗示他人从事相关的交易活动；

（7）玩忽职守，不按照规定履行职责；

（8）法律、行政法规和国务院证券监督管理机构规定禁止的其他行为。

三、基金管理公司的机构设置

1. 专业委员会

（1）投资决策委员会。投资决策委员会是基金管理公司管理基金投资的最高决策机构，是非常设议事机构，在遵守国家有关法律法规、条例的前提下，拥有对所管理基金的投资事务的最高决策权。

（2）风险控制委员会。风险控制委员会是非常设议事机构,主要工作是制定和监督执行风险控制政策,根据市场变化对基金的投资组合进行风险评估,并提出风险控制建议。风险控制委员会的工作对于基金财产的安全提供了较好的保障。

2. 投资管理部门

（1）投资部。投资部负责根据投资决策委员会制定的投资原则和计划进行股票选择和组合管理,向交易部下达投资指令。同时,投资部还担负投资计划反馈的职能,及时向投资决策委员会提供市场动态信息。

（2）研究部。研究部是基金投资运作的支撑部门,主要从事宏观经济分析、行业发展状况分析和上市公司投资价值分析。研究部的主要职责是通过对宏观经济、行业状况、市场行情和上市公司价值变化的详细分析与研究,向基金投资决策部门提供研究报告及投资计划建议,为投资提供决策依据。

（3）交易部。交易部是基金投资运作的具体执行部门,负责组织、制订和执行交易计划。交易部的主要职能有:执行投资部的交易指令,记录并保存每日投资交易情况,保持与各证券交易商的联系并控制相应的交易额度,负责基金交易席位的安排、交易量管理等。目前,有些公司为了更好地控制风险,将该部门划归基金运营体系,从而加强了对投研部门的制衡。

3. 合规和风险管理部门

（1）监察稽核部。监察稽核部负责公司的法律合规事务,监督检查基金运作和公司运作的合法合规情况及公司内部控制情况,及时向董事会提交分析报告。监察稽核部的主要工作包括:基金管理稽核,财务管理稽核,业务稽核,定期或不定期执行、协调公司对外信息披露等工作。监察稽核部在规范公司运作、保护基金持有人合法权益、完善公司内部控制制度、查错防弊、堵塞漏洞方面起到了相当重要的作用。

（2）风险管理部。风险管理部负责对公司运营过程中产生的或潜在的风险进行有效管理。该部门主要对公司高级管理层负责,对基金投资、研究、交易、基金业务管理、基金营销、基金会计、IT 系统、人力资源、财务管理等各业务部门及运作流程中的各项环节进行监控,提供有关风险评估、测算、日常风险点检查、风险控制措施等方面的报告及针对性的建议。

4. 市场营销部门

（1）市场部。市场部负责基金产品的设计、募集和客户服务及持续营销等工作。市场部的主要职能有:根据基金市场的现状和未来发展趋势以及基金公司内部状况设计基金产品,并完成相应的法律文件;负责基金营销工作,包括策划、推广、组织、实施等;对客户提出的申购、赎回要求提供服务,负责公司的形象设计以及公共关系的建立、往来与联系等。

（2）机构理财部。机构理财部是基金管理公司为适应业务向受托资产管理方向发展的需要而设立的独立部门,它专门服务于提供该类型资金的机构。之所以单独设立该部门也是相关法律、法规的要求,即为了更好地处理共同基金与受托资产管理业务间的利益冲突问题,两块业务必须在组织上、业务上进行适当隔离。

5. 基金运营部门

基金运营部门负责基金的注册与过户登记和基金会计与结算，其工作职责包括基金清算和基金会计两部分。

基金清算工作包括：开立投资者基金账户；确认基金认购、申购、赎回、转换及非交易过户等交易类申请，完成基金份额清算；管理基金销售机构的资金交收情况，负责相关账户的资金划转，完成销售资金清算；设立并管理资金清算相关账户，负责账户的会计核算工作并保管会计记录；复核并监督基金份额清算与资金清算结果。

基金会计工作包括：记录基金资产运作过程，完成当日所发生基金投资业务的账务核算工作；核算当日基金资产净值；完成与托管银行的账务核对，复核基金份额净值计算结果；按日计提基金管理费和托管费；填写基金资产运作过程中产生的投资交易资金划转指令，传送至托管行；根据基金份额清算结果，填写基金赎回资金划转指令，传送至托管行；完成资金划转指令产生的基金资产资金清算凭证与托管行每日资金流量表间的核对；建立基金资产会计档案，定期装订并编号归档管理相关凭证账册。

6. 后台支持部门

（1）行政管理部。行政管理部是基金管理公司的后勤部门，为基金管理公司的日常运作提供文件管理、文字秘书、劳动保障、员工聘用、人力资源培训等行政事务的后台支持。

（2）信息技术部。信息技术部负责基金管理公司业务和管理发展所需要的电脑软、硬件的支持，确保各信息技术系统软件业务功能运转正常。

（3）财务部。财务部是负责处理基金管理公司自身财务事务的部门，包括有关费用支付、管理费收缴、公司员工的薪酬发放、公司年度财务预算和决算等。

四、基金管理公司的主要业务

我国证券投资基金的管理人只能由依法设立的基金管理公司担任。最初我国基金管理公司的业务主要局限于对证券投资基金的募集与管理。但随着市场的发展，目前除证券投资基金的募集与管理业务外，我国基金管理公司已被允许从事其他资产管理业务和提供投资咨询服务。基金管理公司已有向综合资产管理机构发展的趋势。

1. 证券投资基金业务

（1）基金募集与销售。依照我国《证券投资基金法》的规定，依法募集基金是基金管理公司的一项法定权利，其他任何机构不得从事基金的募集活动。能否将基金成功地推向市场并不断扩大基金财产规模，对基金管理公司的经营有着重要的意义。为成功进行基金的募集与销售，基金管理公司必须在市场调查的基础上进行基金产品的开发，设计能够满足不同投资者需要的基金产品。

（2）基金的投资管理。投资管理业务是基金管理公司最核心的一项业务。基金管理公司之间的竞争在很大程度上取决于其投资管理能力的高低。因此，努力为投资者提供与市场上同类产品相比具有竞争力的投资回报是基金管理公司工作的重中之重。

（3）基金运营服务。基金运营服务是基金投资管理与市场营销工作的后台保障，通常包括基金注册登记、核算与估值、基金清算和信息披露等业务。基金运营业务在很大程度上反映了基金管理公司对投资者服务的质量、对基金管理公司整个业务的发展起着重要的支持作用。

2. 特定客户资产管理业务

特定客户资产管理业务,又称专户理财业务,是指基金管理公司向特定客户募集资金或者接受特定客户委托担任资产管理人,为资产委托人的利益,运用委托财产进行证券投资的活动。基金管理公司开展特定客户资产管理业务,不但有助于基金管理公司扩大业务发展范围,增强基金管理公司的实力,也有助于为机构投资者等资金规模较大的投资者提供"量体裁衣"式的服务,满足其个性化证券投资需求,促进证券市场的稳定与健康发展。

3. 投资咨询服务

基金管理公司可以直接向合格境外机构投资者、境内保险公司及其他依法设立运作的机构等特定对象提供投资咨询服务。基金管理公司向特定对象提供投资咨询服务不得有下列行为:①侵害基金份额持有人及其他客户的合法权益;②承诺投资收益;③与投资咨询客户约定分享投资收益或者分担投资损失;④通过广告等公开方式招揽投资咨询客户;⑤代理投资咨询客户从事证券投资。

4. 全国社会保险基金管理及企业年金管理业务

根据《全国社会保险基金投资管理暂行办法》和《企业年金基金管理试行办法》的规定,基金管理公司可以作为投资管理人管理社会保险基金和企业年金。目前,部分取得投资管理人资格的基金管理公司已经开展了管理社会保险基金和企业年金的业务。

5. QDII 业务

符合条件的基金管理公司可以申请境内机构投资者资格,开展境外证券投资业务。基金管理公司申请境内机构投资者资格应当具备下列条件:

(1) 申请人的财务稳健,资信良好。净资产不少于 2 亿元人民币;经营证券投资基金管理业务达 2 年以上;在最近一个季度末资产管理规模不少于 200 亿元人民币或等值外汇资产。

(2) 具有 5 年以上境外证券市场投资管理经验和相关专业资质的中级以上管理人员不少于 1 名,具有 3 年以上境外证券市场投资管理相关经验的人员不少于 3 名。

(3) 具有健全的治理结构和完善的内部控制制度,经营行为规范。

(4) 最近 3 年没有受到监管机构的重大处罚,没有重大事项正在接受司法部门、监管机构的立案调查。

(5) 中国证监会根据审慎监管原则规定的其他条件。

五、基金管理公司的内部控制

1. 内部控制的概念

内部控制是指公司为防范和化解风险,保证经营运作符合公司的发展规划,在充分考虑内外部环境的基础上,通过建立组织机制、运用管理方法、实施操作程序与控制措施而形成的系统。基金管理公司内部控制包括内部控制机制和内部控制制度两个方面。内部控制机制是指公司的内部组织结构及其相互之间的运作制约关系。内部控制制度是公司为防范金融风险、保护资产的安全与完整、促进各项经营活动的有效实施而制定的各种业务操作程序、管理与控制措施的总称。

公司内部控制机制一般包括四个层次：一是员工自律；二是部门各级主管的检查监督；三是公司总经理及其领导的监察稽核部对各部门和各项业务的监督控制；四是董事会领导下的审计委员会和督察长的检查、监督、控制与指导。

2. 内部控制的目标和原则

1）内部控制的目标

（1）保证公司经营运作严格遵守国家有关法律、法规和行业监管规则，自觉形成守法经营、规范运作的经营思想和经营理念。

（2）防范和化解经营风险，提高经营管理效益，确保经营业务的稳健运行和受托资产的安全完整，实现公司的持续、稳定、健康发展。

（3）确保基金、公司财务及其他信息真实、准确、完整、及时。

2）内部控制的原则

（1）健全性原则。内部控制应当包括公司的各项业务、各个部门或机构和各级人员，并涵盖决策、执行、监督、反馈等环节。

（2）有效性原则。通过科学的内部控制手段和方法，建立合理的内部控制程序，维护内部控制制度的有效执行。

（3）独立性原则。公司各机构、部门和岗位职责应当保持相对独立，公司基金资产、自有资产、其他资产的运作应当分离。

（4）相互制约原则。公司内部部门和岗位的设置应当权责分明、相互制衡。

（5）成本效益原则。公司运用科学化的经营管理方法降低运作成本，提高经济效益，以合理控制成本达到最佳的内部控制效果。

3. 内部控制的基本要求

基金管理公司必须按照核定的业务范围和基金资产运作的业务特征建立架构清晰、控制有效的内部控制机制，制定全面系统、切实可行的内部控制制度，设立顺序递进、权责统一、严密有效的内部控制防线。

（1）部门设置要体现职责明确、相互制约的原则。各部门要有明确的授权分工，操作相互独立；各岗位职责明确，有详细的岗位说明书和业务流程；各岗位人员在上岗前要知悉并以书面方式承诺遵守，在授权范围内承担责任；建立重要业务处理凭据传递和信息沟通制度，相关部门、相关岗位之间相互监督制衡。

（2）严格授权控制。严格授权要贯穿公司经营活动的始终，建立健全公司授权标准和程序，确保授权制度的贯彻执行。公司各业务部门、分支机构和员工必须在规定授权范围内行使相应的职责。各大业务的授权要采取书面形式，明确授权内容和时效，对已获授权的部门和人员建立有效的评价与反馈机制。

（3）强化内部监察稽核控制。公司督察长和内部监察稽核部门要独立于其他部门，严格监察稽核的操作程序和组织纪律。监察稽核部门对各岗位、各部门、各机构、各项业务要全面实施监督控制，通过定期或不定期检查内部控制制度的执行情况，确保公司各项经营管理活动的有效运行。公司要建立有效的内部监控制度，对内部控制制度的执行情况实行严格的检查和反馈,并进行持续的监督,保证内部控制制度得到落实。

(4)建立完善的岗位责任制度和科学、严格的岗位分离制度。在明确不同岗位工作任务的基础上,赋予各岗位相应的责任和职权。明确划分各岗位职责,建立相互配合、相互制约、相互促进的工作关系。重要业务部门和岗位应当进行物理隔离,投资和交易、交易和清算、基金会计和公司会计等重要岗位不得有人员的兼任。通过制定规范的岗位责任制度、严格的操作程序和合理的工作标准,大力推行各岗位、各部门、各机构的目标管理。

(5)严格控制基金资产的财务风险。公司要建立完善的资产分离制度,确保基金资产的安全完整。基金资产与公司资产、不同基金的资产和其他委托资产要实行独立运作,分别核算;对所管理的基金必须以基金为会计核算主体,独立建账,独立核算,并采取适当的会计控制措施,以确保会计核算系统的正常运转。必须采取合理的估值方法和科学的估值程序,公允反映基金所投资的有价证券在估值时点的价值。公司必须建立严格的成本控制和业绩考核制度,强化会计的事前、事中和事后监督。

(6)建立完善的信息披露制度。公司要设立专门的部门或岗位负责信息披露工作,进行信息的组织、审核和发布,保证公开披露的信息真实、准确、完整、及时,加强对公司信息披露的检查和评价,对存在的问题及时提出改进办法,对信息披露出现的失误提出处理意见,并追究相关人员的责任。公司掌握内幕信息的人员在信息公开披露前不得泄露其内容。

(7)严格制定信息技术系统的管理制度。信息技术系统的设计开发要符合国家金融行业软件工程标准的要求,编写完整的技术资料;在实现业务电子化时,应设置保密系统和相应控制机制,并保证计算机系统的可靠性;信息技术系统投入运行前,要经过业务、运营、监察稽核等部门的联合验收。公司通过严格的授权制度、岗位责任制度、门禁制度、内外网分离制度等管理措施,确保系统安全运行。

(8)建立科学严密的风险管理系统。风险管理系统包括两方面的内容:一是公司主要业务的风险评估和监测办法、重要部门风险指标考核体系及业务人员的道德风险防范系统等;二是公司灵活有效的应急、应变措施和危机处理机制。通过严密有效的风险管理系统,对公司内外部风险进行识别、评估和分析,及时防范和化解风险。

4. 内部控制的主要内容

(1)投资管理业务控制。公司应当自觉遵守国家有关法律、法规,按照投资管理业务的性质和特点严格制定管理规章、操作流程和岗位手册,明确揭示研究业务、投资决策业务及交易业务等不同业务可能存在的风险并采取控制措施。

(2)信息披露控制。公司应当按照法律、法规和中国证监会有关规定,建立完善的信息披露制度,保证公开披露的信息真实、准确、完整、及时。公司应当有相应的部门或岗位负责信息披露工作,进行信息的组织、审核和发布。公司应当加强对公司信息披露的检查和评价,对存在的问题及时提出改进办法,对信息披露出现的失误提出处理意见,并追究相关人员的责任。公司掌握内幕信息的人员在信息公开披露前不得泄露其内容。

(3)信息技术系统控制。公司应当根据国家法律、法规的要求,遵循安全性、实用性、可操作性原则,严格制定信息系统的管理制度。

（4）会计系统控制。公司应当依据《中华人民共和国会计法》和《企业会计准则》等有关法律、法规，制定基金会计制度、公司财务制度、会计工作操作流程和会计岗位工作手册，并针对各个风险控制点建立严密的会计系统控制。

（5）风险管理控制。公司应建立风险控制制度。风险控制制度由风险控制委员会组织各部门制定。风险控制制度由风险控制的机构设置、风险控制的程序、风险控制的具体制度、风险控制制度执行情况的监督等部分组成。

（6）监察稽核控制。公司应当设立督察长，由总经理提名、董事会聘任，报中国证监会核准。督察长享有充分的知情权和独立的调查权。督察长根据履行职责的需要，有权参加或列席公司董事会以及公司业务投资决策、风险管理等相关会议，有权调阅公司相关文件、档案。公司应当设立监察稽核部门，对公司经理层负责，开展监察稽核工作。公司应保证监察稽核部门的独立性和权威性。

拓展阅读 3-1
我国公募基金管理人名录

第二节 基金托管人

为充分保障基金投资者的权益，防止基金财产被挪用，各国基金法都规定：凡是基金都要设立基金托管机构（基金托管人）对基金管理机构的投资操作进行监督及对基金财产进行保管。

基金托管人又称基金保管人，是根据法律、法规的要求，在基金运作中承担财产保管、交易监督、信息披露、财金清算与会计核算等相应职责的当事人。基金托管人是基金持有人权益的代表，基金托管人由依法设立的商业银行或其他金融机构担任。基金托管人与基金管理人签订托管协议，在托管协议规定的范围内履行自己的职责并收取一定的报酬。

一、基金托管人的市场准入

各主要国家和地区的法律、法规都对基金托管人的资格有严格的要求。从基金财产的安全性和基金托管人的独立性出发，一般都规定基金托管人必须由独立于基金管理人并具有一定实力的商业银行、保险公司或信托投资公司等金融机构担任。

我国《证券投资基金法》规定，基金托管人由依法设立的商业银行或者其他金融机构担任。商业银行担任基金托管人的，由国务院证券监督管理机构会同国务院银行业监督管理机构核准；其他金融机构担任基金托管人的，由国务院证券监督管理机构核准。申请取得基金托管资格，应当具备下列条件：

（1）净资产和资本充足率符合有关规定；

（2）设有专门的基金托管部门；

（3）取得基金从业资格的专职人员达到法定人数；

（4）有安全保管基金财产的条件；

（5）有安全高效的清算、交割系统；

（6）有符合要求的营业场所、安全防范设施和与基金托管业务有关的其他设施；

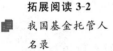

（7）有完善的内部稽核监控制度和风险控制制度；

（8）法律、行政法规规定的和经国务院批准的国务院证券监督管理机构、国务院银行业监督管理机构规定的其他条件。

二、基金托管人的作用

基金托管人在基金运作中具有非常重要的作用，关键是有利于保障基金财产的安全，保护基金持有人的利益。具体体现在如下几个方面：

（1）基金托管人的介入，使基金财产的所有权、使用权与保管权分离，基金托管人、基金管理人和基金份额持有人之间形成一种相互制约的关系，从而防止基金财产被挪作他用，有效保障资产安全。

（2）通过基金托管人对基金管理人的投资运作（包括投资目标、投资范围、投资限制等）进行监督，可以及时发现基金管理人是否按照有关法规要求运作。托管人对于基金管理人的违法、违规行为，可以及时向监督管理部门报告。

（3）基金托管人对基金财产所做的会计复核和净值计算，有利于防范、减少基金会计核算中的差错，保证基金份额净值和会计核算的真实性与准确性。

三、基金托管人的主要职责

《证券投资基金法》第二十九条对基金托管人应当履行的职责进行了明确规定：

（1）安全保管基金财产；

（2）按照规定开设基金财产的资金账户和证券账户；

（3）对所托管的不同基金财产分别设置账户，确保基金财产的完整与独立；

（4）保存基金托管业务活动的记录、账册、报表和其他相关资料；

（5）按照基金合同的约定，根据基金管理人的投资指令，及时办理清算、交割事宜；

（6）办理与基金托管业务活动有关的信息披露事项；

（7）对基金财务会计报告、中期和年度基金报告出具意见；

（8）复核、审查基金管理人计算的基金资产净值和基金份额申购、赎回价格；

（9）按照规定召集基金份额持有人大会；

（10）按照规定监督基金管理人的投资运作；

（11）中国证监会规定的其他职责。

基金托管人发现基金管理人的投资指令违反法律、行政法规和其他有关规定，或者违反基金合同约定的，应当拒绝执行，立即通知基金管理人，并及时向国务院证券监督管理机构报告。

基金托管人发现基金管理人依据交易程序已经生效的投资指令违反法律、行政法规和其他有关规定，或者违反基金合同约定的，应当立即通知基金管理人，并及时向国务院证券监督管理机构报告。

基金托管人不再具备本法规定的条件，或者未能勤勉尽责，在履行《证券投资基金法》

规定的职责时存在重大失误的,国务院证券监督管理机构、国务院银行业监督管理机构应当责令其改正;逾期未改正,或者其行为严重影响所托管基金的稳健运行、损害基金份额持有人利益的,国务院证券监督管理机构、国务院银行业监督管理机构可以区别情形,对其采取下列措施:

(1) 限制业务活动,责令暂停办理新的基金托管业务;

(2) 责令更换负有责任的专门基金托管部门的高级管理人员。

国务院证券监督管理机构、国务院银行业监督管理机构对有下列情形之一的基金托管人,可以取消其基金托管资格:

(1) 连续三年没有开展基金托管业务的;

(2) 违反《证券投资基金法》规定,情节严重的;

(3) 法律、行政法规规定的其他情形。

有下列情形之一的,基金托管人职责终止:

(1) 被依法取消基金托管资格;

(2) 被基金份额持有人大会解任;

(3) 依法解散、被依法撤销或者被依法宣告破产;

(4) 基金合同约定的其他情形。

基金托管人职责终止的,基金份额持有人大会应当在六个月内选任新基金托管人;新基金托管人产生前,由国务院证券监督管理机构指定临时基金托管人。

基金托管人职责终止的,应当妥善保管基金财产和基金托管业务资料,及时办理基金财产和基金托管业务的移交手续,新基金托管人或者临时基金托管人应当及时接收。

四、基金托管人的机构设置

《证券投资基金法》规定,基金托管人为履行职责,应设有专门的基金托管部门,并要求有安全保管基金财产的条件,有安全高效的清算、交割系统,有符合要求的营业场所、安全防范设施和与基金托管业务有关的其他设施,有完善的内部稽核监控制度和风险控制制度等条件。为此,各托管银行按照业务运作的需要,在内部均设立了专门的基金托管部或资产托管部。

为履行职责,托管银行在托管部一般都设立不同的处室来履行职责。尽管各托管银行的内设机构在名称、数量、职责及岗位设置等方面不尽相同,但一般都包括下列部门:

(1) 主要负责证券投资基金托管业务的市场开拓、市场研究、客户关系维护的市场部门;

(2) 主要负责基金资金清算、核算的部门;

(3) 主要负责技术维护、系统开发的部门;

(4) 主要负责交易监督、内部风险控制的部门。

五、基金财产保管的基本要求

1. 保证基金财产的安全

基金托管人的首要职责是保证基金财产的安全,独立、完整、安全地保管基金的全部资产。《证券投资基金法》规定,基金财产是独立于管理人、托管人的固有财产,基金管理人、基金托管人不得将基金财产归入其固有财产;基金财产的债权不得与基金管理人、基金托管人固有财产的债务相抵消;不同基金财产的债权债务不得相互抵消。基金托管人必须将基金财产与自有财产、不同基金的财产严格分开。业务运作中,要为基金设立独立的账户,单独核算,分账管理。不同基金之间在持有人名册登记、账户设置、资金划拨、账册记录等方面应完全独立,实行专户、专人管理。

2. 依法合规处分基金财产

基金托管人没有单独处分基金财产的权利。基金托管人要根据有关规定和基金管理人合法、合规的投资指令办理资金的清算、交割事宜。未接到交易所、登记结算公司的合法数据或者基金管理人的指令,基金托管人不得自行运用、处分、分配基金的任何资产。同时,对基金管理人非法的、不合规的投资指令,托管人应当拒绝执行,并提示管理人或向监管机构报告。

3. 严守基金商业秘密

基金托管人要妥善保管基金投资及相关业务活动的记录、基金账册、报表等相关资料。除《证券投资基金法》、基金合同及其他有关法规另有规定外,基金信息公开披露前应予保密,基金托管人不得向他人泄露。

4. 对基金财产的损失承担赔偿责任

拓展阅读 3-3
合格境外机构投资者托管人名录

基金托管人在履行职责过程中违反法律、法规或基金合同约定,给基金财产或基金份额持有人造成损害的,应对自身行为依法承担赔偿责任;因与管理人的共同行为给基金财产或基金份额持有人造成损害的,也应承担连带赔偿责任。

第三节　基金份额持有人

基金份额持有人是指依基金合同与招募说明书持有基金份额的自然人和法人,即基金的投资者、出资人、基金财产的所有者和基金投资回报的受益人。他们是基金财产的实际所有者,享有基金信息的知情权、表决权和收益权。基金的一切投资活动都是为了增加投资者的收益,一切风险管理都是围绕保护投资者利益来考虑的。因此,基金份额持有人是基金一切活动的中心。

一、基金份额持有人的权利与义务

基金投资者作为基金当事人之一,承担着委托任何受益人的角色。基金投资者购买基金份额的行为即视为对基金合同的承认和接受。投资者取得基金份额即成为基金份额持有人和基金合同的当事人,直至其不再持有基金份额。

1. 基金份额持有人享有的权利

(1) 分享基金财产收益;

(2) 参与分配清算后的剩余基金财产;

（3）依法转让或者申请赎回其持有的基金份额；

（4）按照规定要求召开基金份额持有人大会或者召集基金份额持有人大会；

（5）对基金份额持有人大会审议事项行使表决权；

（6）对基金管理人、基金托管人、基金服务机构损害其合法权益的行为依法提起诉讼；

（7）基金合同约定的其他权利。

公开募集基金的基金份额持有人有权查阅或者复制公开披露的基金信息资料；非公开募集基金的基金份额持有人对涉及自身利益的情况，有权查阅基金的财务会计账簿等财务资料。

2. 基金份额持有人的义务

（1）遵守基金合同；

（2）缴纳基金认购、申购款项及规定费用；

（3）在其持有基金份额期间，承担基金亏损或基金合同终止的有限责任；

（4）不从事任何有损基金及其他基金当事人合法权益的活动；

（5）执行生效的基金份额持有人大会的决定；

（6）法律、法规及基金契约规定的其他义务。

二、基金份额持有人大会

基金份额持有人大会是指当发生影响基金当事人的权益或其他重大事项需要商讨和解决时，按照基金合同有关规定召集、召开并由基金份额持有人进行表决的会议。基金持有人一般通过基金持有人大会行使自己的权利。

根据我国基金法的规定，当出现以下情形之一时，按照有关法律、法规应当召开基金份额持有人大会：

（1）决定基金扩募或者延长基金合同期限；

（2）决定修改基金合同的重要内容或者提前终止基金合同；

（3）决定更换基金管理人、托管人；

（4）决定提高基金管理人、托管人的报酬标准；

（5）转换基金运作方式；

（6）基金合同约定的其他权利。

正常情况下，基金持有人大会由基金管理人召集。在更换基金管理人或者基金管理人无法行使召集权的情况下，由基金托管人召集基金持有人大会。在基金管理人和基金托管人均无法行使召集权时，由单独或者合计持有 10% 基金份额以上的持有人行使召集权。代表基金份额 10% 以上的基金份额持有人自行召集的，应报国务院证券监管机构备案。

基金持有人大会的开会时间、地点等细节由召集人确定。召开基金持有人大会时，召集人应于会议召开前 30 天，在《中国证券报》《上海证券报》《证券时报》等证监会指定的媒体上刊登公告。基金持有人大会采取记名方式投票表决，每一基金份额有一票投票权。

基金管理人、基金托管人和单独或合并权利登记日基金份额占基金总份额 10% 以上的基金持有人,均可提交由基金持有人大会审议表决的提案,提交时间可以在召集人发出会议通知之前,也可以在会议通知发出之后。

基金持有人大会可以现场召开,也可以以通信方式召开。采取现场开会方式,基金持有人可以亲自出席,也可以以代理投票授权委托书的形式委派代表参加大会。

基金份额持有人大会就审议事项做出决定,应当经参加大会的基金份额持有人所持表决权的1/2以上通过;但是,转换基金运作方式、更换基金管理人或者基金托管人、提前终止基金合同、与其他基金合并,应当经参加大会的基金份额持有人所持表决权的2/3以上通过。基金份额持有人大会决定的事项,应当依法报国务院证券监督管理机构备案,并予以公告。

在基金的当事人中,基金份额持有人通过购买基金份额或基金股份,参加基金投资并将资金交给基金管理人管理,基金管理人接受基金份额持有人的委托,负责基金的财产投资决策和日常管理。

基金管理人与托管人之间是相互制衡的关系,基金管理人将有关证券、现金收付的具体事务交由基金托管人办理。基金管理人与托管人的权利和义务在基金合同或基金公司章程中早已预先界定清楚,任何一方有违规之处,对方都应当监督并及时制止,直至请求更换违规方。

基金份额持有人与托管人之间是委托与受托的关系。也就是说,基金份额持有人将基金财产委托给基金托管人保管,基金份额持有人将基金财产委托给专门的保管机构保管,可以确保基金财产的安全;基金托管人必须对基金份额持有人负责,监管基金管理人的行为,使其经营行为符合法律、法规的要求。

第四节　基金市场服务机构

基金管理人、基金托管人既是基金的当事人,又是基金的主要服务机构。除基金管理人与基金托管人外,基金市场还有许多面向基金提供各类服务的其他机构。这些机构主要包括基金销售机构、销售支付机构、份额注册登记机构、估值核算机构、投资顾问机构、评价机构、信息技术系统服务机构,以及律师事务所、会计师事务所等。基金市场服务机构应当按照国务院证券监督管理机构的规定进行注册或者备案。基金服务机构应当勤勉尽责、恪尽职守,建立应急等风险管理制度和灾难备份系统,不得泄露与基金份额持有人、基金投资运作相关的非公开信息。

一、基金销售机构

基金销售是指基金宣传推介、基金份额发售或者基金份额的申购、赎回,并收取以基金交易(含开户)为基础的相关佣金的活动。基金销售机构是指从事基金销售业务活动的机构,包括基金管理人及经中国证监会认定的可以从事基金销售的其他机构。

目前可申请从事基金代理销售的机构主要包括商业银行、证券公司、保险公司、证券投资咨询机构、独立基金销售机构。基金销售机构应当向投资人充分揭示投资风险,并根据投资人的风险承担能力销售不同风险等级的基金产品。

二、基金销售支付机构

基金销售支付是指基金销售活动中基金销售机构、基金投资人之间的货币资金转移活动。基金销售支付机构是指从事基金销售支付业务活动的商业银行或者支付机构。

基金销售支付机构从事销售支付活动的，应当取得中国人民银行颁发的《支付业务许可证》（商业银行除外），并制定了完善的资金清算和管理制度，能够确保基金销售结算资金的安全、独立和及时划付。

基金销售支付机构从事公开募集基金销售支付业务的，应当按照中国证监会的规定进行备案。基金销售支付机构应当按照规定办理基金销售结算资金的划付，确保基金销售结算资金安全、及时划付。

三、基金份额登记机构

基金份额登记是指基金份额的登记过户、存管和结算等业务活动。基金份额登记机构是指从事基金份额登记业务活动的机构。基金管理人可以办理其募集基金的份额登记业务，也可以委托基金份额登记机构代为办理基金份额登记业务。公开募集基金份额登记机构由基金管理人及中国证监会认定的其他机构担任。

基金份额登记机构的主要职责包括：

（1）建立并管理投资人的基金账户；

（2）负责基金份额的登记；

（3）基金交易确认；

（4）代理发放红利；

（5）建立并保管基金份额持有人名册；

（6）法律、法规或份额登记服务协议规定的其他职责。

基金份额登记机构以电子介质登记的数据，是基金份额持有人权利归属的根据。基金份额持有人以基金份额出质的，质权自基金份额登记机构办理出质登记时设立。

基金份额登记机构应当妥善保存登记数据，并将基金份额持有人名称、身份信息及基金份额明细等数据备份至国务院证券监督管理机构认定的机构。其保存期限自基金账户销户之日起不得少于 20 年。

基金份额登记机构应当保证登记数据的真实、准确、完整，不得隐匿、伪造、篡改或者毁损。

基金销售机构、基金销售支付机构或者基金份额登记机构破产或者清算时，基金销售结算资金、基金份额不属于其破产财产或者清算财产。非因投资人本身的债务或者法律规定的其他情形，不得查封、冻结、扣划或者强制执行基金销售结算资金、基金份额。

基金销售机构、基金销售支付机构、基金份额登记机构应当确保基金销售结算资金、基金份额的安全、独立，禁止任何单位或者个人以任何形式挪用基金销售结算资金、基金份额。

四、基金估值核算机构

基金估值核算是指基金会计核算、估值及相关信息披露等业务活动。基金估值核算机构是指从事基金估值核算业务活动的机构。基金管理人可以自行办理基金估值核算业务，也可以委托基金估值核算机构代为办理基金估值核算业务。基金估值核算机构拟从事公开募集基金估值核算业务的，应当向中国证监会申请注册。

五、基金投资顾问机构

基金投资顾问是指按照约定向基金管理人、基金投资人等服务对象提供基金以及其他中国证监会认可的投资产品的投资建议，辅助客户做出投资决策，并直接或间接获取经济利益的业务活动。

基金投资顾问机构是指从事基金投资顾问业务活动的机构。基金投资顾问机构提供公开募集基金投资顾问业务的，应当向工商登记注册地中国证监会派出机构申请注册。未经中国证监会派出机构注册，任何机构或个人不得从事公开募集基金投资顾问业务。基金投资顾问机构及其从业人员提供投资顾问服务，应当具有合理的依据，对其服务能力和经营业务进行如实陈述，不得以任何方式承诺或者保证投资收益，不得损害服务对象的合法权益。

六、基金评价机构

基金评价是指对基金投资收益和风险或者基金管理人管理能力进行的评级、评奖、单一指标排名或者中国证监会认定的其他评价活动。评级是指运用特定的方法对基金的投资收益和风险或者基金管理人的管理能力进行综合性分析，并使用具有特定含义的符号、数字或文字展示分析的结果。

拓展阅读 3-4
基金评价机构名录

基金评价机构是指从事基金评价业务活动的机构。基金评价机构从事公开募集基金评价业务并以公开形式发布基金评价结果的，应当向基金业协会申请注册。基金评价机构及其从业人员应当客观公正，依法开展基金评价业务，禁止误导投资人，防范可能发生的利益冲突。

七、基金信息技术系统服务机构

基金信息技术系统服务是指为基金管理人、基金托管人和基金服务机构提供基金业务核心应用软件开发、信息系统运营维护、信息系统安全保障和基金交易电子商务平台等的业务活动。

从事基金信息技术系统服务的机构应当具备国家有关部门规定的资质条件或者取得相关资质认证，具有开展业务所需要的人员、设备、技术、知识产权等条件，其信息技术系统服务应当符合法律法规、中国证监会及行业自律组织等的业务规范要求。

基金管理人、基金托管人、基金服务机构的信息技术系统应当符合规定的要求。国务院证券监督管理机构可以要求信息技术系统服务机构提供该信息技术系统的相关资料。

八、律师事务所和会计师事务所

律师事务所和会计师事务所作为专业、独立的中介服务机构,为基金提供法律、会计服务。律师事务所、会计师事务所接受基金管理人、基金托管人的委托,为有关基金业务活动出具法律意见书、审计报告、内部控制评价报告等文件,应当勤勉尽责,对所依据的文件资料内容的真实性、准确性、完整性进行核查和验证。其制作、出具的文件有虚假记载、误导性陈述或者重大遗漏,给他人财产造成损失的,应当与委托人承担连带赔偿责任。

第五节 基金监管机构和自律组织

一、基金监管机构

基金监管机构是证券监管机构的组成部分,是政府为了保护基金投资者利益、规范基金交易和运作、维护基金市场秩序并促进基金市场健康发展而设立的,它们对基金活动进行严格的监督和管理。基金监管机构依法拥有审批或核准基金的权力,对成立的基金进行备案,对基金管理人、基金托管人及其他相关的中介机构进行监督和管理,并对违法违规行为进行查处。

我国的基金监管机构是中国证监会。中国证监会下设基金管理部和证监会在各地的派出机构(上海、广州证管办,深圳证监局和北京证券监管办事处)专门行使对基金市场的监管权。基金管理部的主要职责是:草拟监管证券投资基金的规则、实施细则;审核证券投资基金、证券投资基金管理公司的设立,监管证券投资基金管理公司的业务活动;按规定与有关部门共同审批证券投资基金托管机构的基金托管业务资格,监管其基金托管业务;按规定监管中外合资的证券投资基金、证券投资基金管理公司。

各派出机构按属地原则对基金管理公司进行监管。对注册地和主要办公地不在同一城市的基金管理公司,按基金管理公司主要办公场所所在地派出机构监管为主,注册地派出机构协助监管的原则进行分工。在监管工作中,各派出机构相互配合并及时沟通信息。

基金监督管理机构依法履行下列职责:

(1)制定有关证券投资基金活动监督管理的规章、规则,并行使审批、核准或者注册权;

(2)办理基金备案;

(3)对基金管理人、基金托管人及其他机构从事证券投资基金活动进行监督管理,对违法行为进行查处,并予以公告;

(4)制定基金从业人员的资格标准和行为准则,并监督实施;

(5)监督检查基金信息的披露情况;

(6)指导和监督基金行业协会的活动;

(7)法律、行政法规规定的其他职责。

二、基金行业自律组织

我国的基金行业自律组织是基金行业协会。基金行业协会是基金行业的自律性组织,是社会团体法人。基金管理人、基金托管人应当参加基金业协会,基金服务机构可以加入基金业协会。会员分为普通会员、联席会员和特别会员三类:基金管理人和基金托管人加入协会的为普通会员;基金服务机构加入协会的为联席会员;证券期货交易所、登记结算机构、指数公司、地方基金业协会及其他资产管理机构加入协会的为特别会员。

基金行业协会的权力机构为全体会员组成的会员大会,会员章程由会员大会制定,并报中国证监会备案。基金业协会设理事会。理事会是基金业协会的执行机构。理事会成员依章程的规定由会员大会产生。

基金行业协会履行下列职责:

(1) 教育和组织会员遵守有关证券投资的法律、行政法规,维护投资人合法权益;

(2) 依法维护会员的合法权益,反映会员的建议和要求;

(3) 制定和实施行业自律规则,监督、检查会员及其从业人员的执业行为,对违反自律规则和协会章程的,按照规定给予纪律处分;

(4) 制定行业执业标准和业务规范,组织基金从业人员的从业考试、资质管理和业务培训;

(5) 提供会员服务,组织行业交流,推动行业创新,开展行业宣传和投资人教育活动;

(6) 对会员之间、会员与客户之间发生的基金业务纠纷进行调解;

(7) 依法办理非公开募集基金的登记、备案;

(8) 协会章程规定的其他职责。

三、证券市场自律组织

证券交易所是为证券集中交易提供场所和设施,组织和监督证券交易,实行自律管理的法人。证券交易所对在交易所上市的封闭式基金、交易型开放式指数基金、上市型开放式基金的上市条件和程序、信息披露的要求等都有具体规定,对投资者买卖基金的交易行为及基金在证券市场上的投资运作的合规性进行日常监控。

证券交易所在监控过程中发现基金交易行为异常,涉嫌违法违规的,可视情节轻重采取电话提示、书面警告、约见谈话、公开谴责等措施,并同时向中国证监会报告。

自测自练 扫码答题

思 考 题

1. 基金管理公司内部的机构设置有哪些？其职能是什么？
2. 简述基金管理公司的主要业务。
3. 基金托管人的作用有哪些？
4. 简述基金财产保管的基本要求。
5. 基金份额持有人的权利和义务有哪些？

第四章

投资基金的设立、募集与认购

【学习目标】

1. 掌握证券投资基金设立、募集与认购的过程；
2. 了解基金发起人的概念、条件、责任和义务；
3. 了解投资基金设立的主要文件及条件；
4. 了解证券投资基金的设立程序、设立方式，以及基金产品设计的相关要求；
5. 掌握基金的募集方式、募集申请、募集申请的注册，以及份额的发售及合同生效的相关条件；
6. 掌握开放式基金、封闭式基金、ETF 与 LOF 基金份额、QDII 基金份额认购的相关内容；
7. 了解封闭式基金的扩募、续期、转型，以及证券投资基金终止和清算的相关内容。

第一节　投资基金的设立

一、基金发起人

1. 基金发起人的概念

基金发起人是指发起设立基金的机构，它在基金的设立过程中起着重要的作用。

证券投资基金按交易方式的不同可分为开放式和封闭式两种。

开放式基金的发起人是指以开放式基金的设立和组建为目的，并采取必要的措施和步骤来达到设立和组建基金目的的法人。

在国外，基金的发起人多为有实力的金融机构，可以是一个，也可以是多个。在我国，根据《证券投资基金管理暂行办法》的规定，基金的发起人为按照国家有关规定设立的证券公司、信托投资公司及基金管理公司，基金发起人的数目为两个以上。

2. 基金发起人应具备的资格条件

基金发起人在各国基金管理法规中都有一定的资格条件规定，只有具备一定条件的法人机构才能作为基金的发起人，申请设立和组建基金。

例如，在基金的诞生地英国，要发起设立基金，必须先成为英国基金行业协会的会员，而能否成为会员则要看发起人是否符合会员资格和要求。这种资格和要求是与英国基金业发展的历史、法律法规的完善、行业自律性组织的健全等方面相适应的。

在我国,基金发起人必须符合《证券投资基金管理暂行办法规定》中关于发起人性质、资金实力、经营管理状况等方面的限制及中国证监会规定的其他条件,具体内容可见后文关于"基金设立条件"中的描述。

3. 基金发起人应承担的责任和义务

基金发起人在设立和组建时必须签订发起人协议书以明确其应享有的权利与必须承担的义务和责任。在基金发起设立时,发起人要负责起草申请基金设立报告、信托契约,并负责设计和策划基金实施的各项具体方案。同时,发起人还要为基金的设立承担相应的责任,倘若基金设立不成功,发起人必须承担由此引发的一切费用。此外,在基金设立过程中,由于发起人的过失行为而导致基金受到损害时,发起人要负连带赔偿责任。

根据《证券投资基金管理暂行办法》及中国证监会的有关规定,基金发起人的主要职责包括:

(1) 制定有关法律文件并向主管机关提出设立基金的申请,筹建基金。①基金发起人必须对国家的经济、金融政策、市场状况、大众投资心理等进行研究分析,在此基础上对拟设立的基金进行策划,如确定基金的主要投向、基金的类型、基金的存续期限及基金的募集规模等。②基金发起人要代表基金持有人与基金管理人、基金托管人签订基金契约,约定基金各方当事人的权利、义务。同时,基金发起人还需要制作管理机关要求的其他相关文件,如招募说明书等。③确定发行方案,选定销售机构。④向主管机关提出设立申请,并报送主管机关要求的有关文件。⑤设立申请获得批准后,进行公告。

(2) 认购或持有一定数量的基金单位。基金发起人必须在募集基金时认购一定数量的基金单位,并在基金存续期内保持一定的持有比例,从而使基金发起人与基金持有人的利益结成一体,并保证基金发起人以维护投资人的合法权益作为准则,不从事有损投资者利益的活动,以切实保护投资者的利益。

(3) 基金发起人在基金不能成立时的责任。基金不能成立时,基金发起人须承担基金募集费用,将已募集的资金加上银行活期存款利息在规定时间内退还基金认购人。

由于基金发起人对基金的设立有重大影响,因此很多国家和地区对发起人应具备的条件都有严格的要求。

二、投资基金设立的主要文件

不论是开放式基金还是封闭式基金在申请设立的过程中都需要提交申请报告、发起人协议、基金契约、托管协议、招募说明书、发起人财务报告、法律意见书等材料。此外,由于二者的交易方式不同,开放式基金的发起人还需要另行提交代销协议、代销机构情况等材料,二者具体需提交的材料如表4-1所示。

1. 申请报告

申请报告是基金发起人为设立基金而向基金主管部门即中国证监会提交的请示报告。

开放式基金的申请报告内容包括:基金发行简要情况,如基金名称、类型、规模、发行对象与价格、发行费率、认购及赎回安排、拟任基金管理人和托管人等;设立基金的可行性;基金管理人签字盖章等。

表 4-1　开放式基金与封闭式基金申报材料比较

	开放式基金	封闭式基金
申报材料	(1) 申请报告 (2) 基金契约 (3) 托管协议 (4) 招募说明书 (5) 代销协议 (6) 基金管理人董事会决议 (7) 发行方案 (8) 基金管理人财务报告 (9) 代销机构情况 (10) 基金注册登记机构 (11) 法律意见书 (12) 附加参考资料	(1) 申请报告 (2) 发起人协议 (3) 基金契约 (4) 托管协议 (5) 招募说明书 (6) 发起人财务报告 (7) 法律意见书

封闭式基金的申请报告内容包括：基金名称、拟申请设立基金的必要性和可行性、基金类型、基金规模、存续期间、发行价格、发行对象、基金交易或申购与赎回安排、拟委托的委托人和管理人，以及主要发起人签字、盖章等。

2. 基金合同

基金合同是指基金管理人、基金托管人为设立投资基金而订立的用以明确基金当事人各方权利和义务关系的书面文件。管理人对基金财产具有经营管理权，托管人对基金财产具有保管权，投资人则对基金运营收益享有收益权。

基金合同不但规范了管理人与托管人的行为准则，还规范了基金其他利益当事人（如基金持有人、律师、会计师等）的地位和责任。同时，基金合同也为制定投资基金其他有关文件（包括招募说明书、基金募集方案及发行计划等）提供了依据。基金合同是基金正常运作的基础性文件，基金合同对投资基金的经营活动规范化有着重要的意义，主要体现在以下两个方面：

(1) 明确了各当事人的权利和义务，有利于保护投资者的利益。

(2) 有利于加强基金管理人与基金托管人的自律性监管和相互监督。因为基金合同是经过法律程序订立的，它通常是在基金正式成立时，基金管理人与基金托管人签订并经过公证的协议，要报主管机关批准，因此基金合同构成了投资基金各当事人合作的基础，对基金管理机构与基金托管机构的行为具有约束力，是基金管理机构与基金托管机构加强自身管理和相互监督的准则。

基金合同作为基金正常运作的基本文件，内容非常广泛，囊括了基金从设立、运作到终止的全过程中当事人的行为、权利和义务。具体来说，基金合同应载明以下主要内容。

1) 基金概况

(1) 基金名称、类型和注册地。

(2) 基金发行概况。包括发起人的名称、地址、法人代表，发行日期及期限，发行规模与方式,存续时间,逾期未募足款项的处理办法等。

（3）基金的上市安排或赎回安排。封闭型基金应在发行期满三个月后安排上市,开放型基金应在初次发行期满后允许投资者赎回或申购（可以有一个短暂的封闭期）,因此应载明拟申请上市的地点。

（4）基金有关费用的规定。包括首次认购费、年管理费率、年托管费率、申购费、赎回费的计算标准及方法等。

（5）基金收益分配的方式、方法。

（6）基金单位的估值方法和基金单位净值的计算方法。

2）有关当事人的权利与义务

（1）基金管理人、托管人、投资顾问、律师、会计师、审计师的名称、地址、法人代表等。

（2）基金管理人、托管人的职责、权利及退任的条件。

（3）投资者的权利与义务。

3）基金的运作方式

（1）投资目标。投资目标通常有三种:一是追求资产的长期增值;二是追求比较稳定的收益;三是同时追求资产增值及稳定收益。不同的投资目标伴随着不同的风险,因此投资目标的不同实际上意味着该基金对收益及风险的态度。

（2）投资范围。投资范围包括投资区域和投资对象。投资对象主要包括上市公司的股票、政府公债、地方政府债、公司债、认股权证、可转换债券、货币市场工具、期货、期权等。

（3）投资政策。投资政策是根据投资目标与投资范围而采取的投资策略。投资政策主要体现在投资组合的选择和资产分散化程度上。投资组合的选择必须在投资范围内体现投资目标,如果投资目标是追求长期资产增值,而投资范围是股票、债券,则投资组合中的股票比例应比较大,且应多投资于升值潜力较大的小型公司股票、高科技股票等。

（4）投资限制。基金合同应载明投资限制,应该在不违反有关法规规定的前提下,根据基金的具体投资目标、投资范围、投资政策制定更明确、更具体的限制措施。

4）基金的变更、终止与清盘

基金的变更、终止与清盘属于基金的重大事项,须经基金持有人大会通过并经主管机关核准。

（1）基金的变更。基金的变更主要包括改变基金的运作方式、投资范围,停业与复业,解散与合并,更换托管人或管理人,改变基金份额的认购办法、交易方式及净资产值的计算方法等。

（2）基金的提前终止。基金的提前终止通常出现在以下情况发生时:由于现行法规的变更或新法规的实施使基金不能继续合法存在或运行;管理人、托管人因故退任或撤换,而在 6 个月内无新的管理人、托管人继任;管理人、托管人无法履行其职责（如破产）;因不可抗力使基金不能正常运作达 2~4 个月;持有人大会中,占基金份额总数 75% 以上的基金持有人通过提前结业决议。

（3）基金的清盘。封闭式基金提前终止或期限届满而未获延长时将进行清盘；开放式基金在出现管理人、托管人因解散、破产、撤销等情形而在 6 个月内无继承人时，或者持有人大会通过决定的情况下，可以清盘。

清盘时管理人、托管人须聘请会计师事务机构和公证、法律机构进行基金的清产核资和公证，并将基金结存或剩余资产在扣除清算费用后按各受益人持有份额比例退还受益人。最后，应载明信托合同制定的法律依据、争议的解决程序与方式、合同修改或增补及终止的有关规定。

3. 招募说明书

招募说明书是有关基金设立情况详细、全面的说明文件，是基金向投资者提供的经国家有关部门认可的一项法律文件，是基金设立过程中申报、注册必须提交的最主要文件，也是基金最重要、最基本的信息披露文件。

根据中国证监会发布的《证券投资基金管理暂行办法实施准则》第三号，基金招募说明书信息披露要求为：基金招募说明书必须符合《证券投资基金管理暂行办法》。基金的全体发起人必须保证招募说明书不含有虚假的内容或误导性陈述，不遗漏本准则规定的内容，并符合本准则规定的格式，全体发起人对基金招募说明书承担连带责任。招募说明书的有效期自签署之日至基金成立之日，不得超过 6 个月，并且招募说明书的内容应浅显易懂。

招募说明书的内容与格式包括四个方面，即封面、目录、正文和备查文件。其中，招募说明书正文内容包括：绪言、释义、基金设立、本次发行有关当事人、发行安排、基金成立、基金投资、风险揭示、基金资产、基金资产估值、基金费用、基金税收、基金收益与分配、基金的会计与审计、交易安排、基金的信息披露、基金持有人、基金发起人、基金管理人、基金托管人、基金中止、基金清算、其他应披露事项、招募说明书存放或查阅方式。

作为基金设立发行过程中最重要的文件，招募说明书具有两项作用：第一，它是推销基金产品的有力工具；第二，它是保护投资者利益的主要依据。

基金招募说明书的特点包括：①是基金的自我介绍性文件；②附带了向投资者提示的内容；③是基金经营的行动纲领；④作为法律性文件，是保护投资者权益的保障；⑤表述要使用浅显易懂、符合法律法规及该准则规定的语言，以便非专业投资者准确了解基金状况；⑥文本必须经主管机构批准同意，才具备法律效力；⑦必须包含特定内容并采取特定的格式。

公募基金的发行材料如表 4-2 所示。

表 4-2　公募基金的发行材料

发布时间	材料名称	材料用途	材料内容
募集申请时提交证监会	基金申请报告	基金发起人为设立基金向中国证监会提交的请示报告	主要包括拟募集基金的基本情况，拟募集基金符合有关规定条件的说明，拟任基金管理人、基金托管人符合有关规定条件的说明，拟募集基金的可行性，基金管理人签章等内容

续表

发布时间	材料名称	材料用途	材料内容
草案：募集申请时提交证监会确定稿：基金份额发售3日前公布	基金招募说明书	有关基金设立情况详细、全面的说明文件，基金募集申请、注册必须提交的最主要文件，基金最重要、最基本的信息披露文件	主要包括基金募集申请的准予注册文件名称和注册日期，基金管理人、基金托管人的基本情况，基金合同和基金托管协议的内容摘要，基金份额的发售日期、价格、费用和期限，基金份额的发售方式，发售机构及登记机构名称，出具法律意见书的律师事务所及审计基金财产的会计师事务所的名称和住所，基金管理人、基金托管人报酬及其他有关费用的提取、支付方式与比例，风险警示内容及国务院证券监督管理机构规定的其他内容
草案：募集申请时提交证监会确定稿：基金份额发售3日前公布	基金合同	明确基金合同各方当事人的权利、义务，起到规范基金运作、保护投资人合法权益的目的	主要包括募集基金的目的和基金名称；基金管理人、基金托管人的名称和住所；基金的运作方式；封闭式基金的基金份额总额和基金合同期限，或者开放式基金的最低募集份额总额；确定基金份额发售日期、价格和费用的原则；基金份额持有人、基金管理人和基金托管人的权利、义务；基金份额持有人大会召集、议事及表决的程序和规则；基金份额发售、交易、申购、赎回的程序、时间、地点、费用计算方式，以及给付赎回款项的时间和方式；基金收益分配原则、执行方式；基金管理人、基金托管人报酬的提取、支付方式和比例；与基金财产管理、运用有关的其他费用的提取、支付方式；基金财产的投资方向和投资限制；基金资产净值的计算方法和公告方式；基金募集未达到法定要求的处理方式；基金合同解除和终止的事由、程序以及基金财产清算方式；争议解决方式和当事人约定的其他事项
草案：募集申请时提交证监会确定稿：基金份额发售3日前公布	基金托管协议	基金管理人与基金托管人就基金资产托管一事达成的协议书，以合同的形式明确他们之间的责任和权利、义务关系	主要包括基金托管协议当事人，基金托管协议的依据、目的和原则，基金托管人对基金管理人的业务监督和核查，基金管理人对基金托管人的业务核查，基金财产的保管，指令的发送、确认及执行，交易及清算交收安排，基金资产净值计算和会计核算，基金收益分配，基金信息披露，基金费用，基金份额持有人名册的保管，基金有关文件档案的保存等内容
基金份额发售3日前公布	基金份额发售公告	使投资者快速了解基金的基本情况，以及认购基金的程序和渠道	主要包括基金募集的基本情况、认购方式与相关规定，机构投资者及个人投资者开户与认购程序，过户登记与退款，基金资产的验资与基金合同生效，与基金募集相关的基金管理人、基金托管人、销售机构的信息

三、证券投资基金设立的条件

由于开放式基金与封闭式基金的交易方式有所不同，故二者设立的条件也不尽相同。但总的来说，相关法规对于二者的发起人、托管人、管理人都有具体的规定。此外，对于开放式基金的基金产品的投资方向、基金组织方式、运作形式等另有规定。

1. 封闭式基金的设立条件

我国《证券投资基金管理暂行办法》规定，设立封闭式基金应具备以下条件：

（1）主要发起人为按照国家有关规定设立的证券公司、信托投资公司、基金管理公司；

（2）每个发起人的实收资本不少于 3 亿元，主要发起人有 3 年以上从事证券投资经验、连续盈利的记录，但是基金管理公司除外；

（3）发起人、基金托管人、基金管理人有健全的组织机构和管理制度，财务状况良好，经营行为规范；

（4）基金托管人、基金管理人有符合要求的营业场所、安全防范措施和与业务有关的其他设施。

2. 开放式基金的设立条件

根据《证券投资基金管理暂行办法》和《开放式投资基金试点办法》规定，开放式基金的设立条件如下：

（1）开放式基金必须由基金管理人设立。

（2）申请设立开放式基金，必须在人才和技术设施上能够保证每周至少一次向投资者公布基金资产净值和申购、赎回价格。

（3）开放式基金的设立必须有合格的基金管理人和基金托管人。①基金托管人、基金管理人有健全的组织机构和管理制度，财务状况良好，经营行为规范；②基金托管人、基金管理人有符合要求的营业场所、安全防范措施及与业务有关的其他设施；③基金托管人、基金管理人近一年内无重大违法、违规行为。

（4）开放式基金的设立必须有合格的注册登记机构。①开放式基金的注册登记业务可以由基金管理人办理，也可以由各商业银行或中国证监会认定的其他机构办理；②商业银行办理开放式基金的注册登记业务，应当经中国证监会和中国人民银行审查批准。

（5）开放式基金的设立必须有明确的产品。①产品有明确、合法、合理的投资方向；②产品有明确的基金组织形式和运作方式；③基金名称显示投资方向的，基金的非现金资产应当至少有 80% 属于该基金名称所显示的投资内容。

《开放式投资基金试点办法》还规定，基金管理人有下列形式之一的，中国证监会不受理其设立开放式基金的申请：

（1）有重大违法、违规行为正在受到国家有关部门的调查；

（2）公司高级管理层变动，与公司有关的诉讼、仲裁等重大事件，可能或已经对所管理的基金运作造成不良影响；

（3）中国证监会认定的其他情形。

四、投资基金的设立程序

投资基金要由发起人组建。作为发起人要逐步完成繁重的投资基金发起组建工作。从工作步骤上讲，投资基金的发起设立工作可以概括为如下四个步骤。

1. 确定将要发起的投资基金性质，完成投资基金产品的设计方案

要成功发起设立一个投资基金，首先必须做好基金的必要性和可行性分析。设计基金的必要性，首先要考虑设立基金的目的、投资方向、市场经济的发展程度、我国经济体制改革的动向、国际上的经济法规、金融政策、社会需求和广大投资者对基金品种的认识程度。设立基金的可行性一般要从以下几方面加以考虑：①国外基金运作的成功经验；②市场经济体制发展的要求；③我国金融市场及产业政策不断发展的需求；④基金发起人的资金实力和良好的管理经验。在进行了必要性和可行性分析后就可以设计该基金的具体方案了,包括采取哪种基金类型有利于吸引投资者和基金的运作,确定何时、何地推出,发起规模、存续时间等。按照投资基金的组织形态不同,基金有公司型和契约型两种。采取契约型还是公司型通常与该国的投资基金传统有关,如英国通常采取契约型而美国则采取公司型。按投资基金是否可赎回,基金也可以分为开放式和封闭式两种。采取开放式还是封闭式,主要取决于投资对象的流动性和成熟度以及经理人的经验,如果投资对象的流动性高、市场成熟则可以选择设立开放式基金,因为其能够随时应付投资者的赎回要求。而封闭式基金则有利于经理人运营,因为其资产规模相对固定,不会出现赎回波动而影响经理人的投资计划。当投资对象是流动性较差的资产时,采取封闭式基金较为妥当。

由于基金产品的设计关系基金募集时市场的接受程度及基金的绩效,基金公司应特别审慎。在与公司内部各相关部门(如业务人员、基金经理、客户服务人员等)共同讨论出一个产品雏形后,产品设计人员还应针对一般客户进行市场问卷调查,确定社会大众对新基金产品的接受程度。

在基金产品的设计过程中,主要应考虑两个重要因素:一是该国经济运行情况和证券市场运行情况。这是因为从基金新产品的最初构思到获得主管机构的核准直至最终募集发行需要一段时间,该新基金产品在募集时能否获得市场的认同及能否适应未来一段时期的市场状况是一个必须考虑的因素。二是产品设计人员应全面考虑基金公司旗下现有的基金品种结构,并配合基金公司本身的优势发展新的基金产品,这样不仅可以强化公司的专长领域,还可以补足现有的产品线。

2. 选择共同发起人、基金托管人,并制定各种申报文件

发起人应根据对基金发起人资格的有关规定慎重选择共同发起人,签订合作发起设立投资基金协议书。选择合适的银行作为托管人,并制定各种有关发起文件和申请文件,规定基金管理人、托管人和投资人的责任、权利和义务。相关文件主要包括:

(1)基金申请报告;

(2)发起人名单及其协议;

(3)基金招募说明书草案;

(4)会计师、律师、经纪人和投资顾问等接受委任的信件;

(5)基金章程或信托契约、委托管理协议书、委托保管协议书、基金管理公司章程;

(6)基金设计方案;

(7)基金管理人和托管人简介;

(8)主管机关认为必要的其他文件。

3. 向主管机关报批,与此同时进行人员培训,为基金成立做好一切准备

基金发起人申请设立基金,要按照相关法规的规定向中国证监会提交各种文件,如设立基金的申请报告、发起人名单及协议、基金契约和托管协议、招募说明书、要求的财务报告、律师事务所出具的法律意见书、募集方案、开放式基金实施方案及相关文件等。

上述基金契约、托管协议及招募说明书的内容和格式,中国证监会在《证券投资基金管理暂行办法》实施细则中有详细规定。发起人应严格按照要求起草上述文件。

中国证监会收到上述文件后对基金发起人资格、基金管理人资格、基金托管人资格以及基金契约、托管协议、招募说明书及上报资料的完整性、准确性进行审核,若符合有关标准,则正式下文批准基金发起人公开发行基金。

4. 基金发起人收到中国证监会的批文后,于发行前三天公布招募说明书,公告具体发行方案,并发售基金凭证

这一步依然十分重要。基金经批准向社会公众公开发售后,并不表明基金已经正式成立。基金要正式成立,还必须满足一定的条件(参见本章第二节),因此承销商和承销方式的选择及基金凭证的推销策略等都对基金的正式成立有着重要的影响。在一定的期限内,一旦招募的资金达到上述标准,基金便宣告成立;否则基金发起失败。基金不能成立时,基金发起人必须承担基金募集费用,并将募集的资金连同活期存款利率返还投资者。

五、基金设立方式

基金设立方式是指一国政府关于设立基金的制度规定,主要有注册制和核准制两种。

1. 注册制

注册制又称申报制或形式审查制,是指根据公开管理原则,发行人在发行证券时要求证券发行人充分披露有关证券发行本身及同证券发行有关的一切信息,政府主管部门事先不做实质性审查,仅对申请文件进行形式审查,发行人在申报申请文件以后的规定时间内未被证券监管机构拒绝注册,即可进行证券发行,无须再经过批准。在注册制下,政府主管部门对证券发行不做实质条件的限制。凡是拟发行证券的发行人,必须将依法应当公开的、与所发行证券有关的一切信息和资料,合理制成法律文件并公之于众,其应对公布资料的真实性、全面性、准确性负责,公布的内容不得含有虚假陈述、重大遗漏或信息误导。政府主管部门不对证券发行行为及证券本身做出价值判断,其对公开资料的审查只涉及形式,不涉及任何发行实质条件。发行人只要依规定将有关资料完全公开,政府主管部门就不得以发行人的财务状况未达到一定标准而拒绝其发行。在一段时间内,在未对申报书提出任何异议的情况下,注册生效等待期满后,证券发行注册生效,发行人即可发行证券。

注册制作为一种法律制度,它所表现出来的价值观念反映了市场经济的自由性、主体活动的自主性及政府管理经济的规范性和效率性。在这一制度下,任何个体的行为都是自由的,发行者只要符合法律公开原则,即使无价值的证券也可以进入市场,在自由抉择下的盈利或损失都由投资者自己承担。在这种制度下,政府主管部门只对申请文件做形式审查,不涉及发行申请者及发行证券的实质条件,不对证券及其发行行为做任何价值判断,因而降低了审核工作量。申报文件提交后,经过法定期间,申请即可生效,从而免除了烦琐的授权程序。

在注册制下,投资者需要注意:①证券注册并不能成为投资者免受损失的保护伞。政府主管部门无权对申请注册证券的实质要件进行审查,否则将构成违法。证券注册的唯一标准是信息完全公开。至于发行价格、发行者或承销商利益等实质要件,不能构成证券发行合法性的先决条件。②证券发行注册的目的,是向投资者提供据以判断证券实质要件的形式资料,以方便其做出投资决定。如果公开方式适当,政府主管部门不得以发行证券价格、其他非公平条件或发行者提出的公司成功前景不尽合理等理由拒绝注册。对于投资者来说,只要发行公开要素具备,则投资风险自负。③注册程序不保证注册申报书和公开说明书中陈述事实的准确性。因此,注册制并非无懈可击。该制度是建立在信息公开原则的基础上的,它假定投资者只要能得到有关证券发行的一切信息,即可自主做出投资决定,并得到自我保护,政府主管部门无权阻止其交易。但事实上大多数投资者很难具备充分的证券投资知识与经验。而且,有许多投资者根本不可能或无机会获得相关信息,加上发行人故意夸大证券价值或规避潜在的不利因素,都可能使投资者遭受损失。因此,从投资安全的角度看,公开原则并不能完全保护投资者利益。

证券发行注册制是证券发行管理制度中的重要形态,也是很多国家普遍采取的证券发行监管方式。澳大利亚、巴西、加拿大、德国、法国、意大利、荷兰、菲律宾、新加坡、英国和美国等国家,在证券发行上均采取注册制。其中,美国是采取发行注册制的典型代表。

2. 核准制

核准制又称准则制或实质审查制,是指根据实质管理原则,发行人在发行证券时不仅要公开全部的、可供投资者做出投资判断的材料,还要符合证券发行的实质性条件,政府主管部门有权依照相关法规的规定,对发行人提出的申请及有关材料进行实质性审查,发行人得到批准后才能发行证券。

核准制具有以下几个方面的特点:一是相关法规规定了证券发行人的发行资格及证券发行的实质条件。通过确定证券发行人资格及发行条件,尽力排斥劣质证券的发行。对于发行人来说,无论其规模及盈利能力如何,并非任何发行人都可以公开发行证券,只有具备法定资格并符合法定条件的发行人才能发行证券。二是政府主管部门对证券发行享有独立审查权。严格来说,政府主管部门的职责是保证法律规则的贯彻与实施,在审核期间,若发现发行人资格、条件与法律规定不相符合,应禁止其公开发行,即使发行人资格及条件符合相关法规的规定,政府主管部门也有权不核准其发行证券。三是政府主管部门在核准证券发行申请后,如发现存在其他违法情况,有权撤销已做出的核准与批准,且政府主管部门撤销已做出核准的,无须承担责任。

主张实行核准制的国家认为,发行证券是发行公司的团体行为,虽然基于投资人安全考虑,法律要求发行人必须公开全部资料,但并非任何人都可以读懂招股说明书、资产负债表等专业文件。即使可以读懂文件,也不一定可以对其细节做出合理的理解与判断。为了保护个人投资者的利益不受团体行为的侵害,政府主管部门应履行职责,对证券发行适当地进行监督。从实际状况来看,核准制有利于新兴市场的健康发展,适合证券市场不完善,投资服务机构的道德水准、业务水平不高,投资者缺乏经验、缺少对信息进行判断的能力的地区。新西兰、瑞典、瑞士等国家的证券监管体制带有相当程度的核准制特点。

我国基金发行制度过去一直采取核准制。2012 年,《证券投资基金法》修订后,我国基金发行制度改为注册制。

3. 注册制与核准制的比较

证券发行的注册制与核准制具有很多共性,例如,都强调信息披露在证券发行中的地位与作用。但作为不同的证券发行审查制度,注册制与核准制也存在很多重大差异,主要表现在以下几个方面。

(1) 证券发行条件的法律地位。采用核准制的国家往往对证券发行人的资格及条件,包括发行人的营业状况、盈利状况、支付状况和股本总额等做出明确规定。政府主管部门审查的事项主要是信息披露所揭示事项及状况与法定条件之间的一致性和适应性。相应地,政府主管部门的核准权或审查权当然包含了对证券发行条件的审查。但在采用注册制的国家中,相关法规对证券发行条件往往不直接做出明确规定,公司设立条件与证券发行条件相当,不存在高于或严于公司设立条件的发行条件。

(2) 信息公开原则的实现方式。无论采取注册制还是核准制,均重视信息披露在证券发行中的地位,但比较注册制和核准制,二者在信息公开的实现方式上存在差别。根据注册制,信息披露是以市场行为和政府主管部门行为共同推动的,借助各中介机构的介入,使证券发行的信息披露实现标准化和规范化。政府主管部门在信息披露中的作用非常特殊,政府主管部门审查并非评价所发行证券的品质,政府主管部门签发的许可、注册并不代表所发行证券的品质,更非所发行证券的合格证书。在核准制下,信息披露同样是基础性法律要求,证券发行人必须履行信息披露义务,应当对与证券发行有关的各种重大信息予以充分有效的事先披露。但为了使所披露信息适合其发行条件的要求,使所发行证券对特定市场具有更强的适应性,政府主管部门有权对拟发行证券的品质做出审查,并决定是否允许其发行。从这种意义上看,核准制提供了比注册制更严格的审查制度。

(3) 投资者素质的假定。任何证券发行审批制度的设计,都以对投资者群体素质的理论假定为前提。在注册制下,投资者被假定为消息灵通的商人,即应当是能够判断投资的商业利益并趋利避害的人,在信息充分、准确的情况下,其能够做出正确而非错误的投资判断。在这一制度下,做出投资决定的责任就落在投资者身上,而保证投资者得到有关资料的责任则落在政府主管部门身上。核准制同样以投资者素质的理论假定为前提,即广泛存在各种非专业投资者。在新兴证券市场上,主要投资者是非专业投资者,他们缺乏证券市场的投资经验,对证券信息的把握和处理具有非理性化色彩。如果放任其自行评价证券价值,即使在充分、准确和完整地披露信息的基础上,投资者也难以有效保护自身利益。为了保护投资者的合法利益,政府主管部门必须以适当方式介入证券发行审查,以减少劣质证券的存在。

六、基金产品设计

基金产品设计是基金发起人即基金管理公司根据投资者的投资需求和风险偏好,设计具有特定收益和风险组合特点、能满足投资者需求的基金产品的过程。在基金运作中,基金产品设计是一个关键环节,基金产品内部的结构性安排(如投资标的、投资比)决定了基金产品本身能否适合基金投资者的需要。对于基金管理公司来说,基金产品设计是否合理和成功关系自身的业务发展。在基金市场发达的国家和地区,由于新的金融工具不断出现、金融工具日益多样化、投资区域日益国际化、金融市场深度不断加大、投资者的投资需求日益多样化及基金市场竞争不断加强,基金产品日益丰富。

基金产品设计是一项高度专业化的工作。一般来说,在确定基金产品的设计目标及基金产品的具体设计时,应在现行相关法律、法规的约束及基金管理人自身的管理水平下,充分考虑投资者的投资需求和风险承受能力。

1．基金产品设计的法律要求

为保障投资者权益，促进基金业及金融市场的稳定发展，各国均通过制定相关法规对基金产品加以规范。在我国，根据自 2014 年 8 月 8 日起施行的《公开募集证券投资基金运作管理办法》的规定，基金管理人在申请募集基金时，拟募集的基金应具备下列条件：

（1）有明确、合法的投资方向；

（2）有明确的基金运作方式；

（3）符合中国证监会关于基金品种的规定；

（4）基金合同、招募说明书等法律文件草案符合法律、行政法规和中国证监会的规定；

（5）基金名称表明基金的类别和投资特征，不存在损害国家利益、社会公共利益，欺诈、误导投资者，或者其他侵犯他人合法权益的内容；

（6）招募说明书真实、准确、完整地披露了投资者做出投资决策所需的重要信息，不存在虚假记载、误导性陈述或者重大遗漏，语言简明、易懂、实用，符合投资者的理解能力；

（7）有符合基金特征的投资者适当性管理制度，有明确的投资者定位、识别和评估等落实投资者适当性安排的方法，有清晰的风险警示内容；

（8）基金的投资管理、销售、登记和估值等业务环节制度健全，行为规范，技术系统准备充分，不存在影响基金正常运作、损害或者可能损害基金份额持有人合法权益、可能引发系统性风险的情形；

（9）中国证监会规定的其他条件。

2．投资者的特征、投资需求与基金产品设计目标

根据投资主体的差异性，投资者可以分为个人投资者与机构投资者两种类型。不同类型的投资者具有不同的特征，购买基金的动机或目的各不相同。个人投资者以自然人身份进行投资，具有以下特征：一是投资需求受个人所处生命周期的不同阶段和个人状况的影响，呈现较大的差异化特征；二是可投资的资金量较小；三是风险承受能力较弱；四是与投资相关的知识和经验较少，专业投资能力不足。个人投资者有各种各样的投资需求，并受在生命周期中所处的阶段、家庭状况、财务状况、就业状况等多种因素的影响，投资目标主要是满足生活需求或者实现未来更高的消费水平。具体来说，个人投资者购买基金的动机主要有实现资产保值增值、退休养老、子女教育、购买住房及临时性投资需求等。由于不同的个人投资者购买基金的动机各不相同，个人投资者在购买基金时对基金产品的要求也就不完全相同。例如，以实现资产保值增值为主要目标的投资者倾向于资本保值增值；以子女教育为主要目的的年轻投资者倾向于长期资本增长；以退休养老为主要目的的中老年投资者及以子女教育为主要目的的中年投资者倾向于现期收入。机构投资者是用自有资金或者筹集客户的资金进行投资的法人机构，通常具有以下特征：一是资金实力雄厚，投资规模较大；二是风险承受能力较强；三是投资管理专业；四是投资行为规范。目前，我国的机构投资者主要有商业银行、保险公司、保险资产管理公司、公募基金公司、证券公司、证券公司下属资产管理子公司、私募基金公司、全国社会保障基金、企业年金基金、财务公司、QFII（合格境外机构投资者）等。不同类型的机构投资者具有各不相同的投资需求及投资限制。基金产品设计目标要围绕或服务于投资者的特征及投资需求，根据不同投资者的投资动机或目的,设计不同类型的基金产品,以满足不同投资者的投资需求。

3. 投资者的风险类型及其判断方法

基金产品的设计不仅要考虑投资者的投资需求,还要考虑投资者的风险承受能力。一般来说,投资者的风险承受能力与投资者特征存在一定的关系。根据投资者对风险的偏好,可以将投资者分为风险规避型投资者、风险中性投资者和风险爱好型投资者三种类型。风险规避型投资者只愿意进行无风险或低风险投资,不愿意从事高风险投资,即使是对与其预期收益率相比较风险溢价为正的资产组合,也会拒绝投资。风险中性投资者只按预期收益率来判断是否进行投资,并不关心风险水平的绝对高低,只要资产组合的回报率不低于其预期收益率,就愿意投资。对于该类投资者来说不存在风险障碍。风险爱好型投资者的投资思路与风险规避型投资者相反,只愿意从事高风险投资,不愿意进行无风险或低风险投资。这类投资者在进行投资时十分强调风险报酬,通过增加风险来上调预期收益率。

对于某一投资者或某群投资者,我们可以从不同的角度判断其应该属于上述哪种风险类型。在实际工作中,可以根据投资者的年龄、性别、家庭状况、文化程度、就业状况、收入状况、现有资产状况、投资经历与经验等,判断投资者的风险类型。例如,一般来说,年轻投资者比老年投资者具有更强的风险承受能力,投资经历与经验比较丰富的成熟投资者比缺乏投资经历与经验的投资者具有更强的风险承受能力。投资者在对基金进行投资时,往往受年龄、性别、家庭状况、文化程度、就业状况、收入状况、现有资产状况、可用于投资资金数量、未来预期及社会经济环境等因素影响,投资目标各不相同。因此,在基金产品设计中,必须从不同的角度判断投资者的风险类型及风险承受能力,结合投资者的投资需求,构造与投资者的风险承受能力相适应、能满足不同投资者的投资需求的投资组合。如果投资者具有较强的风险承受能力和长期资本增值目标,则可以针对这类投资者设计高风险和高资本增值型基金,如积极成长型股票基金、小公司股票基金和成长型股票基金等;如果投资者的风险承受能力较弱、现期收入要求较高,则可以针对这类投资者设计风险低和现期收入高的收入型基金,如债券型基金、固定收入型基金等。

4. 投资者与基金产品或者服务的风险匹配

根据《基金募集机构投资者适当性管理实施指引(试行)》的规定,基金募集机构需要建立健全投资者适当性管理制度。投资者适当性是指基金募集机构在销售基金产品或者服务的过程中,根据投资者的风险承受能力销售不同风险等级的基金产品或者服务,把合适的基金产品或者服务卖给合适的投资者。

基金募集机构要设计风险测评问卷,对普通投资者进行风险测评。按照风险承受能力,将普通投资者由低到高至少分为 C1、C2、C3、C4、C5 五种类别,其中 C1 含最低风险承受能力类别。风险承受能力最低的投资者是指在 C1 中符合下列情形之一的自然人:

(1) 不具有完全民事行为能力;

(2) 没有风险容忍度或者不愿承受任何投资损失;

(3) 法律、行政法规规定的其他情形。

基金募集机构要划分基金产品或者服务的风险等级。按照风险由低到高排序,基金产品或者服务的风险等级应至少划分为 R1、R2、R3、R4、R5 五个等级。基金募集机构可以根据实际情况在此基础上进一步进行风险细分。

基金募集机构要制定普通投资者与基金产品或者服务匹配的方法、流程,明确各个岗位在执行投资者适当性管理过程中的职责。匹配方法至少要在普通投资者的风险承受能力类型与基金产品或者服务的风险等级之间建立合理的对应关系,同时在建立对应关系的基础上将基金产品或者服务风险超越普通投资者风险承受能力的情况定义为风险不匹配。

基金募集机构与根据普通投资者风险承受能力和基金产品或者服务的风险等级建立以下适当性匹配原则:

(1) C1 型(含最低风险承受能力类别)普通投资者可以购买 R1 级基金产品或者服务;

(2) C2 型普通投资者可以购买 R2 级及以下风险等级的基金产品或者服务;

(3) C3 型普通投资者可以购买 R3 级及以下风险等级的基金产品或者服务;

(4) C4 型普通投资者可以购买 R4 级及以下风险等级的基金产品或者服务;

(5) C5 型普通投资者可以购买所有风险等级的基金产品或者服务。

基金募集机构向投资者销售基金产品或者服务时,禁止出现以下行为:

(1) 向不符合准入要求的投资者销售基金产品或者服务;

(2) 向投资者就不确定的事项提供确定性的判断,或者告知投资者有可能使其误认为具有确定性的判断;

(3) 向普通投资者主动推介风险等级高于其风险承受能力的基金产品或者服务;

(4) 向普通投资者主动推介不符合其投资目标的基金产品或者服务;

(5) 向最低风险承受能力类别的普通投资者销售风险等级高于其风险承受能力的基金产品或者服务;

(6) 其他违背适当性要求,损害投资者合法权益的行为。

最低风险承受能力类别的普通投资者不得购买高于其风险承受能力的基金产品或者服务。除因遗产继承等特殊原因产生的基金份额转让之外,普通投资者主动购买高于其风险承受能力基金产品或者服务的行为,不得突破相关准入资格的限制。

普通投资者主动要求购买与之风险承受能力不匹配的基金产品或者服务的,基金销售要遵循以下程序:

(1) 普通投资者主动向基金募集机构提出申请,明确表示要求购买具体的、高于其风险承受能力的基金产品或服务,同时声明,基金募集机构及其工作人员没有在基金销售过程中主动推介该基金产品或服务的信息;

(2) 基金募集机构对普通投资者资格进行审核,确认其不属于最低风险承受能力类别投资者,也没有违反投资者准入性规定;

(3) 基金募集机构向普通投资者以纸质或电子文档的方式进行特别警示,告知其该产品或服务风险高于投资者承受能力;

(4) 普通投资者对该警示进行确认,表示已充分知晓该基金产品或者服务风险高于其承受能力,并明确做出愿意自行承担相应不利结果的意思表示;

(5) 基金募集机构履行特别警示义务后,普通投资者仍坚持购买该产品或者服务的,基金募集机构可以向其销售相关产品或者提供相关服务。

5. 基金产品线及其类型

基金产品线是指一家基金管理公司所拥有的不同种类基金产品及其组合。随着基金业的快速发展,基金市场竞争日益激烈,基金产品种类日益增多。在这种情况下,基金管理公司合理安排基金产品线就显得尤为重要。

一般来说,基金产品线包括以下三个方面的内容:

(1)基金产品线的长度,即一家基金管理公司所拥有的基金产品的总数。

(2)基金产品线的宽度,即一家基金管理公司所拥有的基金产品的大类有多少。一般来说,根据基金产品的风险收益特征,可以将各种类型的基金产品分为股票型基金、债券型基金、混合型基金和货币市场基金四大类。

(3)基金产品线的深度,即一家基金管理公司在所拥有的基金产品大类中是否对子类基金进行了细化及细化后的子类基金的数量。例如,基金管理公司将所管理的股票型基金大类进一步细化为价值型股票基金、成长型股票基金和平衡型股票基金,或者进一步细化为大盘股票基金、中盘股票基金、小盘股票基金,或者进一步细化为大盘价值型股票基金、某行业股票基金等。

在实际操作中,常见的基金产品线有以下三种类型:

(1)水平式基金产品线,即基金管理公司根据证券市场范围,不断开发新的基金产品,增加基金产品的总数或基金产品的大类。采用这种基金产品线的基金管理公司具有较高的适应性和灵活性,可形成一定的竞争优势。但这种类型的基金产品线要求基金管理公司具有一定的实力,特别是基金产品开发能力和基金管理能力。

(2)垂直式基金产品线,即基金管理公司根据自身的能力优势,在某一个或几个基金产品大类方向上开发出一系列子类基金产品。各子类基金产品既具有明显的差异,又具有各自的特点。各子类基金产品之间在某种程度上具有一定的互补性,形成的系列子类基金产品可以较好地满足在这个方向上具有特定风险收益偏好的投资者的需要。

(3)综合式基金产品线,即将水平式基金产品线和垂直式基金产品线有机地结合起来。这种类型的基金产品线是基金管理公司根据自身的能力优势,在更广泛的范围内构建基金产品线,一方面不断开发新的基金产品,增加基金产品的总数或基金产品的大类,另一方面在某一个或几个基金产品大类方向上开发一系列各具特色的子类基金产品。

6. 我国现行基金品种简介及其选择

20世纪90年代末以来,我国基金业得到了快速发展。投资者在选择基金品种时,首先要正确认识各类基金产品,并进行相应的风险评估。股票型基金按规定在其资产配置中要保留5%左右的现金、低于15%的债券,投资于股票市场的比例一般在80%以上。由于股票市场波动很大,因此相对于其他种类的基金来说,股票型基金的风险最高。债券型基金主要投资于固定收益产品,风险相对较低,收益通常可以超过同期存款和国债的收益,但在股市进入牛市阶段后,其平均收益明显低于股票型基金,在存在通货膨胀预期时,债券型基金的吸引力自然下降。避险策略基金主要是在保证本金安全的基础上谋求高于国债和储蓄存款的收益,其相当部分资金投资于保本类资产,另有部分资金投资于收益类资产,以达到下有保底、上不封顶的效果。这一品种较受投资者欢迎。货币市场基金主要投资于期限不超过 1 年的金融工具,如国债、金融债、央行票据和同业存款等,本金安全性高,费率低,有类似于活期存款的便利,但收益率一般为 2‰～3‰。从目前的运行情况来看,部分货币市场基金的实际收益率高于这一标准,受市场欢迎程度较高。

正确认识各类基金产品并进行相应的风险评估之后,投资者要考虑自身的投资目标及风险承受能力,比较评估结果与拟购买的基金品种的收益和风险,选择适合自己的基金品种。按风险承受能力由弱到强的顺序,可以把投资者进一步细分为保守型、安稳型、稳健型、成长型和积极型五种类型。保守型的投资者由于极不愿意面对投资亏本,不会主动参与有风险的投资,即使投资回报率相对较低,仍希望将钱存放于相对保本的地方,因此可以选择购买货币型基金或者避险策略基金。安稳型和稳健型的投资者与保守型投资者相比,愿意承担一定的风险,但承担风险的能力较弱,因而可以购买货币型基金、债券型基金和避险策略基金的组合。成长型投资者可以选择股票型基金中投资风格稳健的基金,如混合型基金或申明稳健成长风格的基金,也可以通过不同类型的基金的资产配置,实现收益的稳定增长。积极型的投资者可以选择股票型基金中追求高额回报的基金或者指数基金。

此外,对于首次发行或者基金管理人从事基金运作管理历史较短的新基金,由于没有业绩历史或没有较长的业绩历史可供参考,投资者可以考虑以下几个方面:

(1)基金管理人是否有基金管理经验。虽然基金没有历史或历史较短,但基金管理人的从业历史并不一定短。如果基金管理人有丰富的基金从业经验,投资者就有迹可循,即通过该基金管理人以往管理基金的业绩了解其基金管理水平的高低。投资者可以从招募说明书、基金公司网站上获取基金经理的有关信息,并分析其从业经历。

(2)基金管理公司旗下其他基金的业绩如何。如果基金管理人没有管理基金的从业经验,投资者也不一定不应该购买。在国内基金发展的历史并不长、基金管理人群体还比较年轻的背景下,即使新基金的基金管理人并没有管理过基金,但如果该基金管理公司旗下的基金都有优秀的业绩表现,投资者也可以考虑。因为在多数情况下,优秀的基金管理公司为了保持其在业界的长期声誉,大多不会让基金业绩长期不尽如人意。当然,投资者在投资时应注意新基金管理人与基金管理公司的投资方式是否有良好的契合度。

(3)基金管理人的投资理念及其是否与投资组合吻合。只有了解基金经理的投资理念,投资者才能大概知道基金的投资方向,从而对基金的收益和风险有恰当的期望。如果新基金已经公布了投资组合,投资者可以进一步考察,如考察基金实际的投资方向与招募说明书中陈述的是否一致及基金持有个股情况,从而对基金未来的风险、收益有一定的了解。

(4)基金的费用水平。由于新基金通常规模较小,不能像老基金那样借助规模效应来降低费率,因而新基金的费用水平通常比老基金高。一般来说,随着基金资产规模的增长,基金管理公司会逐渐降低费用。投资者可以将基金管理公司旗下老基金的费用水平与同类基金进行比较,同时观察该基金管理公司以往是否随着基金资产规模的扩大逐渐降低费用。

(5)基金管理公司是否注重投资者利益。基金管理公司承担着代客理财的信托责任,应充分关注投资者的利益。较低的费用水平体现了基金管理公司关注投资者的利益。

此外,还可以观测基金管理人对基金资产规模的控制,因为如果基金规模过大,基金管理人实现其投资策略的难度也会增加。

第二节　投资基金的募集

基金的募集是指基金管理公司根据有关规定向中国证监会提交募集申请文件、发售基金份额、募集基金的行为。基金的募集一般要经过申请、注册、发售、基金合同生效四个步骤。

一、基金的募集方式

按照募集对象和募集范围的不同,基金的募集方式可以分为公募和私募两种形式;按照募集渠道的不同,基金的募集方式可以分为网上发行和网下发行两种形式。

1. 公募发行与私募发行

1) 公募发行

公募发行是指以公开的形式向广大的社会公众发行基金的方式。

公募发行可采取包销、代销形式,包销、代销都需请证券经纪商或承销集团经销基金。包销是由承销商先用自己的资金将拟发行的基金全部购入,再根据定好的发行价格向投资者出售。若发行期过后证券机构未能将基金全部推销出去,余下的也只能自己持有。因此,采取包销方式时,基金管理人和承销商之间即确定了买卖关系,承销商必须承担发行的全部风险。相比较之下,若采取代销方式,基金管理人和承销商之间则表现为纯粹的委托代理关系。在代销方式下,承销商只需尽最大努力推销基金,并不对基金的销售状况承担任何责任。与包销相比,基金管理人将承担因销售未达预定规模而创立失败的风险,但承销商却不必承担任何风险。这两种销售方式都需向承销商支付销售费用,尤其是包销方式下,承销商因承担风险而要求更高的报酬。采用直销方式募集的基金无须请证券机构推销,而是由投资人直接到基金公司购买,因为不经过中间环节,所以没有销售费用的支出。

我国开放式证券投资基金的发行主要通过代销途径。代销是指投资者通过代销机构购买基金单位,我国法律允许商业银行、证券公司、保险公司、证券投资咨询机构、独立基金销售机构及期货公司担任代销机构。公募发行具有以下三个优点:

(1) 安全。由证券机构组成承销商来发行基金,能使基金在整个发行过程中计划周密、组织灵活、管理严格,防止重大事故和收付款差错,确保资金及各种凭证的安全,保证社会安定。

(2) 经济。证券机构组成的承销团能做到职责明确、分工合理、密切配合,防止无效劳动返工,及时准确地调度资金,最大限度地降低发行成本。

(3) 具有"三公"性,即"公开、公平、公正"发行基金。证券机构通过报刊媒介广为宣传,使基金发行具有公开性;通过广设网点,给每一位投资者提供认购基金的公平机会;通过严肃工作纪律等措施杜绝营私舞弊等行为的发生。

2) 私募发行

私募发行是基金发起人面向少数特定的投资者发行基金的方式,基金发起人承担募集基金的全部工作。发行的对象一般是有资金实力的机构和个人。由于发行的对象特定,所以发行费用较低,也节省时间。一般来讲,主管机关对私募的监管比较宽松,不必公开招募文件。在美国,为了保护普通投资者的利益,要求对冲基金这类投资风险较高的基金只能采取私募发行方式。与公募发行不同的是,私募发行不得向合格投资者之外的单位和个人募集资金,不得通过报刊、电台、电视台、互联网等公众传播媒体或者讲座、报告会、分析会等方式向不特定对象宣传推介。

我国《基金法》对私募发行的定义是向合格投资者募集,并且合格投资者累计不得超过 200 人。2018 年 4 月 27 日颁布的《关于规范金融机构资产管理业务的指导意见》规定,合格投资者是指具备相应风险识别能力和风险承担能力,投资于单只资产管理产品不低于一定金额且符合下列条件的自然人和法人或者其他组织:个人具有 2 年以上投资经历,且满足以下条件之一,即家庭金融净资产不低于 300 万元,家庭金融资产不低于 500万元,或者近 3 年本人年均收入不低于 40 万元,且具有 2 年以上投资经历;最近 1 年年末净资产不低于 1 000 万元的法人单位。

2. 网上发行与网下发行

1) 网上发行

网上发行是指将所要发行的基金单位与证券交易所的交易系统联网的全国各地的证券营业部向广大社会公众发售基金单位的发行方式。网上发行的优点是经济性和高效性。我国封闭式基金大多采取网上发行方式。

我国 ETF 的认购方式之一是网上现金认购,即通过证券交易所的网上系统以现金进行认购。该方式较网下认购更加简单和具有普遍性,只要拥有证券登记结算机构开立的证券账户的投资者,均可通过证券交易所的上网定价发行系统进行网上现金认购,认购流程与购买封闭式基金和新股相似。另外,我国的 LOF 也可以进行网上认购,LOF 是通过深交所交易系统上网定价发售的。

此外,网上发行也指通过各基金公司的"网上基金"业务或"网上基金超市"认购基金。目前,我国各大基金公司均开通了网上销售系统,投资者在基金公司网站开户后,可通过开通网银的银行卡进行基金认购。"网上基金超市"将发行的多种开放式基金汇集到一起,方便投资者根据需要自由选择,投资者可以通过关联银行卡及第三方支付在基金超市进行基金认购。

2) 网下发行

网下发行是指将所要发行的基金通过分布在一定地区的银行、证券公司及其他代销、直销机构的营业网点向社会公众发售的方式。通过网下方式认购基金,投资者需先到指定网点(基金管理公司、代销机构的营业网点等)办理对应的开放式基金账户卡,并将认购资金存入(或划入)指定销售网点,在规定的时间内办理认购手续并确认结果。

二、基金募集申请

申请募集基金,拟任基金管理人、基金托管人应当具备一定条件,根据《公开募集证券投资基金运作管理办法》的规定主要包括:①拟任基金管理人为依法设立的基金管理公司或经中国证监会核准的其他机构,拟任基金托管人为具有基金托管资格的商业银行或经中国证监会核准的其他金融机构;②有符合中国证监会规定的、与管理和托管拟募集基金相适应的基金经理等业务人员；③最近一年内没有因重大违法违规行为、重大失信行为受到行政处罚或刑事处罚；④没有因违法违规行为、失信行为正在被监管机构立案调查、司法机关立案侦查，或者正处于整改期间；⑤最近一年内向中国证监会提交的注册基金申请材料不存在虚假记载、误导性陈述或者重大遗漏；⑥不存在对基金运作已经造成或可能造成不良影响的重大变更事项，或者诉讼、仲裁等其他重大事项；⑦不存在治理结构不健全、经营管理混乱、内部控制和风险管理制度无法得到有效执行、财务状况恶化等重大经营风险；⑧中国证监会根据审慎监管原则规定的其他条件。

申请募集基金，拟募集的基金也应当具备下列条件：①有明确、合法的投资方向；②有明确的基金运作方式；③符合中国证监会关于基金品种的规定；④基金合同、招募说明书等法律文件草案符合法律、行政法规和中国证监会的规定；⑤基金名称表明基金的类别和投资特征，不存在损害国家利益、社会公共利益，欺诈、误导投资者，或者其他侵犯他人合法权益的内容；⑥招募说明书真实、准确、完整地披露了投资者做出投资决策所需的重要信息，不存在虚假记载、误导性陈述或者重大遗漏，语言简明、易懂、实用，符合投资者的理解能力；⑦有符合基金特征的投资者适当性管理制度，有明确的投资者定位、识别和评估等落实投资者适当性安排的方法，有清晰的风险警示内容；⑧基金的投资管理、销售、登记和估值等业务环节制度健全，行为规范，技术系统准备充分，不存在影响基金正常运作、损害或者可能损害基金份额持有人合法权益、可能引发系统性风险的情形；⑨中国证监会规定的其他条件。

我国基金管理人进行基金的募集，必须依据《证券投资基金法》的有关规定，向中国证监会提交相关文件。申请募集基金应提交的主要文件包括：①基金募集申请报告；②基金合同草案；③基金托管协议草案；④招募说明书草案；⑤律师事务所出具的法律意见书；⑥中国证监会规定提交的其他文件等。其中，基金合同草案、基金托管协议草案、招募说明书草案等文件是基金管理人向中国证监会提交设立基金的申请注册文本，还未正式生效，因此被称为草案。对于复杂或者创新产品，中国证监会将根据基金的特征与风险，要求基金管理人补充提交证券交易所和证券登记结算机构的授权函、投资者适当性安排、技术准备情况和主要业务环节的制度安排等文件。

申请报告包括但不限于：①基金有关注册条件的说明；②基金与本公司已获批产品及行业同类产品差异，以及对基金投资运作和投资者的影响评估；③其他需要监管机构特别关注的事项。

申请材料受理后，相关内容不得随意更改。申请期间申请材料涉及的事项发生重大变化的，基金管理人应当自变化发生之日起 5 个工作日内向中国证监会提交更新材料。

三、基金募集申请的注册

根据《证券投资基金法》的要求，中国证监会应当自受理基金募集申请之日起 6 个月内做出注册或者不予注册的决定。中国证监会在基金注册审查过程中，可以委托基金业协会进行初步审查并就基金信息披露文件合规性提出意见，或者组织专家评审会对创新基金募集申请进行评审，也可就特定基金的投资管理、销售安排、交易结算、登记托管及技术系统准备情况等征求证券交易所、证券登记结算机构等的意见，供注册审查时参考。基金募集申请经中国证监会注册后方可发售基金份额。

近年来,中国证监会不断推进基金产品注册制度改革,对基金募集的注册审查以要件齐备和内容合规为基础,不对基金的投资价值及市场前景等做出实质性判断或者保证,并将注册程序分为简易程序和普通程序。对常规基金产品,按照简易程序注册,注册审查时间原则上不超过 20 个工作日;对其他产品,按照普通程序注册,注册审查时间不超过 6 个月。适用于简易程序的产品包括常规股票基金、混合基金、债券基金、指数基金、货币基金、发起式基金、合格境内机构投资者(QDII)基金、理财基金和交易型指数基金(含单市场、跨市场/跨境 ETF)及其联接基金。分级基金、基金中的基金(FOF)及中国证监会认定的其他特殊产品暂不实行简易程序。

四、基金份额的发售

基金管理人应当自收到核准文件之日起 6 个月内进行基金份额的发售。超过 6 个月开始募集,原注册的事项未发生实质性变化的,应当报国务院证券监督管理机构备案;发生实质性变化的,应当向国务院证券监督管理机构重新提交注册申请。基金的募集不得超过中国证监会核准的基金募集期限。基金的募集期限自基金份额发售之日起计算,募集期限一般不得超过 3 个月。

基金份额的发售,由基金管理人负责办理。基金管理人应当在基金份额发售的 3 日前公布招募说明书、基金合同及其他有关文件。

在基金募集期间募集的资金应当存入专门账户,在基金募集行为结束前,任何人不得动用。

五、基金合同生效

基金经上级机关批准向社会公众公开发售后,并不表明基金合同生效,即基金正式成立。基金合同生效(基金正式成立)还必须满足一定的要求。

(1)基金募集期限届满,封闭式基金需满足募集的基金份额总额达到核准规模的 80% 以上,并且基金份额持有人人数达到 200 人以上;开放式基金需满足募集份额总额不少于 2 亿份,基金募集金额不少于 2 亿元人民币,基金份额持有人的人数不少于 200 人。基金管理人应当自募集期限届满之日起 10 日内聘请法定验资机构验资。自收到验资报告之日起 10 日内,向中国证监会提交备案申请和验资报告,办理基金备案手续。

中国证监会自收到基金管理人验资报告和基金备案材料之日起 3 个工作日内予以书面确认;自中国证监会书面确认之日起,基金备案手续办理完毕,基金合同生效。基金管理人应当在收到中国证监会确认文件的次日予以公告。

需要特别说明的是,发起式基金的基金合同生效不受上述条件的限制。发起式基金是指基金管理人在募集基金时,使用公司股东资金、公司固有资金、公司高级管理人员或者基金经理等人员资金认购基金的金额不少于 1 000 万元人民币,且持有期限不少于 3 年。发起式基金的基金合同生效 3 年后,基金资产净值低于 2 亿元的,基金合同自动终止。发起资金的持有期限自该基金公开发售之日或合同生效之日孰晚日起计算。

(2)基金募集期限届满,基金不满足有关募集要求的,基金募集失败,基金管理人应承担下列责任:①以固有财产承担因募集行为而产生的债务和费用;②在基金募集期限届满后 30 日内返还投资者已缴纳的款项,并加计银行同期存款利息。

基金募集程序和募集失败的责任分别如表 4-3 和表 4-4 所示。

表 4-3　基金募集程序

程　序	募　集　人	受理机构	工作内容	工作期限
申请	基金管理人	中国证监会	提交相关文件:申请报告;合同草案;基金托管协议草案;招募说明书草案;法律意见书	
注册		中国证监会	申请注册	常规基金产品按照简易程序申请注册,注册审查时间原则上不超过 20 个工作日;对其他产品,按照普通程序注册,注册审查时间不超过 6 个月
发售	基金管理人		发售基金;公布基金招募说明书、基金合同及其他相关文件;资金存入专门账户	自收到核准文件之日起 6 个月内进行基金份额的发售募集期限≤3 个月
基金合同生效	基金管理人	中国证监会	机构验资;提交备案申请和验资报告;办理基金备案手续;发布基金合同生效公告	基金管理人应在募集期限届满之日起 10 日内聘请法定验资机构验资;中国证监会自收到验资报告和基金备案材料之日起 3 个工作日内予以书面确认;自中国证监会书面确认之日起,基金合同生效;基金管理人应在收到确认文件的次日发布基金合同生效公告

表 4-4　募集失败的责任

募　集　人	责　任
基金管理人	1. 以固有财产承担因募集行为而产生的债务和费用
	2. 在募集期限届满后 30 日内返还投资者已缴纳的款项,并加计银行同期存款利息

第三节　投资基金的认购

在基金募集期内购买基金份额的行为通常被称为基金的认购。

一、开放式基金的认购

1. 开放式基金的认购步骤

根据自 2013 年 6 月 1 日起施行的《证券投资基金销售管理办法》的规定,基金销售由基金管理人负责办理;基金管理人可以委托取得基金销售业务资格的其他机构代为办理,未取得基金销售业务资格的机构,不得接受基金管理人委托,代为办理基金的销售。目前,投资人认购开放式基金,一般通过基金管理人或管理人委托的商业银行、证券公司、期货公司、保险机构、证券投资咨询机构、独立基金销售机构及经国务院证券监督管理机构认定的其他机构办理。

投资者进行认购时,如果没有在注册登记机构开立基金账户,需提前在注册登记机构开立账户。开户包括开立资金账户和基金账户(或股票账户)。资金账户是基金销售机构为基金投资者开立的账户,主要用于办理基金业务的资金结算,包括基金投资者认购、申购、赎回基金份额以及分红、无效认(申)购的资金退款等资金结算。基金账户是基金登记机构为基金投资者开立的账户,主要用于记录基金投资者持有的基金份额余额和变动情况。投资者在认购基金之前,必须拥有基金登记机构为其开立的基金账户。基金投资者可分为个人投资者和机构投资者。投资者开立基金账户可以委托基金销售机构办理。在我国,按照《证券投资基金销售管理办法》的规定,开放式基金的认购渠道主要有基金管理公司、商业银行、证券公司、期货公司、保险机构、证券投资咨询机构、独立基金销售机构及中国证监会认定的其他机构。投资者的身份及认购渠道不同,基金账户的开户要求也会有所差异。目前,个人投资者申请开立基金账户一般需提供下列资料:本人法定身份证件(身份证、军官证、士兵证、武警证、护照等);委托他人代为开户的,代办人须携带授权委托书、代办人有效身份证件;在基金代销银行或证券公司开设的资金账户;开户申请表。机构投资者申请开立开放式基金账户需指定经办人办理,并需提供法人营业执照副本或民政部门、其他主管部门颁发的注册登记证书原件、授权委托书等资料。

开放式基金的认购,分为认购和确认两个步骤。

(1)认购。投资人在办理基金认购申请时,需填写认购申请表,并按销售机构规定的方式全额缴款。投资者在募集期内可以多次认购基金份额。一般情况下,已经正式受理的认购申请不得撤销。

(2)确认。销售机构对认购申请的受理并不代表该申请一定成功,而仅代表销售机构确实接受了认购申请,申请成功与否应以注册登记机构的确认结果为准。投资者 T 日提交认购申请后,一般可于 T+2 日后到办理认购的网点查询认购申请的受理情况。认购申请被确认无效的,认购资金将退回投资人资金账户。认购的最终结果要待基金募集期结束后才能确认。

2. 开放式基金的认购方式

开放式基金的认购采取金额认购的方式,即投资者在办理认购申请时,不是直接以认购数量提出申请,而是以金额申请。基金注册登记机构在基金认购结束后,再按基金份额的认购价格,并考虑认购费用后将申请认购基金的金额换算为投资者应得的基金份额。

3. 开放式基金的认购费率和收费模式

在具体实践中,基金管理人会针对不同类型的开放式基金、不同认购金额等设置不同的认购费率。目前,我国股票型基金的认购费率一般按照认购金额设置不同的费率标准,最高一般不超过 1.5%,债券型基金的认购费率通常在 1% 以下,货币型基金的认购费一般为 0。

在基金份额认购上存在两种收费模式:前端收费模式和后端收费模式。前端收费模式是指在认购基金份额时就支付认购费用的付费模式；后端收费模式是指在认购基金份额时不收费，在赎回基金份额时才支付认购费用的收费模式。后端收费模式的设计目的是鼓励投资者长期持有基金，因为后端收费的认购费率一般会随着投资时间的延长而递减，甚至不再收取认购费用。

4. 开放式基金认购费用与认购份额的计算

为统一规范基金认购费用及认购份额的计算方法，更好地保护基金投资人的合法权益，中国证监会于 2007 年 3 月对认购费用及认购份额计算方法做了统一规定。根据规定，基金认购费用将统一按净认购金额为基础收取，相应的基金认购费用与认购份额的计算公式为

$$净认购金额 = \frac{认购金额}{1 + 认购费率}$$

$$认购费用 = 认购金额 - 净认购金额$$

（注：对于适用固定金额认购费的认购，认购费用＝固定认购费金额）

$$认购份额 = \frac{净认购金额 + 认购利息}{基金份额面值}$$

【例 4-1】　某投资人投资 3 万元认购某开放式基金，认购资金在募集期间产生的利息为 5 元，其对应的认购费率为 1.8%，基金份额面值为 1 元，则其认购费用和认购份额为

$$净认购金额 = \frac{30\ 000}{1 + 1.8\%} = 29\ 469.55(元)$$

$$认购费用 = 30\ 000 - 29\ 469.55 = 530.45(元)$$

$$认购份额 = \frac{29\ 469.55 + 5}{1} = 29\ 474.55(元)$$

开放式基金的认购程序如表 4-5 所示，认购方式和费用如表 4-6 所示。

表 4-5　开放式基金的认购程序

程　序	认购人	工　作　内　容
认购	投资人	填写认购申请表。按销售机构规定全额缴款。已受理认购申请不得撤销
确认	投资人	T 日提交申请，T＋2 日查询认购申请的受理情况，如认购申请无效，资金退回，认购最终结果要待基金募集结束后才能确认

表 4-6　开放式基金的认购方式和费用

认购方式	认购申请时，按金额认购 结束后再将金额换算成投资人应得的基金份额
收费模式	前端收费：在认购基金份额时支付认购费用
	后端收费：在赎回基金份额时支付认购费用
认购费率	股票基金：前端收费模式根据认购金额设置不同的费率标准，一般最高不超过 1.5%；后端收费模式一般按照持有期限设置，持有期限越长费用越低 债券基金：债券基金有两类，一类收取认购费，一般不超过 1%；一类不收取认购费，而在成立后收取销售服务费 货币市场基金：一般不收取认购费

续表

认购费用和份额	净认购金额 $=\dfrac{\text{认购金额}}{1+\text{认购费率}}$
	认购费用 $=$ 认购金额 $-$ 净认购金额（注：对于适用固定金额认购费的认购，认购费用 $=$ 固定认购费金额）
	认购份额 $=\dfrac{\text{净认购金额}+\text{认购利息}}{\text{基金份额面值}}$

二、封闭式基金的认购

封闭式基金份额的发售，由基金管理人负责办理。基金管理人一般会选择证券公司组成承销团代理基金份额的发售。基金管理人应当在基金份额发售的 3 日前公布招募说明书、基金合同及其他有关文件。

封闭式基金主要有网上发售与网下发售两种发售方式。网上发售是指通过与证券交易所的交易系统联网的全国各地的证券营业部，向公众发售基金份额。网下发售方式是指通过基金管理人指定的营业网点和承销商的指定账户，向机构或个人投资者发售基金份额。

目前募集的封闭式基金通常为创新型封闭式基金。创新型封闭式基金按 1.00 元募集，外加券商自行按认购费率收取认购费方式进行。拟认购封闭式基金份额的投资人必须开立沪、深证券账户或沪、深基金账户及资金账户，根据自己计划的认购量在资金账户中存入足够的资金，并以"份额"为单位提交认购申请。认购申请一经受理就不能撤单。

封闭式基金认购的特点如表 4-7 所示。

表 4-7　封闭式基金认购的特点

发售方式	网上发售：通过与证券交易所的交易系统联网的全国各地的证券营业部，向公众发售基金份额
	网下发售：通过基金管理人指定的营业网点和承销商的指定账户，向机构或者个人投资者发售基金份额
认购价格	按 1.00 元募集，外加券商自行按认购费率收取的认购费
认购程序	1. 开立沪、深证券账户或沪、深基金账户及资金账户
	2. 在资金账户中存入足够资金
	3. 以"份额"为单位提交认购申请

三、ETF 与 LOF 份额的认购

1. ETF 份额的认购

与普通的开放式基金不同，根据投资者认购 ETF 份额所支付的对价种类，ETF 份额的认购又可分为现金认购和证券认购。现金认购是指用现金换购 ETF 份额的行为，证券认购是指用指定证券换购 ETF 份额的行为。

投资者可以选择场内现金认购、场外现金认购及证券认购等方式认购 ETF 份额。场内现金认购是指投资者通过基金管理人指定的基金发售代理机构（证券公司）以现金方式参与证券交易所网上定价发售。场外现金认购是指投资者通过基金管理人及其指定的发售代理机构（证券公司）以现金进行的认购。证券认购是指投资者通过基金管理人及其指

定的发售代理机构(证券公司)对指定的证券进行认购。

投资者进行现金认购时需具有沪、深A股证券账户或证券投资基金账户。投资者进行证券认购应开立沪、深证券交易所证券账户。沪、深证券投资基金账户只能进行基金的现金认购和二级市场交易,不能参与证券认购或基金的申购、赎回。投资者进行证券认购时需具有沪、深A股证券账户。

ETF份额认购的特点如表4-8所示。

表4-8　ETF份额认购的特点

认购方式	现金认购	场内现金认购
		场外现金认购
	证券认购	
认购开户	场内现金认购:具有沪、深A股证券账户或证券投资基金账户	
	场外现金认购:具有沪、深A股证券账户或证券投资基金账户	
	证券认购:沪、深A股证券账户	
认购渠道	具有基金代销资格的证券公司营业网点	
	基金管理人营业网点	

2. LOF份额认购

目前,我国只有深圳证券交易所开办LOF业务,因此本小节关于LOF的介绍主要以深圳证券交易所LOF的相关规则为准。

LOF份额的认购分场外认购和场内认购两种方式。场外认购的基金份额注册登记在中国证券登记结算有限责任公司的开放式基金注册登记系统。场内认购的基金份额注册登记在中国证券登记结算有限责任公司的证券登记结算系统。

基金募集期间,投资者可以通过具有基金代销业务资格的证券经营机构营业部场内认购LOF份额,也可以通过基金管理人及其代销机构的营业网点场外认购LOF份额。

场内认购LOF份额,应持深圳证券交易所人民币普通证券账户或证券投资基金账户;场外认购LOF份额,应使用中国证券登记结算有限责任公司深圳证券交易所开放式基金账户。

LOF份额认购的特点如表4-9所示。

表4-9　LOF份额认购的特点

认购方式	场外认购:注册登记在中国证券登记结算有限责任公司的开放式基金注册登记系统
	场内认购:注册登记在中国证券登记结算有限责任公司的证券登记结算系统
认购开户	场内认购:深圳证券交易所人民币普通证券账户或证券投资基金账户
	场外认购:中国证券登记结算有限责任公司深圳证券交易所开放式基金账户
认购渠道	具有基金代销业务资格的证券经营机构营业部
	基金管理人及其代销机构的营业网点

四、QDII 基金份额的认购

QDII 基金份额的认购程序与一般开放式基金基本相同,主要包括开户、认购、确认三个步骤。

QDII 基金份额的认购渠道与一般开放式基金类似。在募集期间内,投资者应当在基金管理人、代销机构办理基金发售业务的营业场所或按基金管理人、代销机构提供的其他方式办理基金的认购。

QDII 基金主要投资于境外市场,因此与仅投资于境内证券市场的其他开放式基金相比,在募集认购的具体规定上有如下几个独特之处:

(1)发售 QDII 基金的基金管理人必须具备合格境内机构投资者资格和经营外汇业务资格。

(2)基金管理人可以根据产品特点确定 QDII 基金份额面值的大小。

(3)QDII 基金份额除可以用人民币认购外,也可以用美元或其他外汇货币为计价货币认购。

QDII 基金份额认购的特点如表 4-10 所示。

表 4-10　QDII 基金份额认购的特点

基金管理人	必须具备合格境内机构投资者资格和经营外汇业务资格
	可以根据产品特点确定 QDII 基金份额面值的大小
计价货币	人民币、美元或其他外汇货币

第四节　投资基金的终止与清算

一、封闭式基金的扩募或续期

封闭式基金只要具备国家证券监管部门规定或基金契约规定的条件,就可以进行扩募或续期。在我国,一般应具备如下几个条件:

(1)基金年收益率高于全国证券投资基金的平均收益率;

(2)基金管理人、托管人最近三年内无重大违法、违纪行为;

(3)基金持有人大会和基金托管人同意扩募或续期;

(4)中国证监会规定的其他条件。

拓展阅读 4-1
10 万元基金组合投资策略

基金具备上述条件后,基金管理人可以向中国证监会申请基金扩募或在存续期满时申请基金续期。

二、封闭式基金的转型

基金的转型是指基金由契约型封闭式转为契约型开放式。我国对基金的转型条件有如下规定：

(1) 基金管理人(托管人)必须具备管理(托管)开放式基金所必需的人才、技术、设施等必要条件；

(2) 基金管理人、托管人最近三年内无重大违法、违纪行为；

(3) 基金持有人大会同意基金转型；

(4) 中国证监会规定的其他条件。

基金在具备上述条件后，管理人可以在基金存续期内向中国证监会申请基金的转型。

三、证券投资基金的终止

证券投资基金经营期满或投资契约终止即为存续期届满。当存续期届满而未获延长时，或因种种特殊情况无力继续经营，或基金持有人大会决定中止等时，经主管机关批准应予结业终止。

1. 封闭式投资基金的终止

我国规定出现下列情形之一时，基金应当终止：

(1) 基金封闭期满，未被批准续期的；

(2) 基金经批准提前终止的；

(3) 因重大违法、违规行为，基金被中国证监会责令中止。

2. 开放式投资基金的终止

开放式基金因不具有封闭期，导致开放式基金的终止因素与封闭式基金不尽相同，我国大部分基金在契约中都对基金的终止条件进行了约定。一般来说，当出现下列情形之一时，基金应当终止：

(1) 存续期内，基金持有人数量连续 60 个工作日不能达到 100 人，或连续 60 个工作日基金资产净值低于 5 000 万元人民币，基金管理人将宣布基金终止；

(2) 基金经持有人大会表决终止的；

(3) 因重大违法、违规行为，基金被中国证监会责令终止的；

(4) 基金管理人因解散、破产、撤销等事由，不能继续担任本基金管理人的职务，而无其他适当的基金管理人承受其原有权利及义务；

(5) 基金托管人因解散、破产、撤销等事由，不能继续担任本基金托管人的职务，而无其他适当的基金托管人承受其原有权利及义务；

(6) 由于投资方向变更引起的基金合并、撤销；

(7) 中国证监会允许的其他情况。

四、基金清算

基金的清算是指基金终止后，在监管当局的监督下，由清算小组对原投资基金的资产的保管、清理、估价、变现和分配，并依法从事必要的民事活动。不论是封闭式基金还是开放式基金,在基金终止时,都要组织清算小组,按一定的清算程序对基金资产进行处置。我国对基金的清算程序有如下规定。

1. 成立基金清算小组

(1) 自基金终止之日起 3 个工作日内成立清算小组,基金清算小组必须在中国证监会的监督下进行基金清算。

(2) 基金清算小组成员由基金发起人、基金管理人、基金托管人、具有从事证券相关业务资格的注册会计师、具有从事证券法律业务资格的律师及中国证监会指定的人员组成。基金清算小组可以聘用必要的工作人员。

(3) 基金清算小组负责基金资产的保管、清理、估价、变现和分配,编制基金清算报告,并将清算结果报中国证监会。清算小组可以依法进行必要的民事活动。

2. 基金清算程序

(1) 基金终止后,由基金清算小组统一接管基金资产;

(2) 基金清算小组对基金资产进行清算和确认;

(3) 对基金资产进行估价;

(4) 对基金资产进行变现;

(5) 将基金清算结果上报中国证监会;

(6) 公布基金清算公告;

(7) 进行基金剩余资产的分配。

3. 清算费用

清算费用是指基金清算小组在进行基金清算的过程中发生的所有费用,清算费用由基金清算小组从基金资产中支付。

4. 基金剩余资产的分配

基金清算后的全部剩余资产扣除基金清算费用后,按基金持有人持有的基金单位比例进行分配。

5. 基金清算的公告

基金终止并报中国证监会备案后 5 个工作日内由基金清算小组公告;清算过程中的有关重大事项将及时公告;基金清算结果由基金清算小组经中国证监会批准后第 3 个工作日内公告。

拓展阅读 4-2
如何践行社会责任,各大基金公司除了捐款还做了这些事

6. 清算账册及文件的保存

基金清算账册及有关文件由基金托管人按照国家有关规定保存。

自测自练　扫码答题

思 考 题

1. 基金发起人在设计基金产品时应考虑哪些因素?
2. 如何判断投资者的风险类型?
3. 注册制与核准制有何区别?
4. 基金认购要经过哪些步骤?
5. 基金发起人的责任和义务有哪些?

第五章

投资基金的交易、申购和赎回

【学习目标】

1. 掌握封闭式基金的上市交易条件、交易账户的开立、交易规则、交易费用、市场价格的形成及折溢价率；

2. 掌握开放式基金的申购、赎回，以及巨额赎回、份额转换、非交易过户、转托管等特殊业务的处理方式；

3. 掌握 ETF、LOF、QDII 基金、分级基金的上市交易、申购和赎回的相关内容；

4. 了解开放式基金份额登记的概念、流程。

第一节　封闭式基金的上市与交易

封闭式基金募集成立后，即安排在证券交易所上市，以使投资者获得流动性。

一、上市交易条件

申请封闭式基金份额上市交易，应当由基金管理人向证券交易所提出申请，证券交易所依法审核同意的，双方应当签订上市协议。

封闭式基金份额上市交易，应当符合下列条件：

(1) 基金的募集符合《证券投资基金法》规定；

(2) 基金合同期限为 5 年以上；

(3) 基金募集金额不低于 2 亿元人民币；

(4) 基金份额持有人不少于 1 000 人；

(5) 基金份额上市交易规则规定的其他条件。

二、交易账户的开立

投资者买卖封闭式基金必须开立沪、深证券账户或沪、深基金账户及资金账户。基金账户只能用于基金、国债及其他债券的认购及交易。

个人投资者开立基金账户需持本人身份证到证券登记机构办理开户手续。办理资金账户需持本人身份证及已经办理的股票账户卡或基金账户卡，到证券经营机构办理。根据当前中国证券登记结算公司账户业务规则，每个有效证件在同一市场可以开立 3 个封闭式基金账户。每位投资者只能开设和使用一个资金账户。

投资者开立基金账户(或股票账户)必须坚持合法性和真实性的原则。合法性是指只有国家法律允许进行证券交易的自然人和法人才能到指定机构开立证券账户,对国家法律、法规不准许开户的对象,中国证券登记结算公司及其代理机构不得予以开户。根据有关规定,下列人员不得开户:①证券管理机关工作人员(不得开立股票账户);②证券交易所管理人员(不得开立股票账户);③证券从业人员(不得开立股票账户);④未成年人未经法定监护人的代理或允许者;⑤未经授权代理法人开户者;⑥因违反证券法规,经有权机关认定为市场禁入者且期限未满者;⑦其他法规规定不得拥有证券或参加证券交易的自然人。根据有关规定,一个自然人、法人可以开立不同类别和用途的证券账户,对于同一类别和用途的证券账户,一个自然人、法人在一家证券经营机构只能开立一个,在不同的证券经营机构最多只能开立20个;对于国家法律、法规和行政规章规定需要资产分户管理的特殊法人机构,包括保险公司、证券公司、信托公司、基金公司、社会保障类公司和合格境外机构投资者(QFII),经申请可以开立多个证券账户。真实性是指投资者开立证券账户时所提供的资料必须真实有效,不得有虚假隐匿。

三、交易规则

封闭式基金发行结束后,不能按基金净值买卖,投资者可委托券商(证券公司)在证券交易所按市价(二级市场)买卖,直到到期日。

(1)交易时间。封闭式基金的交易时间为每周一至周五(法定公众节假日除外),每天9:30—11:30,13:00—15:00。

(2)交易原则。封闭式基金的交易遵从"价格优先、时间优先"的原则。价格优先是指较高价格买进申报优先于较低价格买进申报,较低价格卖出申报优先于较高价格卖出申报。时间优先是指买卖方向、价格相同的,先申报者优先于后申报者。先后顺序按交易主机接受申报的时间确定。

(3)交易单位。封闭式基金的报价单位为每份基金价格。基金的申报价格最小变动单位为0.001元人民币。买入与卖出封闭式基金份额,申报数量应当为100份或其整数倍。基金单笔最大数量应当低于100万份。

(4)报价单位。封闭式基金的报价单位为每份基金价格。交易所规定,基金申报价格最小变动单位为0.001元人民币。

(5)申报规则。交易所只接受其会员的申报指令,非交易所会员的个人投资者和机构投资者必须委托具有交易所会员资格、在交易所具有交易席位的证券公司进行申报交易。

(6)价格决定。封闭式基金的交易采用集合竞价和连续竞价两种竞价方式。集合竞价是指对一段时间内接收的买卖申报一次性集中撮合的竞价方式。连续竞价是指对买卖申报逐笔连续撮合的竞价方式。集合竞价的时间为9:15-9:25;连续竞价的时间为9:30-11:30和13:00-15:00。在基金交易的各种价格中,开盘价和收盘价是两个比较重要的价格。开盘价是指当日该基金第一笔成交价。基金的开盘价通过集合竞价方式产生,不能产生开盘价的,以连续竞价方式产生。收盘价是指当日该基金最后一笔交易前一分钟所有交易的成交量加权平均价(含最后一笔交易)。当日无成交的,以前一交易日收盘价为当日收盘价。

（7）涨跌幅限制。交易所对封闭式基金的交易实行价格涨跌幅限制，涨跌幅比例为10％（封闭式基金上市首日除外）。买卖有价格涨跌幅限制的证券，在价格涨跌幅限制以内的申报为有效申报，超过涨跌幅限制的申报为无效申报。

（8）交割与交收。我国封闭式基金的交割与交收同 A 股一样实行 T＋1 交割、交收，即达成交易后，相应的基金交割与资金交收在成交日的下一个营业日（T＋1 日）完成。

四、交易费用

按照沪、深证券交易所公布的收费标准，我国基金交易佣金不得高于成交金额的0.5％（深圳证券交易所特别规定该佣金水平不得低于代收的证券交易监管费和证券交易经手费，上海证券交易所无此规定），起点 5 元，不足 5 元的按 5 元收取，由证券公司向投资者收取。该项费用由证券登记公司与证券公司平分。目前，在沪、深证券交易所上市的封闭式基金交易不收取印花税。

五、市场价格

封闭式基金的市场价格主要包括发行价格和上市后交易价格两种。在我国，基金一般平价发行，即发行价格为基金面值，但受市场供求关系的影响，基金也可以适当溢价或折价发行。基金在平价发行时，可以收取一定比率的手续费，但不计入基金资产。封闭式基金上市交易价格主要受以下因素的影响。

（1）基金单位资产净值。基金单位资产净值是基金份额的内在价值，是决定基金价格的重要因素。在其他条件不变的情况下，基金单位资产净值越高，基金价格越高。基金单位资产净值主要受以下几个方面因素的影响：①证券市场行情。基金是投资有价证券的间接投资工具，基金资产主要投资于证券市场，证券市场行情及其影响因素直接或间接地影响基金的收益及基金单位资产净值，最终影响基金的价格。如果证券市场呈牛市行情，则市场交易活跃，股票、债券等有价证券的价格不断上升，基金的投资收益不断增加，基金资产水涨船高，基金单位资产净值及基金价格也不断上升。②基金管理人的管理水平。基金管理人的管理水平也是影响基金单位资产净值的重要因素。面对同样的证券市场行情，不同的基金因基金管理人的管理水平不同，基金单位资产净值也会有所不同。如果基金管理人的管理水平较高，管理经验丰富，能够及时、正确地把握证券市场的行情变化，并能进行正确决策和有效操作，那么其所管理的基金业绩就会较好，基金单位资产净值也会较高。③政府对基金的税收政策。政府对基金的税收政策会直接影响基金的投资收益，进而影响基金单位资产净值。如果政府对基金的投资运作取消所得税等相关税种或降低相关税种的税率，则基金的投资收益会相应增加，基金单位资产净值也会提高。

（2）基金市场行情。基金市场行情是影响基金交易价格的另一个重要因素。一般来说，基金交易价格与基金市场行情有着密切的关系。在其他条件不变的情况下，如果基金市场行情看好，市场交易活跃，那么基金交易价格也会不断上升。基金市场行情主要受以下几个方面因素的影响：①基金市场的供求关系。从某种程度上说，基金市场交易价格在很大程度上取决于基金市场的供求关系。在基金市场上，受某种因素的影响，如果基金投资者及其投资于基金的资金数量不断增加,则基金市场对基金的需求也会不断增加,而由于基金发行规模较小或不能同步增加,因此基金供给相对不足,形成了基金供不应求的市场格局,这会使基金价格不断上升;反之,基金供过于求,基金价格就会下跌。②基金的交易成本。基金的交易成本包括交易佣金、交易印花税等直接成本以及银行存款利率等机会成本。提高交易佣金标准、交易印花税,会直接增加基金交易成本,从而对基金的交易价格产生负面影响;反之,降低或取消交易佣金标准、交易印花税,将使基金价格上升。如果银行存款利率提高,就会相应提高基金交易的机会成本,或者说会增加银行存款对投资者的吸引力,部分投资者会增加银行存款,减持基金,从而使基金价格回落;反之,如果银行存款利率降低,将使基金价格上涨。③投资者的投机心理。如果基金市场上的投机气氛浓厚,大多数投资者偏重投机,追涨杀跌,就会使基金价格出现剧烈波动。

(3) 封闭期的长短。在通常情况下,基金封闭期越长,基金交易价格偏离其价值的可能性就越大,基金交易价格就可能越高。

六、折(溢)价率

投资者常常使用折(溢)价率反映封闭式基金份额净值与其二级市场价格之间的关系。折(溢)价率的计算公式为

$$折(溢)价率 = \frac{二级市场价格 - 基金份额净值}{基金份额净值} \times 100\%$$

$$= \left(\frac{二级市场价格}{基金份额净值} - 1\right) \times 100\%$$

当基金二级市场价格高于基金份额净值时,为溢价交易,对应的是溢价率;当二级市场价格低于基金份额净值时,为折价交易,对应的是折价率。当折价率较高时常常被认为是购买封闭式基金的好时机,但实际上并不尽然。有时折价率会继续攀升,在弱市时更有可能出现价格与净值同步下降的情形。

封闭式基金的交易条件、交易规则等总结如表5-1所示。

表 5-1 封闭式基金的交易特点

上市交易条件		(1) 基金的募集符合《证券投资基金法》规定 (2) 基金合同期限为 5 年以上 (3) 基金募集金额不低于 2 亿元 (4) 基金份额持有人不少于 1 000 人 (5) 基金份额上市交易规则规定的其他条件
交易规则	账户开立	必须开立沪、深证券账户或沪、深基金账户及资金账户
	交易时间	每周一至周五(法定公众节假日除外),每天 9:30—11:30,13:00—15:00
交易规则	交易原则	"价格优先、时间优先"的原则
	报价单位	基金申报价格的最小变动单位为 0.001 元;买入与卖出封闭式基金份额,申报数量应当为 100 份或其整数倍;基金单笔最大数量应当低于 100 万份
	交割	实行 T+1 交割
交易费用		佣金不得高于成交金额的 0.3%,起点 5 元;交易不收取印花税

续表

折（溢）价率	$折（溢）价率＝\dfrac{二级市场价格－基金份额净值}{基金份额净值}\times100\%$ $＝\left(\dfrac{二级市场价格}{基金份额净值}-1\right)\times100\%$

拓展阅读 5-1
封闭式基金交易
价格与净值偏差

第二节　开放式基金的申购、赎回及特殊业务处理

开放式基金成立后一般不上市交易，但投资者可以在场外随时进行申购和赎回，即如果投资者要把持有的基金份额变现，则可以随时要求基金公司赎回；如果投资者要购买基金份额，则可以随时向基金公司申购。

一、申购、赎回的概念

基金的申购是指投资者在开放式基金的募集期结束后，申请购买基金份额的行为。与基金认购相比，一般来说，在基金募集期内认购基金份额会享受一定的费率优惠，除此之外，基金申购与基金认购没有本质区别。

开放式基金的赎回是指基金份额持有人在开放式基金募集期结束后，要求基金管理人购回其所持有的开放式基金份额的行为，即基金份额持有人将持有的基金份额按一定价格卖给基金管理人并收回现金的行为。

开放式基金在基金募集期结束后，经基金管理人申请和基金监管部门确认，办理完毕基金备案手续，基金合同开始生效后，还可以有一段短暂的封闭期。在我国，根据《公开募集证券投资基金运作管理办法》的规定，开放式基金的基金合同可以约定基金管理人自基金合同生效之日起一定期限内不办理赎回，但约定的期限不得超过 3 个月，并应当在招募说明书中载明，但中国证监会规定的特殊基金品种除外。封闭期结束后，开放式基金将进入日常申购、赎回期。基金管理人应当在每个工作日办理基金份额的申购、赎回业务。基金合同另有约定的，按照其约定。

二、申购、赎回的原则

1. 股票基金、债券基金的申购和赎回原则

（1）未知价交易原则。投资者在申购和赎回股票基金、债券基金时并不能即时获知买卖的成交价格。申购、赎回价格只能以申购、赎回日交易时间结束后基金管理人公布的基金份额净值为基准进行计算。这与股票、封闭式基金等大多数金融产品按已知价原则进行买卖不同。

(2) 金额申购、份额赎回原则。股票基金、债券基金申购以金额申请,赎回以份额申请。这是适应未知价格情况下的一种最为简便、安全的交易方式。在这种交易方式下,确切的购买数量和赎回金额在买卖当时是无法确定的,在交易次日或更晚一些时间才能获知。开放式基金招募说明书中过去一般规定申购申报单位为1元,申购金额应当为1元的整数倍,且不低于1000元;赎回申报单位为1份基金份额,赎回应当为整数份额。随着网上交易的发展,最低申购和赎回份额限制逐步降低。

2. 货币市场基金的申购和赎回原则

(1) 确定价原则。货币市场基金申购和赎回基金份额价格以1元为基准进行计算。

(2) 金额申购、份额赎回原则。货币市场基金申购以金额申请,赎回以份额申请。

3. 基金开放日和申购赎回的限制条件

开放式基金的开放日是指基金对外接受投资者申购赎回的日期。每月较多的开放日代表较高的交易频率,可以减少套利可能,并增加开放式基金的流动性,有利于促进基金对投资者的服务,对投资者较为有利。而每月较少的开放日代表较低的交易频率,在技术上延长了投资者赎回的时间间隔,有利于基金管理人更好地管理流动性,同时可以减少交易成本。

不同国家和地区对开放式基金开放日的规定不同。例如,在美国,每个工作日都可以办理开放式基金交易。目前我国开放式基金在募集成立以后,可经过一段时间的建仓期(不超过3个月),在建仓期内可以不接受申购和赎回(因此建仓期也被称为闭锁期)。此后基金进行正常开放,每个证券交易日均为基金的开放日。

1) 基金认购限制

在募集基金时,基金管理公司可以在以下两个方面对认购做出限制。

(1) 基金总规模限制。可以分上限与下限。上限为基金的设计规模,如我国2001年开放式基金发展早期,华安创新基金首发募集上限为50亿份、南方稳健成长基金的募集上限为80亿份等。募集规模下限则根据《证券投资基金运作管理办法》规定,在募集期限内,净销售额超过2亿元,最低认购户数达到100人,基金方可成立。

(2) 单户认购额度限制。也分为上限与下限。基金管理公司会对首次募集基金规定单户申购上限,同时要求:若最后一天的认购份额加上此前的认购份额超过募集总规模上限,则只能按规定进行公平分摊(即比例认购)或最后一次认购申请做无效处理。对最低认购额,各基金管理公司可以自行规定,如1000元或者其他。

2) 基金申购限制

对申购的限制与认购阶段的限制相近,但增加了新的内容,主要有如下内容:对最低申购金额的限制。目前的规定一般是投资者每次最低申购金额为100元或者1000元,各基金公司不同基金的规定不同。

对账户保留份额的限制,要求基金持有人在申请赎回时至少保留1000份基金单位,不足最低账户保留份额的,基金公司有权要求投资人全部赎回该品种的基金单位余额。

对基金规模下限的限制,我国《证券投资基金运作管理办法》规定:"开放式基金成立后的存续期间内,其有效持有人数量连续20个工作日达不到100人;或者连续20个工作日最低基金资产净额低于5000万元的,基金管理人应当及时向中国证监会报告,说明出现上述情况的原因以及解决方案。"对基金规模上限,当基金规模达到基金管理公司预先设定的上限时,就只能赎回,不能申购。例如,上投摩根基金管理公司在 2007 年将旗下股票型基金资产规模上限定为 150 亿元,当投资者申购使基金规模达到此上限时,基金就暂时封闭了,不再接受投资者的申购。

此外,单一投资者持有基金总额达到一定数量,或者单笔基金的申购规模过大,也会受到申购限制。在货币市场基金和短债基金中常会出现类似限制。

3)基金赎回限制

开放式基金在赎回方面的限制,主要是对巨额赎回的限制,这方面的内容将在本书后文详细介绍。开放式基金的其他限制包括对赎回指令的更改时间限制、计算方式的限制和委托方式的限制等。

在申购时间内,除出现如下情形,基金管理人不得拒绝或暂停基金投资者的申购申请:①不可抗力;②证券交易场所所在交易时间非正常停市;③基金资产规模过大,使基金管理人无法找到合适的投资品种,或可能对基金业绩产生负面影响,从而损害现有基金持有人的利益;④基金管理人认为会有损于现有基金持有人利益的其他申购;⑤基金管理人、基金托管人、基金销售代理人、注册与过户登记人的技术保障或人员支持等不充分;⑥经中国证监会同意认定的其他情形。在出现上述情况,基金管理人拒绝或暂停申购时,应将被拒绝或暂停的申购款项全额退还投资者。

在赎回时间内,除下列情形外,基金管理人不得拒绝接受或暂停基金投资者的赎回申请:①不可抗力;②证券交易场所交易时间非正常停市,导致基金管理人无法计算当日基金资产净值;③因市场剧烈波动或其他原因而出现连续巨额赎回,导致基金的现金支付出现困难时;④法律、法规、规章允许的其他情形或其他在基金契约中已载明并获中国证监会批准的特殊情形。发生上述情形之一的,基金管理人应在当日立即向中国证监会备案。已接受的赎回申请,基金管理人将足额支付;暂时不能支付的,按每个赎回申请人已被接受的赎回申请量占已接受赎回申请总量的比例分配给赎回申请人,其余部分在后续工作日予以兑付。同时,在出现上述第③款的情形时,对已接受的赎回申请可延期支付赎回款项,最长不超过正常支付时间 20 个工作日,并在指定媒体上公告。

三、申购、赎回的费用及销售服务费

1. 申购费用

投资者在办理开放式基金申购时,一般需要缴纳申购费。与认购费一样,申购费可以采用在基金份额申购时收取的前端收费方式,也可以采用在赎回时从赎回金额中扣除的后端收费方式。前端收费方式下,基金管理人可以选择根据投资人申购金额分段设置申购费率。后端收费方式下,基金管理人可以选择根据投资人持有期限不同分段设置申购费率,对于持有期低于 3 年的投资人,基金管理人不得免收其后端申购费。

基金销售机构可以对基金销售费用实行一定的优惠。

2. 赎回费用

基金管理人办理开放式基金份额的赎回,应当收取赎回费。场外赎回可按份额在场外的持有时间分段设置赎回费率;场内赎回为固定赎回费率,不可按份额持有时间分段设置赎回费率。赎回费在扣除手续费后,余额不得低于赎回费总额的 25%,并应当归入基金财产。

目前对于不收取销售服务费的(通常为 A 类份额)一般股票型和混合型基金赎回费归基金财产的比例有以下规定:对持续持有期少于 7 日的投资人收取不低于 1.5% 的赎回费,对持续持有期少于 30 日的投资人收取不低于 0.75% 的赎回费,并将上述赎回费全额计入基金财产;对持续持有期少于 3 个月的投资人收取不低于 0.5% 的赎回费,并将不低于赎回费总额的 75% 计入基金财产;对持续持有期长于 3 个月但少于 6 个月的投资人收取不低于 0.5% 的赎回费,并将不低于赎回费总额的 50% 计入基金财产;对持续持有期长于 6 个月的投资人,应当将不低于赎回费总额的 25% 计入基金财产。

对于收取销售服务费的(通常为 C 类份额)一般股票型和混合型基金赎回费归属基金财产比例的规定为:持续持有期少于 30 日的投资人收取不低于 0.5% 的赎回费,并将上述赎回费全额计入基金财产。

对于交易型开放式指数基金(ETF)、上市开放式基金(LOF)、分级基金、指数基金、短期理财产品基金等股票基金、混合基金及其他类别基金,基金管理人可以参照上述标准在基金合同、招募说明书中约定赎回费的收取标准和计入基金财产的比例,不做强制要求。

3. 销售服务费

基金管理人可以从开放式基金财产中计提一定比例的销售服务费,用于基金的持续销售及给基金份额持有人提供服务。

四、申购份额、赎回金额的计算

1. 申购费用及申购份额

按照中国证监会《关于统一规范证券投资基金认(申)购费用及认(申)购份额计算方法有关问题的通知》的规定,申购费用与申购份额的计算公式为

$$净申购金额 = \frac{申购金额}{1 + 申购费率}$$

$$申购费用 = 申购金额 - 净申购金额$$

$$申购份额 = \frac{净申购金额}{申购当日基金份额净值}$$

当申购费用为固定金额时,申购份额的计算方法为

$$净申购金额 = 申购金额 - 固定金额$$

$$申购份额 = \frac{净申购金额}{T 日基金份额净值}$$

一般规定基金份额份数以四舍五入的方法保留小数点后两位以上,由此产生误差的损失由基金资产承担,产生的收益归基金资产所有,但不同的基金招募说明书中约定不一样,有些也采用"基金份额小数点两位以后部分舍去"的方式。

【例 5-1】 某投资者通过场外(某银行)投资 1 万元申购某上市开放式基金,假设基金管理人规定的申购费率为 1.5%,申购当日基金份额净值为 1.025 元,则其申购手续费和可得到的申购份额为

$$净申购金额 = \frac{10\,000}{1 + 1.5\%} = 9\,852.22(元)$$

$$申购手续费 = 10\,000 - 9\,852.22 = 147.78(元)$$

$$申购份额 = \frac{9\,852.22}{1.025} = 9\,611.92(元)$$

即：投资者投资 1 万元申购基金，假设申购当日基金份额净值为 1.025 元，得到 9 611.92 份基金单位。

2. 赎回金额的确定

赎回金额的计算公式为

$$赎回金额 = 赎回总额 - 赎回费用$$

$$赎回总额 = 赎回数量 \times 赎回日基金份额净值$$

$$赎回费用 = 赎回总额 \times 赎回费率$$

赎回费率一般按持有时间的长短分级设置。持有时间越长，适用的赎回费率越低。

【例 5-2】 某投资者赎回上市开放式基金 1 万份基金单位，持有时间为 1 年半，对应的赎回费率为 0.5%。假设赎回当日基金单位净值为 1.025 元，则其可得净赎回金额为

$$赎回总金额 = 10\,000 \times 1.025 = 10\,250(元)$$

$$赎回手续费 = 10\,250 \times 0.005 = 51.25(元)$$

$$净赎回金额 = 10\,250 - 51.25 = 10\,198.75(元)$$

即：投资者赎回 1 万份基金单位，假设赎回当日基金单位净值为 1.025 元，则其可得净赎回金额为 10 198.75 元。

实行后端收费模式的基金，还应扣除后端认购/申购费，才是投资者最终得到的赎回金额，即

$$赎回金额 = 赎回总额 - 赎回费用 - 后端收费金额$$

3. 货币市场基金的手续费

货币市场基金手续费较低，通常申购和赎回费率为 0。一般来说，货币市场基金从基金财产中计提比例不高于 0.25% 的销售服务费，用于基金的持续销售及给基金份额持有人提供服务。

五、申购、赎回的登记与款项的支付

基金管理人应当在每个工作日办理基金份额的申购和赎回业务；基金合同另有约定的，按照其约定。

投资人申购基金份额时，必须全额交付申购款项（中国证监会另有规定的基金除外），投资人按规定提交申购申请并全额交付款项的，申购申请即为成立；基金份额登记机构确认基金份额时，申购生效。基金份额持有人递交赎回申请时，赎回成立；基金份额登记机构确认赎回时，赎回生效。

申购采用全额缴款方式。若资金在规定时间内未全额到账，则申购不成功。申购不成功或无效，款项将退回投资者账户。一般而言，投资者申购基金成功后，登记机构会在 T+1 日为投资者办理增加权益的登记手续，投资者自 T+2 日起有权赎回该部分基金

份额。

投资者赎回申请成交后,基金管理人应通过销售机构按规定向投资者支付赎回款项。对一般基金而言,基金管理人应当自受理基金投资者有效赎回申请之日起 7 个工作日内支付赎回款项(具体根据基金品种和托管银行的处理速度存在不同)。投资者赎回基金份额成功后,登记机构一般在 T+1 日为投资者办理扣除权益的登记手续。

基金管理人可以在法律、法规允许的范围内,对登记办理时间进行调整,并最迟于开始实施前 3 个工作日内在至少一种中国证监会指定的信息披露媒体公告。

表 5-2 总结了开放式基金的交易原则等。

表 5-2　开放式基金的交易特点

交易原则	股票基金、债券基金	(1)未知价交易原则 (2)金额申购、份额赎回原则。申购申报单位为 1 元,申购金额应当为 1 元的整数倍;赎回申报单位为 1 份基金份额,赎回应当为整数份额
	货币市场基金	(1)确定价原则。货币市场基金申购、赎回基金份额价格以 1 元为基准进行计算 (2)金额申购、份额赎回原则。货币市场基金申购以金额申请,赎回以份额申请
交易场所		通过基金管理人的直销中心与基金销售代理网点进行
交易时间		周一至周五 9:30—11:30,13:00—15:00(法定节假日除外)
交易费用	申购费用	申购采用全额缴款方式
	赎回费用	赎回费在扣除手续费后,余额不得低于赎回费总额的 25%,并应当归入基金财产
	销售费用	从基金财产中按一定比例计提
申购份额计算		净申购金额 $= \dfrac{\text{申购金额}}{1+\text{申购费率}}$ 申购费用=申购金额−净申购金额 申购份额 $= \dfrac{\text{净申购金额}}{\text{申购当日基金份额净值}}$
赎回金额计算		赎回金额=赎回总额−赎回费用 赎回总额=赎回数量×赎回日基金份额净值 赎回费用=赎回总额×赎回费率
申购、赎回款项支付		申购全额支付,赎回 7 日之内支付
申购、赎回登记		T+1 日办理登记

六、巨额赎回的认定及处理方式

1. 巨额赎回的认定

单个开放日基金净赎回申请超过基金总份额的 10% 时,为巨额赎回。单个开放日的净赎回申请,是指该基金的赎回申请加上基金转换中该基金的转出申请之和,扣除当日发生的该基金申购申请及基金转换中该基金的转入申请之和后得到的余额。

2. 巨额赎回的处理

出现巨额赎回时,基金管理人可以根据基金当时的资产组合状况决定接受全额赎回或部分延期赎回。

(1) 接受全额赎回。当基金管理人认为有能力兑付投资者的全额赎回申请时,按正常赎回程序执行。

(2) 部分延期赎回。当基金管理人认为兑付投资者的赎回申请有困难,或认为兑付投资者的赎回申请进行的资产变现可能使基金份额净值发生较大波动时,基金管理人可以在当日接受赎回比例不低于上一日基金总份额 10% 的前提下,对其余赎回申请延期办理。对单个基金份额持有人的赎回申请,应当按照其申请赎回份额占申请赎回总份额的比例确定该单个基金份额持有人当日办理的赎回份额。未受理部分除投资者在提交赎回申请时选择将当日未获受理部分予以撤销外,延迟至下一开放日办理。转入下一开放日的赎回申请不享有赎回优先权,并将以下一个开放日的基金份额净值为基准计算赎回金额,以此类推,直到全部赎回为止。

当发生巨额赎回且部分延期赎回时,基金管理人应立即向中国证监会备案,并在 3 个工作日内在至少一种中国证监会指定的信息披露媒体上公告,同时说明有关处理方法。

基金连续 2 个开放日以上发生巨额赎回,如基金管理人认为有必要,可暂停接受赎回申请;已经接受的赎回申请可以延缓支付赎回款项,但不得超过正常支付时间 20 个工作日,并应当在至少一种中国证监会指定的信息披露媒体上公告。

暂停赎回的情形包括:

(1) 不可抗力;

(2) 证券交易所在交易时间非正常停市;

(3) 基金连续两个开放日以上发生巨额赎回,基金管理人可以暂停处理赎回申请;

(4) 基金管理人认为市场缺乏合适的投资机会,继续接受申请可能对已有的基金持有人的利益产生损害;

(5) 基金管理人或基金托管人、基金销售代理人或注册登记机构的技术保障或人员的支持不够;

(6) 基金管理人认为会有损现有基金持有人利益的其他赎回。

交易暂停的程序性要求包括需向主管机关申请核准,并报告、公告和通知相关单位持有人等。当基金管理人或托管人认为引起暂停的原因已经消除,应当结束暂停时,基金交易重新开始。基金重新开放时,基金管理人应予公告,并报告最新的基金单位资产净值。

使用暂停手段解决巨额赎回等意外情况时一定要慎重。因为暂停赎回实质上剥夺了基金的流动性,增加了基金的风险,这会损害投资者参与基金的积极性,也会损害基金管理人的形象。暂停的条件和程序应在相关法规和招募说明书等基金文件中规定,程序性要求应包括向主管机关报告,特殊情况下需经主管机关核准,公告和通知相关单位持有人等。除了发生连续巨额赎回暂停接受赎回申请之外,发生基金合同或招募说明书中未予载明的事项,但基金管理人有正当理由认为需要暂停开放式基金赎回申请的,报经中国证监会批准后,可以暂停基金赎回申请。经批准后,基金管理人应当立即在指定媒体上刊登暂停公告。暂停期间,每两周至少刊登提示性公告一次。

3. 基金暂停申购

在开放式基金资产达到一定规模时,基金管理公司可以决定将基金半封闭,即只接受赎回,不接受申购。这就是开放式基金的暂停申购。开放式基金暂停申购的原因如下。

(1) 基金管理公司需要对基金规模进行控制。每个基金经理都有其熟悉的股票和投资区域,当基金规模增长过快时,基金经理将不得不把超额的资金投向其不熟悉的股票和投资区域,从而会对基金业绩产生不利的影响。

(2) 基金规模太大,在实际操作中难以维持良好的盈利表现。例如,当某只超级规模的股票基金打算投资某公司股票时,很快就会引起市场注意,该基金计划部署还没有完成,股票价格已被炒高。同时,超级规模股票基金也难以对有快速增长潜力的小公司投资,因为这些小公司的市值相对于基金的规模太小,即使对该小公司投入资金量已达到可投资规模上限(如总股本的 10%),投资结果对基金的整体盈利贡献也很小。

(3) 基金资产中存在套利的机会。例如,基金持有的重仓股由于特殊事件而停牌或者股票价格处于涨停板,基金估值无法合理反映其公允价值,造成基金净值失真,从而产生套利机会,这种情形下,基金公司会将基金暂停申购。

基金管理公司在封闭原有基金申购的同时,可以为投资者开设投资理念、方式及基金经理相同的新基金(如我国在 2007 年曾推出的复制基金)。这样既保护了原基金的运作,又可以避免失去客户。

七、开放式基金份额的转换、非交易过户、转托管与冻结

1. 开放式基金份额的转换

开放式基金份额的转换是指投资者不需要先赎回已持有的基金份额,就可以将其持有的基金份额转换为同一基金管理人管理的另一基金份额的一种业务模式。基金份额的转换一般采取未知价法,以转换申请日的基金份额净值为基础计算转换基金份额数量。

由于基金的申购和赎回费率不同,当转入基金的申购费率高于转出基金的申购费率而存在费用差额时,一般应在转换时补齐。此外,基金份额的转换通常会收取一定的转换费用。尽管如此,由于基金份额的转换不需要先赎回已持有的基金再购买另一基金,因此综合费用仍较低。

在证券市场出现波动的时候,投资者可以通过在不同风险水平的基金之间进行转换,达到规避风险的目的;当投资人对资金流动性要求产生变化,或是风险承受能力发生变化的时候,基金转换也能帮助投资人尽快修正投资组合,投资于那些更符合自身需求的基金产品;此外,基金转换还能为投资人节省一定的费用。一般情况下,不论是股票型基金互相转换,还是股票型基金和债券型基金互换,转换手续费都要比先赎回、再申购更便宜,从而可以达到节约投资成本的目的。

基金转换的计算公式如下:

(1) 转出金额=转出份额×转出基金当日基金份额净值

(2) 转换费用

① 如果转出基金的申购费率<转入基金的申购费率:转换费用=转出金额×转出基金赎回费率+(转出金额-转出金额×转出基金赎回费率)×申购补差费率÷(1+申购补

差费率）；

② 如果转出基金的申购费率≥转入基金的申购费率：转换费用＝转出金额×转出基金赎回费率。

（3）转入金额＝转出金额－转换费用

（4）转入份额＝转入金额÷转入基金当日基金份额净值

【例 5-3】 张先生 2012 年 3 月 1 日通过网上交易申购了 10 万元的南方基金公司的南方绩优成长基金（当日基金净值 1.105 3，网上申购费率按优惠费率 0.6％计），一年半以后张先生已经达到了自己当初设定的目标。2013 年 9 月 2 日，张先生决定将南方绩优成长基金（当日净值为 1.283 4 元）转换为南方基金公司旗下的南方策略优化基金（当日净值为 0.637 元），试问可以转换为多少南方策略优化基金份额？

解：2012 年 3 月 1 日，可以申购到的南方绩优成长基金份额为

$$100\ 000/[1.105\ 3\times(1+0.6\%)]=89\ 933.57(份)$$

对于基金转换，由于南方绩优与南方策略优化基金的申购费是一样的，不存在申购费补差，张先生只需要支付南方绩优基金的赎回费即可，由于持有 1～2 年，适用的赎回费率为 0.3％：

$$89\ 933.57\times1.283\ 4\times(1-0.3\%)/0.637=180\ 650.68(份)$$

因此，张先生通过基金转换可以换得南方策略优化基金 180 650.68 份。他不仅轻松实现了投资产品的变更，还节约了费用和时间。

2. 开放式基金的非交易过户

开放式基金非交易过户是指不采用申购、赎回等基金交易方式，将一定数量的基金份额按照一定规则从某一投资者基金账户转移到另一投资者基金账户的行为，主要包括继承、捐赠、遗赠、自愿离婚、分家析产、国有资产无偿划转、机构合并或分立、资产售卖、机构清算、企业破产清算、强制执行，以及基金注册与过户登记人认可的其他行为。无论在上述何种情况下，接受划转的主体必须是合格的个人或机构投资者。

办理非交易过户业务必须提供基金注册与过户登记人要求提供的相关资料，其中，因继承、捐赠、遗赠、自愿离婚、分家析产原因导致的非交易过户向基金销售网点申请办理，因国有资产无偿划转、机构合并或分立、资产售卖、机构清算、企业破产清算、强制执行原因导致的非交易过户直接向基金注册与过户登记人统一申请办理。

符合条件的非交易过户申请自申请受理日起，两个月内办理；申请人按基金注册与过户登记人规定的标准缴纳过户费用。

3. 基金份额的转托管

基金持有人可以办理其基金份额在不同销售机构的转托管手续。转托管在转出方进行申报，基金份额转托管一次完成。一般情况下，投资者于 T 日转托管基金份额成功后，转托管份额于 T＋1 日到达转入方网点，投资者可于 T＋2 日起赎回该部分基金份额。

4. 基金份额的冻结

基金注册登记机构只受理国家有权机关依法要求的基金账户或基金份额的冻结与解冻。基金账户或基金份额被冻结的，被冻结部分产生的权益（包括现金分红和红利再投资）一并冻结。

第三节 ETF 的上市交易、申购和赎回

一、ETF 份额折算与变更登记

1. ETF 份额折算的时间

基金合同生效后,基金管理人应逐步调整实际组合直至达到跟踪指数要求,此过程为 ETF 建仓阶段。ETF 建仓期不超过 3 个月。

基金建仓期结束后,为方便投资者跟踪基金份额净值变化,基金管理人通常会以某一选定日期作为基金份额折算日,以标的指数的 1‰(或 1%)作为份额净值,对原来的基金份额及其净值进行折算。

2. ETF 份额折算的变更登记及原则

ETF 份额折算由基金管理人办理,并由登记结算机构进行基金份额的变更登记。

基金份额折算后,基金份额总额与基金份额持有人持有的基金份额将发生调整,但调整后的基金份额持有人持有的基金份额占基金份额总额的比例不发生变化。基金份额折算对基金份额持有人的收益无实质性影响。基金份额折算后,基金份额持有人将按照折算后的基金份额享有权利并承担义务。

3. ETF 份额折算的方法

假设某 ETF 管理人确定了基金份额折算日(T 日)。T 日收市后,基金管理人计算当日的基金资产净值 X 和基金份额总额 Y。

T 日标的指数收盘值为 I,若以标的指数的 1‰作为基金份额净值进行基金份额的折算,则 T 日的目标基金份额净值为 $I/1\,000$,基金份额折算比例的计算公式为

$$\text{折算比例} = \frac{X/Y}{I/1\,000} \qquad \text{(以四舍五入的方法保留小数点后 8 位)}$$

折算后的份额＝原持有份额×折算比例

【例 5-4】 假设某投资者在某 ETF 募集期内认购了 5 000 份 ETF,基金份额折算日的基金资产净值为 3 127 000 230.95 元,折算前的基金份额总额为 3 013 057 000 份,当日标的指数收盘值为 966.45 元。

(1) 折算比例＝(3 127 000 230.95÷3 013 057 000)÷(966.45÷1 000)

＝1.073 843 95

(2) 该投资者折算后的基金份额＝5 000×1.073 843 95＝5 369.22(份)

二、ETF 份额的上市交易

ETF 合同生效后,基金管理人可以向证券交易所申请上市。ETF 上市后二级市场的交易与封闭式基金类似,要遵循下列交易规则:

(1) 基金上市首日的开盘参考价为前一工作日基金份额净值;

(2) 基金实行价格涨跌幅限制,涨跌幅比例为 10%,自上市首日起实行;

(3) 基金买入申报数量为 100 份或其整数倍,不足 100 份的部分可以卖出;

(4) 基金申报价格最小变动单位为 0.001 元。

基金管理人在每一交易日开市前需向证券交易所提供当日的申购、赎回清单。证券交易所在开市后根据申购、赎回清单和组合证券内各只证券的实时成交数据,计算并每15秒发布一次基金份额参考净值(IOPV),供投资者交易、申购、赎回基金份额时参考。

三、ETF 份额的申购和赎回

1. 申购和赎回的场所

基金管理人将在开始申购、赎回业务前公告申购、赎回代理证券公司(上海证券交易所称为"代理证券公司",深圳证券交易所称为"代办证券公司",可以统一称为"参与券商")的名单。投资者应当在参与券商办理基金申购、赎回业务的营业场所或按参与券商提供的其他方式办理基金的申购和赎回。部分 ETF 管理人还提供场外申购赎回模式,投资者可以采用现金方式,通过场外申购赎回代理机构办理申购赎回业务。

2. 申购和赎回的时间

(1)申购和赎回的开始时间。在基金份额折算日之后可以开始办理申购 ETF。自基金合同生效日后不超过 3 个月的时间起开始办理赎回。

基金管理人应于申购开始日和赎回开始日前至少 3 个工作日在至少一种证监会指定的信息披露媒体上公告。

(2)开放日及开放时间。投资者可办理申购、赎回等业务的开放日为证券交易所的交易日,开放时间为 9:30—11:30 和 13:00—15:00,除此时间之外不办理基金份额的申购和赎回。

3. 申购和赎回的数额限制

投资者申购和赎回的基金份额须为最小申购和赎回单位的整数倍。我国 ETF 的最小申购和赎回单位一般为 50 万份或 100 万份。基金管理人有权对其进行更改,并在更改前至少 3 个工作日在至少一种中国证监会指定的信息披露媒体上公告。

4. 申购和赎回的原则

(1)场内申购和赎回 ETF 采用份额申购、份额赎回的方式,即申购和赎回均以份额申请。场外申购和赎回采用金额申购、份额赎回的方式,即申购以金额申请,赎回以份额申请。

(2)场内申购和赎回 ETF 的申购对价和赎回对价包括组合证券、现金替代、现金差额及其他对价。场外申购和赎回 ETF 时,申购对价和赎回对价均为现金。

(3)申购和赎回申请提交后不得撤销。

5. 申购和赎回的程序

(1)申购和赎回申请的提出。投资者须按申购和赎回参与券商规定的手续,在开放日的开放时间提出申购和赎回的申请。投资者申购基金时需根据申购和赎回清单备足相应数量的股票和现金。投资者提交赎回申请时必须持有足够的基金份额余额和现金。

(2)申购和赎回申请的确认与通知。基金投资者的申购和赎回申请在受理当日进行确认。若投资者未能提供符合要求的申购对价,则申购申请失败。若投资者持有的、符合要求的基金份额不足,或未能根据要求准备足额的现金,或基金投资组合内不具备足额的符合要求的赎回对价,则赎回申请失败。投资者可以在申请当日通过其办理申购和赎回的销售网点查询确认情况。

（3）申购和赎回的清算交收与登记。目前,单市场 ETF 的清算交收是按照投资者 T 日申购和赎回成功后,登记结算机构在 T 日收市后为投资者办理基金份额与组合证券的清算交收以及现金替代等的清算。在 T+1 日办理现金替代等的交收以及现金差额的清算;在 T+2 日办理现金差额的交收,并将结果发送给申购和赎回参与券商、基金管理人和基金托管人。如果登记结算机构在清算交收时发现不能正常履约的情形,则依据《中国证券登记结算有限责任公司交易型开放式指数基金登记结算业务实施细则》的有关规定进行处理。

登记结算机构可在法律、法规允许的范围内,对清算交收和登记的办理时间、方式进行调整,并最迟于开始实施前 3 个工作日在至少一种中国证监会指定的信息披露媒体上公告。

6. 申购和赎回的对价、费用及价格

场内申购和赎回时,申购对价是指投资者申购基金份额时应交付的组合证券、现金替代、现金差额及其他对价;赎回对价是指投资者赎回基金份额时,基金管理人应交付赎回人的组合证券、现金替代、现金差额及其他对价。申购对价、赎回对价根据申购、赎回清单和投资者申购、赎回的基金份额确定。

场外申购和赎回时,申购对价和赎回对价均为现金。

投资者在申购或赎回基金份额时,申购或赎回参与券商可按照 0.5% 的标准收取佣金,其中包含证券交易所、登记结算机构等收取的相关费用。

T 日的基金份额净值在当天收市后计算,并在 T+1 日公告,计算公式为计算日基金资产净值除以计算日发售在外的基金份额总数。T 日的申购、赎回清单在当日上海证券交易所开市前公告。如遇特殊情况,可以适当延迟计算或公告,并报中国证监会备案。

四、申购、赎回清单

1. 申购清单和赎回清单的内容

T 日申购清单和赎回清单公告内容包括最小申购、赎回单位所对应的组合证券内各成分证券数据、现金替代、T 日预估现金部分、T-1 日现金差额、基金份额净值及其他相关内容。

2. 组合证券相关内容

组合证券是指基金标的指数所包含的全部或部分证券。申购清单和赎回清单将公告最小申购、赎回单位所对应的各成分证券名称、证券代码及数量。

3. 现金替代相关内容

现金替代是指申购和赎回过程中,投资者按基金合同和招募说明书的规定,用于替代组合证券中部分证券的一定数量的现金。采用现金替代是为了在相关成分股股票停牌等情况下便利投资者的申购,提高基金运作的效率。基金管理人在制定具体的现金替代方法时遵循公平、公开的原则,以保护基金份额持有人利益为出发点,并进行及时充分的信息披露。现金替代分为三种类型:禁止现金替代、可以现金替代和必须现金替代。

（1）禁止现金替代是指在申购和赎回基金份额时，该成分证券不允许使用现金作为替代。

（2）可以现金替代是指在申购基金份额时，允许使用现金作为全部或部分该成分证券的替代，但在赎回基金份额时，该成分证券不允许使用现金作为替代。可以现金替代的证券一般是由于停牌等原因导致投资者无法在申购时买入的证券。对于可以现金替代的证券，替代金额的计算公式为

替代金额 ＝ 替代证券数量×该证券最新价格×（1＋现金替代溢价比例）

最新价格的确定原则为：①该证券正常交易时，采用最新成交价；②该证券正常交易中出现涨停时，采用涨停价格；③该证券停牌且当日有成交时，采用最新成交价；④该证券停牌且当日无成交时，采用前一交易日收盘价。

现金替代溢价又称现金替代保证。收取现金替代溢价的原因是，对于使用现金替代的证券，基金管理人需在证券恢复交易后买入，而实际买入价格加上相关交易费用后与申购时的最新价格可能有所差异。为便于操作，基金管理人在申购、赎回清单中预先确定现金替代溢价比例，并据此收取现金替代金额。如果预先收取的金额高于基金购入该部分证券的实际成本，则基金管理人将退还多收取的差额；如果预先收取的金额低于基金购入该部分证券的实际成本，则基金管理人将向投资者收取欠缺的差额。

（3）必须现金替代是指在申购和赎回基金份额时，该成分证券必须用现金作为替代。必须现金替代的证券一般是由于标的指数调整，即将被剔除的成分证券。对于必须现金替代的证券，基金管理人将在申购清单和赎回清单中公告替代的一定数量的现金，即固定替代金额。

固定替代金额 ＝ 申购清单和赎回清单中该证券的数量×该证券价格

式中，对于该证券价格，行业内一般采用该证券 T 日预计开盘价，也称该证券 T 日开盘参考价。也有采用该证券经除权调整的 T－1 日收盘价作为该证券价格的，本质上并无区别。T 日预计开盘价是指数公司提供的标的指数成分证券的调整后的预计开盘价，一般情况下即为在该证券 T－1 日收盘价基础上根据该证券除权或除息等因素调整后的价格。

（4）预估现金部分相关内容。预估现金部分是指为便于计算基金份额参考净值及申购和赎回，参与券商预先冻结申请申购、赎回的投资者的相应资金，由基金管理人计算的现金数额。

T 日申购清单和赎回清单中公告 T 日预估现金部分的计算公式为

T 日预估现金部分＝T－1 日最小申购和赎回单位的基金资产净值－（申购清单和赎回清单中必须用现金替代的固定替代金额＋申购清单和赎回清单中可以用现金替代成分证券的数量与 T 日预计开盘价相乘之和＋申购清单和赎回清单中禁止用现金替代成分证券的数量与 T 日预计开盘价相乘之和）

式中，T 日预计开盘价主要根据上海证券交易所提供的标的指数成分证券的预计开盘价确定。另外，若 T 日为基金分红除息日，则计算公式中的"T－1 日最小申购和赎回单位的基金资产净值"需扣减相应的收益分配数额。预估现金部分的数值可能为正、为负或为零。

(5) 现金差额相关内容。T 日现金差额在 T+1 日的申购清单和赎回清单中公告的计算公式为

T 日现金差额 = T 日最小申购和赎回单位的基金资产净值－(申购清单和赎回清单中必须用现金替代的固定替代金额＋申购清单和赎回清单中可以用现金替代成分证券的数量与 T 日收盘价相乘之和＋申购清单和赎回清单中禁止用现金替代成分证券的数量与 T 日收盘价相乘之和)

T 日投资者申购和赎回基金份额时,需按 T+1 日公告的 T 日现金差额进行资金的清算交收。

现金差额的数值可能为正、为负或为零。在投资者申购时,若现金差额为正,则投资者应根据其申购的基金份额支付相应的现金;若现金差额为负,则投资者将根据其申购的基金份额获得相应的现金。在投资者赎回时,若现金差额为正,则投资者将根据其赎回的基金份额获得相应的现金;若现金差额为负,则投资者应根据其赎回的基金份额支付相应的现金。

五、申购和赎回的暂停

出现如下情况时,基金管理人可以暂停接受投资者的申购和赎回申请:

(1) 不可抗力导致基金无法接受申购和赎回;

(2) 证券交易所决定临时停市,导致基金管理人无法计算当日基金资产净值;

(3) 证券交易所、申购和赎回参与券商、登记结算机构因异常情况无法办理申购和赎回;

(4) 法律、法规规定或经中国证监会批准的其他情形。

在发生暂停申购和赎回的情形之一时,基金的申购和赎回可能同时暂停。发生上述情形之一时,基金管理人应当在当日报中国证监会备案,并及时公告。在暂停申购和赎回的情况消除时,基金管理人应及时恢复申购和赎回业务的办理,并予以公告。

ETF 的上市交易特点总结如表 5-3 所示。

表 5-3　交易型开放式指数基金(ETF)的上市交易特点

ETF 份额折算	时间	建仓期不超过 3 个月;建仓后,基金管理人选定一个日期作为基金份额折算日,以标的指数的 1‰(或 1%)作为份额净值,对原来的基金份额进行折算,基金登记结算机构进行份额变更登记
	登记	由基金管理人办理
	原则	持有人持有的基金份额占基金份额总额的比例不发生变化,基金份额折算对基金份额持有人的收益无实质性影响
	折算方法	折算比例 = $\dfrac{\text{计算当日的基金资产净值/基金份额总额}}{\text{标的指数的收盘值/1 000}}$
上市交易原则		(1) 基金上市首日的开盘参考价为前一工作日基金份额净值 (2) 基金实行价格涨跌幅限制,涨跌幅比例为 10%,自上市首日起实行 (3) 基金买入申报数量为 100 份或其整数倍,不足 100 份的部分可以卖出 (4) 基金申报价格最小变动单位为 0.001 元

续表

申购和赎回	场所	参与券商或参与券商提供的其他方式
	时间	基金合同生效日后不超过 3 个月的时间起开始办理赎回,交易时间为:9:30-11:30 和 13:00-15:00
	数额限制	最小申购、赎回单位一般为 50 万份或 100 万份
申购和赎回	原则	(1) 采取份额申购、份额赎回的方式 (2) 申购和赎回的对价包括:组合证券、现金替代、现金差额及其他对价 (3) 申请提交后不得撤销
	程序	提出—确认与通知—清算交收与登记(T+2 日内)
	对价及费用	场内交付组合证券、现金替代、现金差额及其他对价,场外交付现金对价 赎回按 0.5% 的标准收取佣金
	清单内容	T 日申购清单和赎回清单公告内容包括最小申购和赎回单位所对应的组合证券内各成分证券数据、现金替代、T 日预估现金部分、T−1 日现金差额、基金份额净值及其他相关内容
	组合证券相关内容	申购清单和赎回清单将公告最小申购和赎回单位所对应的各成分证券名称、证券代码及数量
	现金替代相关内容	(1) 禁止现金替代 (2) 可以现金替代:替代金额=替代证券数量×该证券最新价格×(1+现金替代溢价比例) (3) 必须现金替代:固定替代金额=申购清单和赎回清单中该证券的数量×该证券经除权调整的 T−1 日收盘价 (4) 预估现金部分相关内容:T 日预估现金部分=T−1 日最小申购和赎回单位的基金资产净值−(申购清单和赎回清单中必须用现金替代的固定替代金额+申购清单和赎回清单中可以用现金替代成分证券的数量与 T 日预计开盘价相乘之和+申购清单和赎回清单中禁止用现金替代成分证券的数量与 T 日预计开盘价相乘之和) (5) 现金差额相关内容:T 日现金差额=T 日最小申购和赎回单位的基金资产净值−(申购清单和赎回清单中必须用现金替代的固定替代金额+申购清单和赎回清单中可以用现金替代成分证券的数量与 T 日收盘价相乘之和+申购清单和赎回清单中禁止用现金替代成分证券的数量与 T 日收盘价相乘之和)
	暂停申购和赎回的情形	(1) 不可抗力导致基金无法接受申购和赎回 (2) 证券交易所决定临时停市,导致基金管理人无法计算当日基金资产净值 (3) 证券交易所、申购和赎回参与券商、登记结算机构因异常情况无法办理申购和赎回 (4) 法律、法规规定或经中国证监会批准的其他情形

第四节　LOF 的上市交易、申购和赎回

一、LOF 份额的上市

　　LOF 完成登记托管手续后,由基金管理人向深圳证券交易所提交上市申请,申请在交易所挂牌上市。基金上市首日的开盘参考价为上市首日前一交易日的基金份额净值

（四舍五入至价格最小变动单位）。LOF在交易所的交易规则与封闭式基金基本相同，具体内容如下：

（1）买入LOF申报数量应当为100份或其整数倍，申报价格最小变动单位为0.001元人民币。

（2）深圳证券交易所对LOF交易实行价格涨跌幅限制，涨跌幅比例为10%，自上市首日起执行。

（3）投资者T日卖出基金份额后的资金T+1日即可到账（T日也可做回转交易），而赎回资金至少T+2日到账。

二、LOF份额的申购和赎回

注册登记在中国证券登记结算有限责任公司的开放式基金登记结算系统（TA系统）内的基金份额，可通过基金管理人及其代销机构在场外办理LOF的申购和赎回；登记在中国证券登记结算有限责任公司的证券登记系统内的基金份额，也可以通过具有基金代销业务资格且符合风险控制要求的深圳证券交易所会员单位在场内办理申购和赎回业务。

LOF采取"金额申购、份额赎回"原则，即申购以金额申报，赎回以份额申报。场内申购申报单位为1元，赎回申报单位为1份基金份额；场外申购和赎回申报单位由基金管理人在基金招募说明书中载明。

T日在深圳证券交易所申购的基金份额，自T+1日开始可以在深圳证券交易所卖出或赎回；T日买入的基金份额，T+1日可以在深圳证券交易所卖出或赎回。

三、LOF份额转托管

LOF份额的转托管业务包含两种类型：系统内转托管和跨系统转托管。系统内转托管是指投资者将托管在某证券经营机构的LOF份额转托管到其他证券经营机构（场内到场内），或将托管在某基金管理人或其代销机构的LOF份额转托管到其他基金代销机构或基金管理人（场外到场外）。

跨系统转托管是指投资者将托管在某证券经营机构的LOF份额转托管到基金管理人或代销机构（场内到场外），或将托管在基金管理人或其代销机构的LOF份额转托管到某证券经营机构（场外到场内）。

投资者通过深圳证券交易所交易系统获得的基金份额托管在证券营业部处，登记在中国证券登记结算有限责任公司的证券登记系统中。这部分基金份额既可以在深圳证券交易所交易，也可以通过深圳证券交易所交易系统直接申请赎回；投资者通过基金管理人及其代销机构获得的基金份额托管在代销机构/基金管理人处，登记在中国证券登记结算有限责任公司的TA系统中，只能申请赎回，不能直接在深圳证券交易所交易。

投资者如需将登记在TA系统中的基金份额通过深圳证券交易所交易，或需将登记在证券登记系统中的基金份额申请在场外赎回，应先办理跨系统转托管手续。LOF份额跨系统转托管只限于在深圳证券账户和以其为基础注册的深圳开放式基金账户之间进行。

投资者将 LOF 份额从证券登记系统转入 TA 系统,自 T+2 日开始,投资者可以在转入方代销机构或基金管理人处申报赎回基金份额。投资者将上市开放式基金份额从 TA 系统转入证券登记系统,自 T+2 日开始,投资者可以通过转入方证券营业部申报在深圳证券交易所卖出或赎回基金份额。

处于下列情形之一的 LOF 份额不得办理跨系统转托管:

(1) 分红派息前 R−2 日至 R 日(R 日为权益登记日)的 LOF 份额;

(2) 处于质押、冻结状态的 LOF 份额。

此外,对于处于募集期内或封闭期内的 LOF 份额进行跨系统转托管虽没有明确规定禁止,但一般的运作方式均为在封闭期结束后再开通跨系统转托管。

第五节 QDII 基金的申购和赎回

一、QDII 基金与一般开放式基金申购和赎回的相同点

1. 申购和赎回渠道

QDII 基金的申购和赎回渠道与一般开放式基金基本相同,投资者可以通过基金管理人的直销中心及代销机构的网站进行 QDII 基金的申购和赎回。基金管理人可以根据情况变更或增减代销机构,并予以公告。

2. 申购和赎回的开放时间

证券交易所的交易日(基金管理人公告暂停申购或赎回时除外)为 QDII 基金申购和赎回开放日,投资者应当在开放日的开放时间办理申购和赎回申请。开放时间为 9:30—11:30,13:00—15:00。

QDII 基金申购和赎回的原则与程序,申购份额和赎回金额的确定,巨额赎回的处理办法等都与一般开放式基金类似。

二、QDII 基金与一般开放式基金申购和赎回的区别

1. 币种

一般情况下,QDII 基金申购和赎回的币种为人民币,但基金管理人可以在不违反法律、法规规定的情况下,接受其他币种的申购和赎回,并提前公告。

2. 申购和赎回登记

一般情况下,基金管理公司会在 T+2 日内对该申请的有效性进行确认。T 日提交的有效申请,投资者应在 T+3 日到销售网点柜台或以销售机构规定的其他方式查询申请的确认情况。

对 QDII 基金而言,赎回申请成功后,基金管理人将在 T+10 日(包括该日)内支付赎回款项。在发生巨额赎回时,款项的支付办法按基金合同有关规定处理。

3. 拒绝或暂停申购的情形

因为 QDII 基金主要投资于海外市场,所以拒绝或暂停申购的情形与一般开放式基金有所不同,如基金规模不可超出中国证监会、国家外汇管理局核准的境外证券投资

额度等。

第六节 分级基金份额的上市交易、申购和赎回

一、分级基金份额的上市交易

分开募集的分级基金是分别以子代码进行募集,基金成立后,向深圳证券交易所提交上市申请,仅以子代码上市交易,母基金既不上市也不申购、赎回。

对于以母基金代码进行合并募集的分级基金,募集完成后,将基础份额按比例拆分为不同风险收益的子份额,部分或全部类别份额上市交易。目前我国发行的合并募集分级基金,通常是子份额上市交易,基础份额仅进行申购和赎回,不上市交易。因此,合并募集的分级基金募集完成后,通常是仅将场内认购的份额按比例拆分为子份额,场外认购的基金份额以基础份额的形式持有。

分级基金上市遵循证券交易所相关上市条件和交易规则。

二、分级基金份额的申购和赎回

开放式分级基金份额的申购和赎回包括场内和场外两种方式。

分开募集的分级基金,以子代码进行申购和赎回,母基金代码不能进行申购和赎回。

目前我国发行的合并募集的分级基金,通常只能以母基金代码进行申购和赎回,子基金份额只能上市交易,不能单独申购和赎回。场内申购的基础份额可以按比例拆分为子份额上市交易。投资者可以按初始份额配比比例将其持有的不同风险收益的子份额配对转换为基础份额,然后以母基金代码进行赎回。

开放式分级基金份额的场内、场外申购和赎回遵循 LOF 的原则和流程。分级基金较普通基金复杂,风险更高,投资者需要具有更强的风险承受能力。自 2012 年起,新募集的分级基金要求设定单笔认购/申购的下限:合并募集的分级基金,单笔认购/申购金额不得低于 5 万元;分开募集的分级基金,B 类份额单笔认购/申购金额不得低于5 万元。

三、分级基金的跨系统转托管

由于分级基金份额是分系统登记的,登记在基金注册登记系统的基金份额只能申请赎回,不能直接在证券交易所卖出,登记在证券登记结算系统中的基金份额可以在证券交易所卖出。

基金份额持有人拟申请将登记在基金注册登记系统中的基金份额进行上市交易,必须先办理跨系统转托管,即将登记在基金注册登记系统中的基金份额转托管到证券登记结算系统。基础份额从基金注册登记系统中的基金份额转托管到证券登记结算系统后,将基础份额拆分为子基金份额后可以在证券交易所卖出。基金份额持有人也可以将登记在证券登记结算系统中的基金份额转托管到基金注册登记系统。

第七节 开放式基金份额的登记

一、开放式基金份额登记的概念

开放式基金份额的登记,是指基金注册登记机构通过设立和维护基金份额持有人名册,确认基金份额持有人持有基金份额的事实的行为。基金份额登记具有确定和变更基金份额持有人及其权利的法律效力,是保障基金份额持有人合法权益的重要环节。

二、我国开放式基金注册登记机构及其职责

《证券投资基金法》规定,开放式基金的登记业务可以由基金管理人办理,也可以委托中国证监会认定的其他机构办理。

1. 我国开放式基金注册登记体系的模式

(1) 基金管理人自建注册登记系统的"内置"模式;

(2) 委托中国证券登记结算有限责任公司作为注册登记机构的"外置"模式;

(3) 以上两种情况兼有的"混合"模式。

2. 基金注册登记机构的主要职责

(1) 建立并管理投资者基金份额账户;

(2) 负责基金份额登记,确认基金交易;

(3) 发放红利;

(4) 建立并保管基金投资者名册;

(5) 基金合同或者登记代理协议规定的其他职责。

三、基金份额登记流程

基金份额登记过程实际上是基金注册登记机构通过基金注册登记系统对基金投资者所投资基金份额及其变动进行确认、记账的过程。这个过程与基金的申购和赎回过程是一致的,具体流程如下:

T 日,投资者的申购和赎回申请信息通过代销机构网点传送至代销机构总部,由代销机构总部将本代销机构的申购和赎回申请信息汇总后统一传送至注册登记机构。

T+1 日,注册登记机构根据 T 日各代销机构的申购和赎回申请数据及 T 日的基金份额净值统一进行确认处理,并将确认的基金份额登记至投资者的账户,然后将确认后的申购和赎回数据信息下发至各代销机构,各代销机构再下发至各所属网点。同时,注册登记机构也将登记数据发送至基金托管人。至此,注册登记机构完成对基金份额持有人的基金份额登记。如果投资者提交的信息不符合注册登记的有关规定,最后的确认信息将是投资者申购和赎回失败。

对于不同基金品种,份额登记时间可能不一样,一般基金通常如上所述,是 T+1 日登记,而 QDII 基金则通常是 T+2 日登记。

基金份额登记流程如图 5-1 所示。

图 5-1　基金份额登记流程图

四、申购和赎回的资金结算

资金结算分清算和交收两个环节。清算是按照确定的规则计算出基金当事各方应收应付资金数额的行为。交收是基金当事各方根据确定的清算结果进行资金的收付,从而完成整个交易过程。

基金份额申购和赎回的资金清算是注册登记机构根据确认的投资者申购和赎回数据信息进行的。按照清算结果,投资者的申购和赎回资金将会从投资者的资金账户转移至基金在托管银行开立的银行存款账户或从基金的银行存款账户转移至投资者的资金账户。资金交收流程如图 5-2 所示。

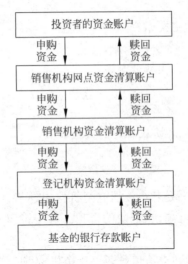

图 5-2　资金交收流程

由于基金申购和赎回的资金清算依据注册登记机构的确认数据进行,为保护基金投资人的利益,有关法规明确规定,基金管理人应当自收到投资者的申购(认购)、赎回申请之日起 3 个工作日内,对该申购(认购)、赎回申请的有效性进行确认。

目前,我国境内基金申购款一般能在 T+2 日内到达基金的银行存款账户,赎回款一般于 T+3 日内从基金的银行存款账户划出。货币市场基金的赎回资金划付更快一些,一般 T+1 日即可从基金的银行存款账户划出,最快可在划出当天到达投资者资金账户。

拓展阅读 5-2

什么时候卖掉基金

思 考 题

1. 为什么开放式基金的交易要遵循"未知价"交易原则?

2. 什么是巨额赎回和暂停赎回? 我国对基金的巨额赎回和暂停赎回有什么规定?

3. 某投资者有 10 万元,如果他想认购某只开放式基金,认购费率为 1%,在募集期内,资金的利息为 89.12 元,请分别用外扣法和内扣法,计算该投资者可以认购多少份额。2022 年 5 月 15 日该基金的单位净值是 1.031 元,如果这位投资者用 10 万元申购该基金,该日可以申购多少份额(适用外扣法,申购费率为 1.5%)? 另一位投资者有 102 万份基金,他想在该日赎回,赎回支付金额是多少(赎回费率为 0.5%)?

4. 货币市场基金的申购和赎回应遵循什么原则?

5. 什么是"价格优先、时间优先"原则?

第六章

基金的投资管理

【学习目标】

1. 掌握基金的投资范围；
2. 了解基金的投资决策和风险控制；
3. 了解基金的投资目标和投资理念；
4. 理解基金的投资策略。

第一节　基金的投资范围

一、基金投资对象的规定

按照我国《证券投资基金法》的规定，基金的投资对象为：

(1) 上市交易的股票、债券；

(2) 国务院证券监管机构规定的其他证券品种。

因此，基金的投资范围为股票、债券等金融工具。目前，我国的基金主要投资于国内依法公开发行上市的股票、非公开发行股票、国债、企业债券、金融债券、货币市场工具、资产支持证券、权证等。

二、基金投资比例的规定

1. 相关法律、法规的规定

(1) 按照 2004 年 6 月 29 日中国证监会颁布的《证券投资基金运作管理办法》的规定，基金管理人运用基金资产进行证券投资，不得有下列情形：①一只基金持有一家上市公司的股票，其市值超过基金资产净值的 10%；②同一基金管理人管理的全部基金持有一家公司发行的证券，超过该证券的 10%；③基金资产参与股票发行申购，单只基金所申报的金额超过该基金的总资产，单只基金所申报的股票数量超过拟发行股票公司本次发行股票的总量；④违反基金合同关于投资范围、投资策略和投资比例等的约定；⑤中国证监会规定禁止的其他情形。

完全按照有关指数的构成比例进行证券投资的基金品种可以不受上述第①项、第②项规定的比例限制。基金管理人应当自基金合同生效之日起 6 个月内使基金的投资组合比例符合基金合同的有关约定。因证券市场波动、上市公司合并、基金规模变动等基金管理人之外的因素致使基金投资不符合上述第①项、第②项规定的比例或者基金合同约定的投资比例的,基金管理人应当在 10 个交易日内进行调整。

（2）货币市场基金的投资组合应当符合下列规定：①投资于同一公司发行的短期企业债券的比例,不得超过基金资产净值的 10％。②存放在具有基金托管资格的同一商业银行的存款,不得超过基金资产净值的 30％;存放在不具有基金托管资格的同一商业银行的存款,不得超过基金资产净值的 5％;投资于定期存款的比例,不得超过基金资产净值的 30％。③在全国银行间债券市场债券正回购的资金余额不得超过基金资产净值的 40％;除发生巨额赎回的情形外,货币市场基金的投资组合中,债券正回购的资金余额在每个交易日均不得超过基金资产净值的 20％;因发生巨额赎回致使货币市场基金债券正回购的资金余额超过基金资产净值 20％的,基金管理人应当在 5 个交易日内进行调整;持有的剩余期限不超过 397 天但剩余存续期超过 397 天的浮动利率债券的摊余成本总计不得超过当日基金资产净值的 20％;不得投资于以定期存款利率为基准利率的浮动利率债券;买断式回购融入基础债券的剩余期限不得超过 397 天;投资于同一公司发行的短期融资券及短期企业债券的比例,合计不得超过基金资产净值的 10％;因市场波动、基金规模变动等基金管理人之外的因素致使基金投资不符合上述比例的,基金管理人应当在 10 个交易日内调整完毕;投资于同一商业银行发行的次级债的比例不得超过基金资产净值的 10％;不得投资于股票、可转换债券、剩余期限超过 397 天的债券、信用等级在 AAA 级以下的企业债券等金融工具;④中国证监会、中国人民银行规定的其他比例限制。货币市场基金投资组合的平均剩余期限,不得超过 180 天。

2. 基金契约的规定

基金作为一种受托理财的集合投资制度,其运作要遵循基金契约的规定,因此基金的投资对象及投资行为要遵守基金契约的规定。基金契约的具体规定内容取决于基金的类型、投资目标及投资理念,对于不同类型的基金来说,其具体规定内容有所不同。例如,成长型基金主要投资于具有成长前景的普通股;收入型基金主要投资于具有稳定收入的国债、企业债券及优先股,平衡型基金既投资于具有成长前景的普通股,又投资于具有稳定收入的国债、企业债券及优先股。按照我国《证券投资基金运作管理办法》对基金类型的划分,股票基金将 60％以上的基金资产投资于股票;债券基金将 80％以上的基金资产投资于债券;货币市场基金仅投资于货币市场工具;混合基金将基金资产投资于股票、债券和货币市场工具,并且股票投资和债券投资的比例不符合股票基金、债券基金的规定。

三、基金投资的限制

1. 关于基金投资的基本限制

为保护广大基金投资者的利益,促进基金业健康稳定发展,各国政府及其证券主管机构通过相关法律、法规对基金的投资对象及投资行为加以限制。其目的主要包括：①引导基金分散投资,降低基金投资的风险;②避免基金操纵市场;③发挥基金引导市场的积极作用。

按照我国《证券投资基金法》的规定,基金资产不得用于下列投资或者活动：

（1）承销证券；

（2）向他人贷款或者提供担保；

（3）从事承担无限责任的投资；

（4）买卖其他基金份额，但是国务院另有规定的除外；

（5）向其基金管理人、基金托管人出资或者买卖其基金管理人、基金托管人发行的股票或者债券；

（6）买卖与其基金管理人、基金托管人有控股关系的股东或者与其基金管理人、基金托管人有其他重大利害关系的公司发行的证券或者承销期内承销的证券；

（7）从事内幕交易、操纵证券交易价格及其他不正当的证券交易活动；

（8）依照法律、行政法规有关规定，由国务院证券监督管理机构规定禁止的其他活动。

2. 关于基金投资的具体限制

（1）开放式基金的投资限制。关于开放式基金的投资限制，按照《开放式证券投资基金试点办法》的规定。开放式基金的投资方向应当符合基金契约及招募说明书的规定；基金名称显示投资方向的，基金的非现金资产应当至少有 80% 属于该基金名称所显示的投资内容。

（2）关于货币市场基金的投资限制。关于货币市场基金的投资限制，按照 2004 年 8 月 26 日中国证监会和中国人民银行联合颁布的《货币市场基金管理暂行规定》，货币市场基金应当投资于以下金融工具：①现金；②1 年以内（含 1 年）的银行定期存款、大额存单；③剩余期限在 397 天以内（含 397 天）的债券；④期限在 1 年以内（含 1 年）的债券回购；⑤期限在 1 年以内（含 1 年）的中央银行票据；⑥中国证监会、中国人民银行认可的其他具有良好流动性的货币市场工具。

货币市场基金不得投资于以下金融工具：①股票；②可转换债券；③剩余期限超过 397 天的债券；④信用等级在 AAA 级以下的企业债券；⑤中国证监会、中国人民银行禁止投资的其他金融工具。

第二节 基金的投资决策和风险控制

一、投资决策机构

根据基金发展比较成熟的国家的经验，基金管理人要想实现基金运作的科学性和稳健性，必须建立一个理性、高效的投资决策机构，这个机构被称为投资决策委员会。投资决策委员会通常由基金管理公司的高级管理层及各相关业务部门负责人组成，定期讨论基金的投资目标、投资对象并分析和评价基金的投资业绩。我国 1993 年前后设立的老基金虽然也有类似的机构，但事实上是形同虚设的，并没有真正起到制定投资决策的作用。1998 年以后，依据《证券投资基金管理暂行办法》规定设立的新基金大都有比较完备的投资决策机构。目前，我国基金管理公司的投资决策框架体系一般都比较完善。下面以易方达基金管理公司的一个投资决策体系为例，该体系具有一定的代表性。

基金管理公司实行投资决策委员会领导下、团队协作基础上的基金经理负责制。在投资决策上,强调团队的价值和分工协作,注重研究人员和基金经理的充分沟通,杜绝研究和投资割裂的现象。公司内部主要相关投资机构由以下几个部门组成。

（1）投资决策委员会是基金投资运作的最高决策机构,主要负责审议基金资产配置计划、股票投资的行业配置计划,以及金额超过一定限额的具体投资计划。投资决策委员会一般每月召开两次会议,基金经理和相关研究人员列席会议。

（2）基金投资部负责在投资决策委员会的指导和授权下进行基金的投资运作。如果基金经理的操作超出投资决策委员会议定的基本配置范围,基金经理应说明理由并提交相应的支持报告。在个股选择上,基金经理投资的所有股票都必须来自公司的股票备选库。

（3）研究部负责宏观经济、行业、个股及债券研究。研究员在对上市公司深入调研的基础上,写出研究报告,在投资研究部和基金管理部人员组成的投资研究联席会议上,将围绕研究报告对股票的投资价值进行充分讨论和论证,经投票表决并有 2/3 以上人员通过,股票才能进入投资备选库,尤其是核心备选库中的所有股票还须经过研究员实地调研和集体讨论两重把关,有效防止因上市公司质量不佳带来的个股风险和基金经理道德风险,并有利于提高投资收益。

（4）集中交易室接受基金经理下达的投资指令,在确认投资指令的合规性、合理性、有效性后按照指令的规定内容严格执行,并及时向投资总监、投资部总经理、基金经理及监察部反馈与交易相关的信息。

（5）金融工程部运用数量化分析手段对每只基金的收益、风险和有关指标定期进行分析评估,对各种潜在的投资风险进行讨论,提出相应的风险控制计划和改进投资的建议。

（6）风险管理部对投资组合的风险水平及基金的投资绩效进行评估,报风险管理委员会,抄送投资决策委员会、投资总监及基金经理,并就基金的投资组合提出风险管理建议。

（7）法律合规部对基金的投资行为进行合规性监控,并对投资过程中存在的风险隐患向基金经理、投资总监、投资决策委员会及风险管理委员会进行风险提示。

二、投资决策程序

投资决策的程序是确立基金投资的原则、确立投资目标、认清投资风险、明确投资对象、把握投资时机。

1. 确立基金投资的原则

对于大多数投资者而言,基金投资是最好的金融投资方式。基金投资并非只是购买一些基金产品,而是有可能伴随投资者一生的理财活动。因此,开始基金投资前,每一个投资者都应当确立量力而行原则、长期投资原则和独立思考原则,并在进行基金投资时坚持这三个原则。

（1）量力而行原则。基金投资只是投资者整个理财规划的一部分,而不是个人理财的全部,更不能逾越投资性资产与生活性资产的界限。基金投资的风险性决定了投资者做出的投资决策必须与其财务状况相匹配,投资者不能以降低自己生活水平和质量为代价来投资,更不能挪用急需使用的资金甚至采用借贷等方式进行基金投资。因为投资基金具有一定的风险,尤其是股票型基金投资由于受市场影响可产生比较大的净值波动,从而可能因为急需用钱或借贷到期而导致没有时间平伏波动的风险,给投资者带来较大损失。理性投资者在投资时应根据自己的实际情况量力而行。

(2) 长期投资原则。基金投资作为成熟的投资理财工具,其最大的作用不在于低价买入、高价卖出以赚取差价收益,正确的投资理念应当是建立在一定的信心基础之上的,其中包括对中国经济长期高速发展看好的信心、对中国资本市场逐步完善并保持健康发展的信心、对众多基金从业人员专业化管理的信心。基金是长期投资工具,需要投资者耐心及秉承长期投资基金的理念,将其收获期看得更为久远,而不为短期市场波动所动摇。

(3) 独立思考原则。独立思考原则是投资者进行投资的立足点。投资者在投资基金时,应根据自己对市场本身的认识和把握进行投资,而不能人云亦云,跟着别人走,失去主见。投资者需要以谨慎的心态独立思考,独立研究判断证券市场的发展趋势,分析和选择投资基金品种。投资者还应当形成自己的基金投资风格,善于总结他人和自己过去基金投资成功的经验,分析失败的原因,从中找出适合自己的投资方法。进行独立思考虽然可能会浪费一点时间,但是也可能意外收获一些为人们所忽略或漠视的东西。投资者需要注意的是,独立思考并不能简化为逆向思考。巴菲特早就指出,逆反行为和从众行为一样愚蠢。

2. 确立投资目标

基金市场上的产品多种多样,投资者在进行投资以前应根据自己的承载能力确立投资目标,以便在市场上选择相应的基金产品满足自己的投资需求。

(1) 投资期限。开始投资之前,投资者必须有一个明确的投资期限。投资期限一般划分为短期(1～3 年)、中期(3～5 年)和长期(5 年以上)三个阶段。投资期限需要结合家庭的具体情况而定,需要考虑养老计划、子女教育计划、旅游等消费计划,同时还要兼顾心理承受能力。中长期的投资可以选择股票型和偏股型基金等波动比较大的基金,利用时间来规避短期风险;而 1 年以下的投资适宜选择债券和货币基金,因为这些基金短期波动风险较小。基金作为一种专家理财产品,适合进行中长期投资,其好处是可以熨平基金净值受股市影响而产生的波动,更好地实现资金的长期增值。

(2) 风险预期。在开始投资前,投资者还需要建立自己的风险预期,也就是需要清楚自己愿意承担多少亏损。不同的风险承受能力,可以选择不同风险特征的基金投资组合。将自己投资的风险控制在可以承受的范围内,即为自己的资产建立一道防火墙,不至于因为投资风险而影响自己的正常生活。

(3) 投资偏好。由于年龄不同,人们的收入、家庭负担和需求也各不相同,所能承受的投资风险能力也不同。例如,中青年投资者正处于人生的上升和辉煌时期,这部分投资者的抗风险能力较强,可以选择股票型基金作为首选;中老年投资者随着收入和支出的变化,使用资金的节奏和数量也会不断变化,对风险的承受能力会变弱,不妨在投资组合中积极配置一些保本型、指数型及债券型基金,这样收益更稳定、风险更低。

3. 认清投资风险

基金虽然是一种比较稳妥的投资方式,但也具有一定的风险。投资基金并不一定能保证盈利,或者保证实现最低收益。因此,投资者选择投资基金要承担一定的风险,主要有流动性风险、申购赎回未知价风险、基金投资风险和机构运作风险。

(1)流动性风险。任何一种投资工具都存在流动性风险,基金投资也不例外。投资者因急需资金而要卖出基金时面临变现困难和不能在合适价格上变现的风险,这一风险主要来自资金的流动性方面。封闭式基金无法赎回,只能通过市场交易收回资金。由于封闭式基金的价格主要由基金单位净值和市场供求状况决定,所以投资者因急需资金而要出售封闭式基金时就必须被动地接受市场价格,而我国市场上封闭式基金的折价尤其严重,投资者在赎回时很难避免损失。随着基金行业的发展,封闭式基金转为开放式基金的步伐越来越快,流动性风险最终会逐渐变小。与股票和封闭式基金相比,开放式基金的流动性风险相对较低。由于基金管理人在正常情况下必须以基金资产净值为基准承担赎回义务,投资者不存在在适当价位卖不出去的流动性风险。但当基金面临巨额赎回或暂停赎回的极端情况时,基金投资者有可能无法以当日单位基金净值全额赎回,若投资者选择延迟赎回,则要承担后续赎回日单位基金资产净值下跌的风险。

(2)申购、赎回未知价风险。开放式基金的申购数量、赎回金额以基金交易日的单位基金资产净值加减有关费用计算。投资者在当日进行基金申购、赎回操作时,所参考的单位资产净值是上一个基金交易日的数据,而对于基金单位资产净值自上一交易日至交易当日所发生的变化,投资者无法预知,所以存在未知价风险。投资者在申购、赎回时不知道会以什么价格成交,这种风险就是开放式基金申购、赎回价格未知的风险。这种风险对于长期投资者来说要小得多。

(3)基金投资风险。基金实行组合投资确实可以分散和降低风险,但不能完全消除风险。事实上,不同品种和种类的基金仍然存在不同程度的风险,只是大小问题。由于大部分基金主要把募集的资金投资到股票和债券上,因此这些有价证券的价格波动就会给基金资产带来投资风险。这种证券价格波动造成的风险可分解为系统风险和非系统风险。系统风险是由于整体宏观经济的波动或者证券市场政策变动等因素造成的市场风险,无法通过分散投资来避免。非系统风险主要是指个别股票或证券的价格波动给基金资产带来的风险,一般可以通过投资组合技术分散和化解,因而对投资基金的影响不大。

(4)机构运作风险。开放式基金由多个机构提供各种技术和信息服务,这些机构的运作存在诸多风险,主要包括系统运作风险、经营风险和管理风险。系统运作风险是指基金管理人、基金托管人、注册登记机构或代销机构等当事人的运行系统出现问题给投资者带来损失的风险。经营风险是指基金运作各当事人因经营不善、亏损或破产等不能履行义务,而给基金投资者带来的资产损失风险。管理风险是指基金运作各当事人的管理水平给投资者带来的风险,如基金管理人的管理能力决定基金的收益状况,注册登记机构的运作水平直接影响基金申购赎回效率等。

此外,还有不可抗力风险,即战争、自然灾害等不可抗力因素发生时给基金投资者带来的风险。

4. 明确投资对象

每个投资者的风险、收益偏好都不相同,而不同类型、不同品种基金的风险收益特征也不同。基金是一种适合中长期投资的理财工具,不存在一种基金在任何市场上都能保持良好收益的情况。因此,对投资者来说选择适合自己的基金作为投资对象非常重要。投资者在确立投资目标和风险、收益偏好的情况下,应当明确投资对象,以便做出正确的决策。

无风险承受能力且希望获得稳定收益的人应选择货币市场基金或债券型基金;有一定风险承受能力和较高收益偏好,但不想冒过高风险的人则适合选择混合型基金;而对有风险承受能力、希望博取高收益的人来说,股票型基金则是较理想的选择。

不同的投资目标决定了基金的基本投资对象,投资者可以依据基金的分类标准筛选出与自己的风险、收益偏好相一致的基金产品。

5. 把握投资时机

投资时机的把握在投资市场上意味着财富,是非常重要的。在恰当的时点选择基金,不但会降低投资成本,而且可以博取最大的投资收益;在不恰当的时点选择基金,不但会增加投资成本,而且面临套牢风险,致使变现困难。投资者把握投资基金时机需要掌握以下几个原则。

(1) 遵循经济运行周期。经济发展具有周期性循环的特征,一个经济周期包括衰退、萧条、复苏、高涨几个阶段。一般来说,在经济周期衰退至谷底到逐渐复苏再到有所扩张的阶段,投资股票型基金最为合适;在经济处于逐渐步入谷底的阶段,应该提高债券型基金、货币市场基金等低风险基金的比重;在经济处于发展的复苏阶段,应加大股票型基金的投资比重;当经济发展速度逐渐下降时,应逐步获利了结,转换成稳健收益类的基金产品。

(2) 把握证券市场走势。应根据证券市场走势把握投资时机:如果证券市场经过长期下跌后开始中长期回升,应投资股票型基金,投资者只要坚信证券市场的上涨格局不变,还可以投资指数型基金,以充分享受证券市场上涨带来的收益;如果证券市场开始下跌,则应投资债券型基金、货币市场基金,以规避风险。

(3) 把握基金营销阶段优惠政策。基金公司在首发募集或者持续营销活动期间,为了吸引投资者,通常会推出一些购买优惠活动。值得注意的是,在持续营销活动中,基金公司一般会选择业绩优良的基金,投资这些基金通常比较安全,再加上还能享受费率优惠,可以节省交易费用。

三、投资决策实施

基金管理人在确定了投资决策后,就要进入决策的实施阶段。具体来说,就是由基金经理根据投资决策中规定的投资对象、投资结构和持仓比例等,在市场上选择合适的债券、股票或其他投资工具来构建投资组合。投资决策是否得到合理、有效的实施,直接关系基金投资效益的好坏和基金投资者收益的高低。从国内基金的招募说明书中可以看到,基金管理公司通常会设立专门的基金投资部,负责基金的具体投资工作。

在基金的具体投资运作中,通常是由基金经理向基金交易员发出交易命令,具体包括买入(卖出)何种投资工具、买入(卖出)的时间和数量、买入(卖出)的价格控制等。可以说,基金经理的投资理念、分析方法和投资工具的选择是基金投资运作的关键,基金经理投资水平的好坏直接决定了基金的收益情况。基金经理在实际投资中依据一定的投资目标,构建合适的投资组合,并根据市场实际情况的变化及时对投资组合进行调整,合理地吸收或剔除相应的债券、股票或其他投资工具。

在实际操作中,交易员的地位和作用也是相当重要的。基金经理下达交易命令后要由交易员负责完成。交易员即通常所说的"操盘手",每天从基金经理处接受交易指令,然后寻找合适的机会以尽可能低的价位买入需要买入的股票或债券,以尽可能高的价位卖出应当卖出的股票或债券。交易员除了执行基金经理的指令外,还必须及时向基金经理汇报实际交易情况和市场动向,协助基金经理完成基金的有效运作。

四、投资风险控制

风险来源于不确定性。风险的形式多种多样:企业生产经营过程中供、产、销各个环节的不确定性因素导致企业资金运动迟滞产生的企业价值变动,被称为经营风险。企业在各项财务活动中,难以预料和无法控制的因素使企业在一定时期、一定范围获得的最终财务成果与预期的经营目标发生偏差,导致企业蒙受经济损失的可能性,被称为财务风险。法律风险是指基于法律规定或合同约定,企业外部法律环境发生变化或法律主体的作为或不作为对企业产生负面法律责任或后果的可能性。

证券投资基金公司作为"受人之托,代人理财"的专业机构,始终以在保证基金资产安全的前提下追求基金收益最大化为目标。因此,投资风险管理对于基金公司而言是首要且至关重要的。投资风险的表现形式主要包括市场风险、信用风险和流动性风险。

1. 投资风险的类型

1) 市场风险

(1) 市场风险的类型。市场风险或系统性风险是外在因素,如政治、经济或法令的变更,导致市场行情不利波动,使基金投资组合资产遭受损失的风险。基金运作采取组合投资的方式虽然能分散风险,但无法规避风险。

市场风险通常包括经济周期性波动风险、政策风险、利率风险、汇率风险、购买力风险等。

① 经济周期性波动风险。周期波动是经济发展过程中的常见现象。经济周期的循环波动会引起证券市场长期趋势的变动,而基金投资的是证券市场上已有的金融工具,因此基金的表现也会随经济周期的改变而发生变化。经济处于低迷或活跃状态时,基金的行情也会随之低迷或活跃。例如,2005—2007 年我国经济增速较快,基金业绩也表现良好,而 2008 年次贷危机使全球经济处于低迷状态,基金的行情也受到了很大影响。

② 政策风险。政策风险是指政府有关证券市场的政策发生重大变化或有重要的举措、法规出台,引起证券市场的波动,从而对基金收益产生影响。政策风险主要包括反向性政策风险和突变性政策风险。前者是指政策导向与证券市场内在发展方向不一致时对基金收益产生的影响,而后者是指管理层政策口径突然发生变化给证券市场乃至基金收益带来的风险。

③ 利率风险。利率风险是指市场利率变动的不确定性造成的基金价值的不确定性。基金投资标的证券的价格会随利率的变化而变化,如利率上升/下降将使股票价格下降/上升,从而影响基金的收益。利率变动主要受宏观经济环境、央行政策、国际经济形势、经

济周期等的影响,是不确定且经常性的。

④ 汇率风险。汇率风险是指汇率波动引起的基金价值涨跌的可能性。影响汇率风险的因素主要有国际收支及外汇储备、利率、通货膨胀、政治局势等。对于合格境内投资者(QDII)基金而言,由于其涉及外汇业务(将投资者资金汇集起来投资于境外证券市场的有价证券),基金的价值对汇率反应较为敏感。

⑤ 购买力风险。购买力风险又称通货膨胀风险,是指基金的利润主要通过现金形式分配,而现金可能受通货膨胀的影响而导致购买力下降,从而使基金的实际收益下降的风险。投资者购买基金后,其实际收益率会随通货膨胀的发生而下降。例如,当年基金的名义投资收益为 5%、通货膨胀率为 6%,投资者年初持有 1 万元基金资产,到年终将持有 1.05 万元,变卖后将无法支付 1.06 万元购买商品。这体现了货币购买力的下降。

(2)市场风险的管理方法。基金管理人可以通过以下方法管理基金的市场风险:①密切关注宏观经济指标的变化、政府的重大政策举措,及时评估宏观因素的变化可能给基金投资组合带来的系统性风险,同时定期监控组合投资风险控制指标,提出相应的风险应对措施。②密切关注公司基本面的变化,通过构造合理的投资组合分散非系统性风险。对于市场风险较高的投资组合,应建立快速评估机制和定期跟踪机制。③加强对重大投资的监控,对基金重仓证券、单日个券交易量占该证券流通市值显著比例等进行跟踪分析。④运用定量分析方法和优化技术,分析投资组合的风险来源和风险暴露程度。例如,可运用敏感性分析找出影响投资组合的关键因素,也可以运用压力测试评估投资组合在极端市场情景下的风险承受能力。

2)信用风险

信用风险即违约风险,是指借款人、证券发行人或交易对方因各种原因不愿或无力履行合同条件而构成违约,导致交易另一方遭受损失的可能性。基金资产投资于不同证券(如固定收益类证券),证券发行人可能到期无法足额偿付本息,致使基金收益遭受损失。

(1)信用风险产生的原因。①经济运行的周期性。处于经济扩张期时,较强的盈利能力使总体的违约率降低;而处于经济紧缩期时,盈利状况总体恶化,证券发行人因各种原因无法及时足额还款的可能性增加,从而信用风险增加。②与公司经营密切相关的特殊事件的发生。该特殊事件的发生与经济运行周期无关,但对公司经营有重要影响。例如,当人们意识到石棉对人体健康有害时,会大量减少购买石棉产品,甚至对相关企业产品的质量提起诉讼,严重时可能导致企业破产。这将使投资于该行业的基金面临无法偿付本息的风险。

(2)信用风险的管理。①建立针对固定收益类产品发行人的内部信用评级制度,结合外部信用评级,进行发行人信用风险管理。②通过多元化投资,即投资于不同种类的固定收益类产品降低信用风险。③建立严格的信用风险监控体系,对信用风险进行跟踪分析,及时发现、汇报、处理风险。

3)流动性风险

流动性是指证券变现的难易程度。一只具有极高流动性的证券必须满足三个条件:很容易变现、变现的交易成本极低、本金保持相对稳定。不同证券的流动性是不同的。流动性供给与需求的不平衡会造成流动性风险。

（1）流动性风险的表现。基金投资的流动性风险表现在两个方面：①基金在建仓或实现投资收益时，可能由于市场流动性不足而无法在预定的时间按预期的价格买入或卖出证券；②开放式基金可能由于投资者赎回时间和赎回数量的不确定产生基金资产变现的不确定损失，极端情况类似银行的"挤兑"风险。

与市场风险、信用风险相比，流动性风险更为复杂。市场、操作等各领域的风险管理缺陷都有可能导致流动性风险。影响基金流动性风险的因素主要有证券市场走势、金融市场的整体流动性、基金类型及基金持有人行为特征等。此外，市场局部的流动性不足有时会引发基金行业的流动性危机。当证券市场处于剧烈下行阶段时，基金净值会受其影响下挫，投资者因此大量赎回所持基金份额，导致基金日常的流动性无法满足投资者赎回的需要，被迫抛售手中的证券回收资金。这将导致基金净值的进一步下降及赎回需求的进一步增加，极端情况下将造成恶性循环，最后导致基金清盘。以2015年我国公募基金的遭遇为例：高杠杆场外配资导致股市异常波动，受证监会强力清查配置的影响，上证指数从高位突然掉头向下，股灾降临。此后市场迅速陷入极大的恐慌和大面积踩踏之中，公募基金随后遭遇流动性冲击。6月15日至8月26日共计52个交易日，有21个交易日指数大幅下跌或暴跌，有17次千股跌停，其中更有数次逾2 000只个股跌停。同时，公募基金遭到巨额赎回，2015年7月该类基金份额数量较2015年6月减少近千亿份。

（2）流动性风险的管理。①建立流动性风险管理制度及预警机制。当流动性指标达到预先设定的阈值时，启动流动性风险预警机制，调整投资组合资产，剔除个别流动性差的证券。②及时对基金投资组合资产的流动性（如证券的换手率、变现周期、资产的流动性结构等因素）进行跟踪分析。③定期进行流动性压力测试，测算当外部市场环境发生重大变化导致基金面临巨额赎回压力时基金可以承受的最大损失，并相应地调整基金投资组合。④分析基金投资组合持有人的背景、结构、特征等，重点关注投资者申赎意愿。

2. 投资风险管理

证券投资风险并非总是需要避免的，有些风险的确需要规避，但有些风险则需要加以监控和管理，因为这类风险是产生收益的基础，只有合理地承担和管理风险，基金才可能获得超额收益。投资风险管理是一个复杂的系统工程，整个投资和运作过程中出现的任何风险都有可能导致损失。要想成功实现投资风险管理，最重要的是建立一个科学的风险管理体系并将其严格地贯彻落实到基金管理中去。

基金公司的投资风险管理应遵循以下基本原则：

（1）全面性原则。基金公司投资风险管理必须全面覆盖所有相关部门和岗位，涵盖所有投资风险类型，并贯穿所有相关业务流程和业务环节。

（2）独立性原则。基金公司应设立相对独立的投资风险管理岗位，负责评估、监控和报告公司的投资风险状况。

（3）一致性原则。基金公司在建立投资风险管理体系时，应确保风险管理目标与战略发展目标一致。

（4）适时有效原则。基金公司应根据公司的战略部署等内部环境和市场环境等外部环境的变化及时调整对投资风险的评估。

在上述原则的指导下，基金公司按照投资风险识别、投资风险评估、投资风险应对、投资风险报告和监控及投资风险管理体系评价五个步骤实施投资风险管理。

投资风险的管理流程基本如图 6-1 所示。

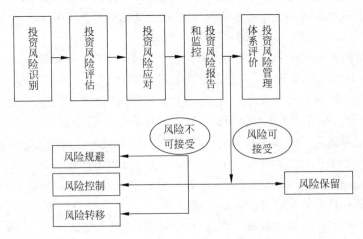

图 6-1　投资风险管理流程

五个步骤的具体运作如下：

（1）投资风险识别是对基金资产投资面临的及潜在的风险源和风险因素加以判断、识别、归类并鉴定风险性质的过程。换言之，就是找到投资风险的所在及引起风险的主要因素，并对后果做出定性估计。风险识别可采取"由下至上""由上至下"或二者结合的方式进行。在投资风险识别的过程中，保持客观的态度是非常重要的。

（2）投资风险评估是对上一步识别出的风险进行定性分析、定量分析或二者结合，确定风险发生的概率和程度，从而明确风险的等级。换言之，就是测评风险带来的影响或损失的可能程度。在进行风险评估时需要注意评估方法前后必须保持一致。

（3）投资风险应对是指在识别风险和分析出风险概率及风险影响程度的基础上，根据风险性质和决策主体的风险承受能力制订的规避、承受、降低或分担风险等的相应防范计划。基金公司应建立清晰的风险事件登记制度和风险应对考评管理制度，明确风险事件的等级、责任追究机制和跟踪整改要求。

（4）投资风险报告和监控是投资风险管理的核心环节。基金公司应建立完善的报告监控体系，对风险指标进行及时、全面、有效的监控，根据风险事件发生的频率和影响程度确定风险报告的方式。风险报告应明确风险性质、风险等级、风险后果及相关部门责任人意见反馈，确保公司管理层获取真实、准确、完整的风险监控信息，并严格落实相关部门的职责。

（5）投资风险管理体系评价并非投资风险管理的最终步骤，但却是其中关键的一步。基金公司应对投资风险管理体系进行定期评价，对系统的安全性、合理性、适用性等进行分析、跟踪、检查、评估和修正，并根据公司内部环境、外部环境的变化补充、修正、完善现有系统。

基金公司管理层在收到投资风险报告后，要对基金面临的风险状况进行整体评估，确认基金现阶段承担的风险是否可以接受。如果风险可以接受，则对风险进行保留。如果风险过高不可接受,则需降低风险。降低风险可采取以下方法:①风险规避。直接放弃可能引发风险的业务,从而完全规避风险。②风险控制。部分放弃可能引发风险的业务,使风险降低到可以接受的范围内。③风险转移。进行风险对冲或购买投资组合保险。

第三节　基金的投资目标和投资理念

一、基金的投资目标

基金的投资目标是指对基金投资所具有的风险与收益状况的描述。每一只基金都有自己的投资目标,投资目标明确了该基金日后具体的投资方向,决定了其选择股票、债券等有价证券的依据。投资者可以根据基金的投资目标,了解基金投资的风险与收益状况。

不同类型基金的投资目标各不相同。概括起来,基金的投资目标大致可分为以下三类。

1. 追求长期的资本增值

这类基金又称成长型基金,是以资本长期增值为投资目标,较少考虑当期收入,其投资对象主要是市场中具有良好增长潜力的股票,如具有较大升值潜力的小公司股票和一些新兴行业的股票。为达到最大限度的增值目标,成长型基金通常很少分红,而是将投资所得的股息、红利和盈利进行再投资,以实现资本增值。在界定成长型基金时,主要是根据基金所持有股票的特性进行划分的。成长型基金所持有的股票一般具有较高的业绩增长记录,同时也具有较高的市盈率与市净率等特性。投资于成长型股票的基金,期望其所投资公司的长期盈利潜力超过市场预期,这种超额收益可能来自产品创新、市场份额的扩大或者其他原因导致的公司收入及利润增长。一些成长型基金投资范围很广,包括很多行业;一些成长型基金投资范围相对集中,如集中投资于某一类行业的股票或价值被认为低估的股票。成长型基金价格波动通常比保守的收益型基金或货币市场基金大,但收益通常也较高。一些成长型基金也衍生出新的类型,如资金成长型基金的主要目标是争取资金的快速增长,有时甚至是短期内的最大增值,一般投资于新兴产业公司等。这类基金往往有很强的投机性,因此波动也比较大。

成长型股票基金是基金市场的主流品种。这类基金可以使投资者的资金获得大幅增值,收益较高,但承担的风险也较高,比较适合具有一定风险承受能力的进取型投资者。

2. 追求当期的高收入

这类基金又称收入型基金,是以最大限度地增加当期收入为投资目标,而对证券升值并不十分重视。这类基金通常将大多数资金投资于可带来现金收入的有价证券,以获取当期的最大收入。以追求基金当期收入为投资目标的基金,其投资对象主要是绩优股、债券、可转让大额存单等收入比较稳定的有价证券。收入型基金一般把所得的利息、红利都分配给投资者。收入型基金主要有两种类型:一是在较低的风险下,强调不变的收入,其收入是比较固定的,因而也被称为固定收入型基金,其投资对象主要是债券和优先股股票;二是力图实现最大可能的收入,有时还运用财务杠杆,主要投资于普通股,因而也被称为权益收入型基金。相比之下,后者的成长潜力较大,但比较容易受股市波动的影响。

收入型基金的具体种类很多,如货币市场基金、债券基金、优先股基金、蓝筹股基金等。这类基金虽然成长潜力较小,成长性较弱,但损失本金的风险相对较低,比较适合保守型的投资者和退休人员,既可以为他们带来比较稳定的经常性收入,又具有保证资金安全与容易套现的好处。

3. 兼顾长期资本增值和当期收入

这类基金又称平衡型基金,是以既获得当期收入又追求基金资产长期增值为投资目标,把资金分散投资于股票和债券,以保证资金的安全性和盈利性。这类基金主要投资于债券、优先股和部分普通股,这些有价证券在投资组合中有比较稳定的组合比例,一般是把资产总额的 25%~50%用于优先股和债券,其余的用于普通股投资。一般来说,基金经理人在看淡后市时,会增加抗跌性较强的债券投资比例;在看好后市时,则会增加较具资本利得获利机会的股票投资比例。这类基金的收益和风险介于成长型基金与收入型基金之间。

基金的投资目标一般在基金募集时就明确加以规定,并在基金合同、基金招募说明书中列明。一般来说,基金投资目标是基金管理人根据基金产品所针对的投资者对于风险与收益的不同偏好确定的。针对风险承受能力较强、希望获取较高收益的投资者而设计的基金产品往往将追求资本的长期增值作为投资目标,被称为"成长型基金";针对偏好低风险、希望获得稳定收益的投资者设计的基金产品将追求当期红利、股息作为投资目标,被称为"收入型基金";针对风险和收益偏好都比较适中的投资者设计的基金产品被称为"平衡型基金",其投资目标是兼顾资本增值和当期收入,追求在分配股息红利的同时实现一定的资本利得。

拓展阅读 6-1
机构"羊群行为"
对我国股票市场
波动的影响

二、基金的投资理念

为保障基金投资者的权益,在基金的投资运作中,基金投资及各项基金资产的配置如同其他金融投资及金融资产配置一样,也要遵循盈利性、安全性和流动性原则。此外,由于基金投资者及基金投资运作的特殊性,基金投资及各项基金资产的配置还要遵循稳定性、独立性、灵活性和满足投资者需求的原则。

1. 基金投资应遵循的基本原则

(1) 盈利性原则。盈利是指投资收入与投资成本之差。盈利性原则是指投资收入必须大于投资成本。在基金的投资运作中,基金投资必须获取收益,为基金投资者带来投资回报。盈利性原则是基金运作的首要原则,也是基金得以存在和发展的基础。

(2) 安全性原则。安全是指风险较低,而风险是指预期收益的不确定性。在基金的投资运作中,基金投资的预期收益是不确定的,基金投资及各项基金资产的配置必须考虑投资风险,在有一定预期收益的情况下,将风险降低到最低程度,确保基金资产安全。具体来说,首先,基金投资要保证投资本金的安全,确保投资本金的保值及投资运作的资金完整,并能如期收回。其次,基金投资及其各项资产配置要防范证券市场的各种风险,在确保本金保值及运作资金完整的基础上,使基金资产不断增值。要实现这一原则,基金管理人在进行基金投资及其各项资产配置时,必须科学预测、分析和控制各种投资风险。

(3)流动性原则。流动性是指资产能随时变现且在价值上不遭受损失的能力。对于不同类型的资产来说,其流动性大小也不完全相同。基金投资的流动性原则要求基金资产必须保持一定程度的流动性,以便随时调整基金资产组合,优化配置基金各项资产,同时也为抓住随时出现的投资机会、为基金投资者分红提供必要的条件。对于开放式基金来说,由于基金投资者可以随时要求基金管理人赎回基金受益凭证,基金资产必须保留一定比例的现金资产,基金投资的流动性要求更高,基金投资的流动性原则更为重要。

基金资产的盈利性、安全性和流动性之间存在一定的关系,三者是相互制约、相互影响的。一般来说,基金资产的安全性与流动性同方向变动,即基金资产的流动性越高,基金资产的安全性也越高;但基金资产的盈利性与安全性、流动性反方向变动,即基金资产的安全性、流动性越高,基金资产的盈利性越低。从基金投资者的投资需求及其对基金投资运作的要求来看,基金资产必须保持一定的盈利性、安全性和流动性,但由于三者之间存在一定的矛盾,不能同时兼得,因此基金管理者在进行基金投资及各项基金资产配置时,必须统筹兼顾。通常应遵循的原则是,在保持基金资产一定盈利性的前提下,尽可能提高基金资产的安全性和流动性;在保持基金资产一定安全性和流动性的前提下,尽可能提高基金资产的盈利性。在处理基金资产的盈利性、安全性和流动性三者之间的关系时,是先确保基金资产的盈利性,还是先确保基金资产的安全性和流动性,要结合基金的具体类型及投资目标而定。对于成长型基金或积极成长型基金,一般通过牺牲基金资产一定程度的安全性和流动性来确保基金资产预期的盈利性。对于收益型基金,一般通过牺牲基金资产一定程度的盈利性来确保基金资产预期的安全性和流动性。对于平衡型基金,当基金资产的盈利性过低时,通过牺牲基金资产一定程度的安全性和流动性来提高基金资产的盈利性;当基金资产的安全性和流动性过低时,通过牺牲基金资产一定程度的盈利性来提高基金资产的安全性和流动性。

(4)稳定性原则。基金投资的稳定性是指基金投资收益的稳定性。一般来说,基金投资者在稳定的投资收益与不确定的投资收益之间,总是偏向于稳定的投资收益;在现实或近期的投资收益与将来的投资收益承诺之间,总是偏向于现实或近期的投资收益。因此,在基金的投资运作中,基金管理人应考虑基金投资收益的稳定性。特别是对于收益型基金来说,基金投资收益的稳定性尤为重要。

(5)独立性原则。基金投资的独立性是指基金管理人在进行基金资产投资时完全以基金投资者的权益为中心进行投资决策,而不依赖于基金托管人及其他经济主体。基金管理人在进行基金资产投资时具有自主性,除基金投资者外,不受其他当事者及有关企业的影响。此外,根据相关法规,基金管理人在选择基金投资对象时应排除关联企业发行的有价证券,禁止为使关联企业获取利益而损害基金投资者的权益。

(6)灵活性原则。基金管理人在进行基金资产投资、管理基金资产时对证券市场及其变化进行深入研究,在制订基金资产投资计划、实施和控制基金资产投资过程中要留有余地,以便随时应付证券市场行情变化和抓住有利的投资机会,及时、有效地调整基金资产投资组合,降低基金资产风险,提高基金资产收益。

(7)满足投资者需求。基金是一种受托理财的集合投资制度,基金投资者作为委托人和受益人,既是出资者,也是基金资产的实际所有者,基金的投资运作应以基金投资者为中心。基金管理人在设计基金产品、规定相关手续、收取各项费用、提供资讯服务、普及基金投资常识等方面应尽可能更好地满足基金投资者的各方面需求。例如,基金管理人在设计基金产品时,应积极开发不同性质的基金产品,使基金产品多样化,更好地满足不同投资群体的投资需求;基金管理人在规定相关手续时,应尽可能简化申购、赎回、结算等各项手续,对基金投资者提供最为便捷的服务;基金管理人在收取各项费用时,收取的管理费用、销售费用等有关费用应尽可能合理,为基金投资者节约开支,降低基金投资者的投资成本;基金管理人在提供资讯服务时,应使各项资讯信息公开化,定期公布基金的资产状况,加强基金运作的透明度。此外,基金管理人在承担自身经济责任的同时,也应承担一定的社会责任,如承担教育广大基金投资者、普及基金投资常识的责任。例如,通过出版各种基金投资手册,介绍各种基金产品及基金投资理念,教育广大基金投资者;通过举办基金投资说明会等方式,分析国内外经济形势,为广大基金投资者抓住基金投资机会、进行基金投资提供参考。

2. 基金投资应具备的理念

(1) 价值投资理念。博时基金管理公司于 2003 年在国内基金业最早提出了"价值投资"的概念,旗下基金的投资理念均为"做投资价值发现者"。下面以博时价值增长基金为例。

① 投资目标。在力争使基金单位资产净值高于价值增长线水平的前提下,本基金在多层次复合投资策略的投资结构基础上,采取低风险适度收益配比原则,以长期投资为主,保持基金资产良好的流动性,谋求基金资产的长期稳定增长。

② 投资理念。做投资价值发现者。本基金认为,具有持续的现金收益和良好增长前景的上市公司,最终将得到投资者的认可并会在股价上得到体现。本基金力求在强化投资研究的基础上,长期坚持对股票进行质地分析和现金流分析,发现具有投资价值的上市公司。同时,本基金致力于通过专业化投资方法将中国经济长期增长的潜力最大地转化为投资者的安全收益。

(2) 成长投资理念。例如,交银施罗德基金公司 2006 年募集成立的交银成长基金,阐述其投资理念如下:在坚持一贯的价值投资理念基础上,通过专业化研究分析,积极挖掘得益于中国经济高速增长的高成长性行业和企业所蕴含的投资机会。该理念至少包含以下三方面的含义:①证券市场不是完全有效,通过专业研究可以获得信息优势,挖掘具有高成长特性的行业和上市公司,积极投资,可以获得较高的超额收益;②随着股权分置改革的逐步推进,国内上市公司的治理结构得到优化,内在价值成为投资的基础,而上市公司的成长性终将在价值中得到体现;③得益于中国经济持续的高速增长,一些上市公司已经呈现出良好的成长性,投资这些成长型股票可以最大限度地分享中国经济高速增长的成果。

交银成长基金具体的投资对象为:基金的投资对象重点为经过严格品质筛选和价值评估,具有完善治理结构、较大发展潜力、良好行业景气和成长质量优良的成长型股票,以同时具有以下良好成长性特征的上市公司股票为主:①未来两年预期主营业务收入增长率和息税前利润增长率超过 GDP 增长率;②根据交银施罗德企业成长性评估体系,在全部上市公司中成长性综合评分排名前 10％；③根据交银施罗德多元化价值评估体系，投资评级不低于 2 级。

（3）配置型投资理念。下面分别以南方积极配置基金和华安宝利配置基金为例来说明。

南方基金管理公司旗下的南方积极配置基金的投资目标和投资理念如下。

① 投资目标。本基金为股票配置型基金，通过积极操作进行资产配置和行业配置，在时机选择的同时精选个股，力争在适度控制风险并保持良好流动性的前提下，为投资者寻求较高的投资收益。

② 投资理念。本基金将股票型、配置型和积极操作型基金相结合，采用定量分析和定性分析相结合的方法，在秉承南方基金管理公司一贯的投资理念的基础上，按照以下理念进行投资。

积极投资原则：本基金认为中国证券市场是一个非完全有效市场。因此，通过积极投资，动态资产配置和行业配置，挖掘出投资价值被市场低估的股票或债券，可以获得超过市场平均水平的收益。

价值投资原则：通过对中国经济发展的结构变化和各行业发展周期的研究，通过对上市公司投资价值的定性和定量研究，进行价值投资。

研究为本原则：本基金坚信在中国证券市场上，研究创造价值。通过对上市公司具有前瞻性的研究，挖掘上市公司内在投资价值，有助于规避上市公司的道德及信用风险。

华安基金管理公司旗下的华安宝利配置基金的投资目标和投资理念如下。

① 投资目标：本基金通过挖掘存在于各相关证券子市场以及不同金融工具之间的投资机会，灵活配置资产，并充分提高基金资产的使用效率，在实现基金资产保值的基础上获取更高的投资收益。

② 投资理念：把握风险，管理风险，获取与风险相对应的收益。

第四节 基金的投资策略

一、基金资产配置策略

资产配置在不同层面有不同的含义。从范围上看，可以分为全球资产配置，股票、债券资产配置和行业风格资产配置；从时间跨度和风格类别上看，可以分为战略性资产配置、战术性资产配置。

战略性资产配置策略是资产配置的基本方式，它以不同资产类别的收益情况与投资人的风险偏好、实际需求为基础，构造一定风险水平上的资产比例，并保持长期不变。战术性资产配置则是在战略资产配置的基础上根据市场的短期变化，对具体的资产比例进行微调。不同范围的资产配置在时间跨度上往往不同，一般而言，全球资产配置时间在 1 年以上，股票、债券资产配置期限为半年，行业资产配置时间最短，一般根据季节周期或行业波动特征进行调整。从实际操作经验来看，资产管理者多以时间跨度和风格类别为基础，结合投资范围确定具体的资产配置策略。根据资产配置调整依据的不同，可以将资产配置的动态调整过程分为买入并持有策略、恒定混合策略、投资组合保险策略和战术性资产配置策略四种类型。其中买入并持有策略是较为消极的资产配置类型,其他几种则是较为积极的资产配置类型。

1. 基金资产配置策略的内容

1) 买入并持有策略

买入并持有(buy-and-hold)策略是指按确定恰当的资产配置比例构造了某个投资组合后,在诸如 3~5 年的适当持有期间内不改变资产配置状态,保持这种组合。买入并持有策略是一种长期性的投资方式,比较消极,一般情况下适用于有长期计划水平并满足于战略性资产配置的投资者。

在该策略下,投资组合完全暴露于市场风险之下,具有交易成本和管理费用较低的优势,但也放弃了从市场环境变动中获利的可能,同时还放弃了因投资者的效用函数或风险承受能力的变化而改变资产配置状态,从而提高投资效用的可能。因此,买入并持有策略适用于资本市场环境和投资者偏好变化不大,或者改变资产配置状态的成本大于收益时的状态。

一般而言,采取买入并持有策略的投资者通常忽略了市场的短期波动,而着眼于长期投资。就风险承受能力来说,由于投资者投资于风险资产的比例与其风险承受能力正相关,一般社会投资大众及采取买入并持有策略的投资者的风险承受能力不随市场的变化而变化,其投资组合也不随市场的变化而变化。因此,买入并持有策略的投资组合价值与股票市场价值保持同方向、同比例的变动,最终取决于最初的战略性资产配置所决定的资产构成,投资组合价值线斜率由资产配置比例决定,如图 6-2 所示。

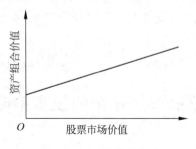

图 6-2　买入并持有策略

2) 恒定混合策略

恒定混合策略是指保持投资组合中各类资产的比例固定。也就是说,在各类资产的市场表现变化时,资产配置应当进行相应的调整,以保持各类资产的投资比例不变。

与战术性资产配置相比,恒定混合策略对资产配置的调整并非基于资产收益率的变动或投资者风险承受能力的变化,而是假定资产的收益情况和投资者偏好没有大的改变,因而最优投资组合的配置比例不变。恒定混合策略适用于风险承受能力较稳定的投资者。在风险资产市场下跌时,他们的风险承受能力不像一般投资者那样下降,而是保持不变,因而其风险资产的比例反而上升,风险收益补偿也随之上升;反之,当风险资产价格上升时,投资者的风险承受能力仍然保持不变,其风险资产的比例将下降,风险收益补偿也将下降。

如图 6-3（A）所示，当市场表现出强烈的上升或下降趋势时，恒定混合策略的表现将劣于买入并持有策略，在市场向上运动时放弃了利润，在市场向下运动时增加了损失。

但是，如果股票市场价格处于震荡、波动状态之中，恒定混合策略就可能优于买入并持有策略。例如，当股票市场下降从而增加股票持有比例，以保持资产配置比例不变之后，由于股票市场转而上升，投资组合业绩因股票投资比例的提高而出现快速增长。如图 6-3（B）所示，投资组合价值首先因股票市场价值下降而沿 AB 下降，同时提高了股票投资比例，使投资组合线的斜率提高；随着股票市场的回升，投资组合业绩将沿着斜率更高的 BC 直线上升，从而使恒定混合策略的表现优于买入并持有策略。反之，当股票市场先上升后下降时，恒定混合策略的表现也将优于买入并持有策略，如图 6-3（C）所示。

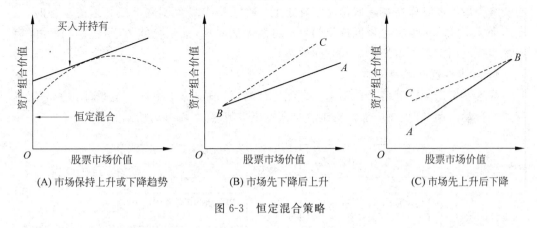

图 6-3 恒定混合策略

3）投资组合保险策略

投资组合保险策略是在将一部分资金投资于无风险资产从而保证资产组合最低价值的前提下，将其余资金投资于风险资产，并随着市场的变动调整风险资产和无风险资产的比例，同时不放弃资产升值潜力的一种动态调整策略。当投资组合价值因风险资产收益率的提高而上升时，风险资产的投资比例也随之提高，反之则下降。

投资组合保险策略的一种简化形式是恒定比例投资组合保险（简称 CPPI）。此外，还包括以期权为基础的投资组合保险形式，其主要思想是假定投资者的风险承受能力将随着投资组合价值的提高而上升，同时假定各类资产收益率不发生大的变化，如图 6-4 所示。

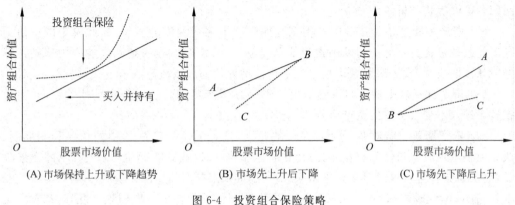

图 6-4 投资组合保险策略

　　因此,当风险资产实际收益率上升时,风险资产的投资比例随之上升,如果风险资产市场继续上涨,投资组合保险策略将取得优于买入并持有策略的结果;而如果市场转而下跌,则投资组合保险策略的结果将因为风险资产比例的提高而受到更大的影响,从而劣于买入并持有策略的结果,如图 6-4(B)所示。反之,如果风险资产市场持续下跌,则投资组合策略的结果较优,如图 6-4(A)所示;而如果风险资产市场由跌转涨,则投资组合策略的结果劣于买入持有策略的结果,如图 6-4(C)所示。

　　与恒定混合策略相反,投资组合保险策略在股票市场上涨时提高股票投资比例,而在股票市场下跌时降低股票投资比例,从而既保证资产组合的总价值不低于某个最低价值,同时又不放弃资产升值潜力。在严重衰退的市场上,随着风险资产投资比例的不断下降,投资组合最终能够保持在最低价值基础之上。在股票市场急剧降低或缺乏流动性时,投资组合保险策略至少保持最低价值的目标可能无法实现,甚至可能由于投资组合保险策略的实施反而加剧了市场向不利方向的运动。

　　4)战术性资产配置策略

　　战术性资产配置策略又称动态资产配置策略,是根据资本市场环境条件对资产配置状态进行动态调整,从而增加投资组合价值的积极战略,如图 6-5 所示。

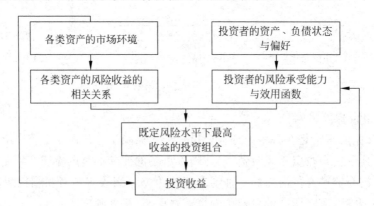

图 6-5　战术性资产配置策略的基本思想

　　大多数动态资产配置具有以下共同特征:

　　(1)通常是一种建立在一些分析工具之上的客观、量化的过程。这些分析工具包括回归分析或优化分析等。

　　(2)资产配置主要受某种资产类别预期收益率客观测度的驱使,因此属于以价值为导向的调整过程。可能的驱动因素包括以现金收益、长期债券的到期收益率为基础计算的股票预期收益,或按照股票市场股息贴现模型评估的股票股息收益变化情况等。

　　(3)资产配置规则能够客观地测度出哪一种资产类别已经失去市场的关注,并引导投资者进入不受人关注的资产类别。

　　(4)资产配置一向遵循"回归均衡"的原则,这是动态资产配置中的主要利润机制。假设股票盈余收益与债券收益相比,比正常水平高 2%,就可能期望再获得 2%的额外收益(高于债券收益),超过历史正常水平。反之,如果市场回归正常关系状态,股票盈余收益下降(股票市场止跌回升)1%或债券收益上升 1%(债券收益令人失望地下跌)时都可能出现这一现象。在这两种情况下产生的额外股票收益都远远超过债券 1% 的额外风险溢价。

大多数动态资产配置过程具有相同的原则,但结构与实施准则各不相同。例如,一些动态资产配置依据的是各种预期收益率的简单对比,甚至只是简单的股票对债券的单变量对比。其他配置则努力将情绪化措施或者宏观经济条件标准合并在内,以提高这些价值驱动的时效性。另一些动态资产配置可能还包括技术措施。一般来说,一些更为详细的办法经常比单纯的价值驱动模型更为优越。动态资产配置的目标是在不提高系统性风险或投资组合波动性的前提下提高长期报酬。这看上去与效率市场假说"风险与收益匹配"的缘由相矛盾,但当区别看待长期收益的改善与投资者的"收益"提高时可以发现,收益率各不相同的资产管理战略将使不同类型投资者的效用(或舒适程度)最大化。

当市场行情上涨时,投资组合财富也会增加。人们容易忘记的是,财富的增加伴随着预期收益的减少。对于财富变化,不同的投资者会有不同的反应。在最近的市场波动之后,不同投资者对适当资产分配的反应也不同。

2. 基金资产配置策略的比较

1) 买入并持有策略、恒定混合策略与投资组合保险策略的比较

这三类资产配置策略是在投资者风险承受能力不同的基础上进行的积极管理,具有不同的特征,并在不同的市场环境变化中具有不同的表现,同时它们对实施该策略提出了不同的市场流动性要求,如表 6-1 所示。

表 6-1　买入并持有策略、恒定混合策略、投资组合保险策略的比较

资产配置策略	市场变动时的行动方向	有利的市场环境	要求的市场流动性	支付模式
买入并持有策略	不行动	牛市	小	直线
恒定混合策略	下降时买入,上升时卖出	易变,波动性大	适度	凹形
投资组合保险策略	下降时卖出,上升时买入	强趋势	高	凸形

(1) 市场变动时的行动。买入并持有策略为消极性资产配置策略,在市场变化时,不采取行动。恒定混合策略在下降时买入股票并在上升时卖出股票。投资组合保险策略在下降时卖出股票,在上升时买入股票。

(2) 有利的市场环境与收益情况。当股票价格保持单方向持续运动时,恒定混合策略的表现劣于买入并持有策略,而投资组合保险策略的表现优于买入并持有策略。当股票价格由升转降或由降转升,即市场处于易变的、无明显趋势的状态时,恒定混合策略的表现优于买入并持有策略,而投资组合保险策略的表现劣于买入并持有策略。反之,当市场具有较强的保持原有运动方向趋势时,投资组合保险策略的效果优于买入并持有策略,进而优于恒定混合策略。

(3) 对流动性的要求。买入并持有策略只在构造投资组合时要求市场具有一定的流动性。恒定混合策略要求对资产配置进行实时调整,但调整方向与市场运动方向相反,因此对市场流动性有一定的要求但要求不高。对市场流动性要求最高的是投资组合保险策略,它需要在市场下跌时卖出、在市场上涨时买入,该策略的实施有可能导致市场流动性的进一步恶化,甚至最终导致市场的崩溃。例如,1987 年 10 月美国股票市场发生了"黑

色星期一"事件,股票市场大幅下挫,由于市场上众多投资者采取了投资组合保险策略,加剧了当时市场环境恶化的过程,事后被认为是造成市场大幅波动的重要原因之一。

(4)支付模式。恒定混合策略和投资组合保险策略为积极性资产配置策略,当市场变化时需要采取行动,其支付模式为曲线。而买入并持有策略为消极性资产配置策略,在市场变化时不采取行动,其支付模式为直线。恒定混合策略在市场下跌时买入股票而在市场上涨时卖出股票,其支付曲线为凹形;投资组合保险策略在市场下跌时卖出股票而在市场上涨时买入股票,其支付曲线为凸形。

2)战术性资产配置与战略性资产配置的比较

(1)对投资者的风险承受能力与风险偏好的认识和假设不同。与战略性资产配置过程相比,战术性资产配置策略在动态调整资产配置状态时,需要根据实际情况的改变,重新预测不同资产类别的预期收益情况,但未再次估计投资者偏好与风险承受能力是否发生变化。也就是说,战术性资产配置实质上假定投资者的风险承受能力与效用函数是较为稳定的,在新形势下没有发生大的改变,于是只需要考虑各类资产的收益情况变化。因此,战术性资产配置的核心在于对资产类别预期收益的动态监控与调整,而忽略了投资者是否发生变化。

(2)对资产管理人把握资产投资收益变化的能力要求不同。战术性资产配置的风险-收益特征与资产管理人对资产类别收益变化的把握能力密切相关。如果资产管理人能够准确地预测资产收益变化趋势,并采取及时有效的行动,则使用战术性资产配置会带来更高的收益;但如果资产管理人不能准确预测资产收益变化的趋势,或者即使能够准确预测但不能采取及时有效的行动,则投资收益将劣于准确预测并把握市场变化时的情况,甚至很可能劣于购买并持有最初市场投资组合时的情况。因此,运用战术性资产配置的前提条件是资产管理人能够准确地预测市场变化,并且能够有效地实施战术性资产配置投资方案。

二、基金投资风格策略

接下来介绍三种基金投资风格策略:投资管理风格策略、投资分配风格策略和投资对象选择风格策略。

1. 投资管理风格策略

基金投资是通过分散投资于不同的有价证券、构造证券组合来实现的,因此基金的投资管理策略也就是证券组合的管理策略。按照投资风格或者说证券组合的构造风格,基金的投资管理策略可以分为被动的投资管理策略和积极的投资管理策略两种。

1)被动的投资管理策略

被动的投资管理策略即消极的投资策略,也被称为指数化投资管理策略。这种投资管理策略是通过复制或者说模拟某一证券指数,构造证券组合,使所构造的证券组合的收益率跟踪所复制的某一证券指数的收益率。这种类型的基金也被称为指数基金。这种投资管理策略所追求的目标不是使基金投资收益率超越所复制的某一证券指数收益率,而是通过降低跟踪目标指数的跟踪误差,使基金投资绩效及其收益率尽可能与目标指数相吻合。采用这种投资管理策略的基金管理人的职责是构造一个紧密跟踪某一证券指数的证券组合。基金管理人如果试图使基金投资绩效及其收益率超越所跟踪的指数,则违反了这种投资管理策略的本质要求。在这种情况下,即使基金管理人所管理的基金获得了比所跟踪的指数更好的绩效和更高的收益率,也是不可取的,因为这一做法违反了被动的投资管理策略的初衷及其本质要求。

(1)被动的投资管理策略的优缺点。被动的投资管理策略的优点包括:①可以降低交易费用,即基金的投资管理成本,采用该投资管理策略的基金投资管理成本一般低于采用积极的投资管理策略的投资管理成本;②由于是采用紧密跟踪目标指数的策略,基金业绩相对比较稳定。被动的投资管理策略的缺点包括:①在采用这一策略时难免会出现跟踪误差,其原因是在证券市场中目标指数的样本不可避免地会发生不同程度的变化,从而在指数化证券组合构造完成后必须买卖证券,证券买卖时间及所构造的证券组合与所跟踪的目标指数难免会存在一定的偏差;②由于上述原因,即使基金管理人试图减少周转交易及相应的交易费用,仍必须进行一些调整,使之再次与所跟踪的目标指数相平衡,这样一来指数基金的长期收益绩效将落后于所跟踪的目标指数。

(2)被动的投资管理策略的组合方法。对于股票组合来说,构造被动的指数化股票组合有三种基本方法:①完全复制法,即按照所复制的目标指数的权重购买指数样本股的所有股票。这种方法可以较好地紧密跟踪目标指数,但并不一定是最佳方法,而可能只是一种次优的方案。其原因在于,这种方法必须购买大量不同种类的股票,增加交易成本,从而降低基金绩效。此外,当目标指数样本股的企业在不同时间陆续派发股利时,股利的再投资会导致较高的佣金支出。②抽样法,即基金管理者仅在目标指数样本股中购买具有代表性的部分样本股票,对具有较大权重的样本股票,按其权重购买,同时也购买一些权重较小的样本股票,使所构造的股票组合的整体特征接近目标指数。这一方法的优点是管理比较容易,管理费用及交易成本比较低。其缺点是不可避免地会出现跟踪误差,所构造的股票组合的收益率低于完全复制法的收益率。③二次项程序法,即运用二次项程序,将目标指数样本股价格变化的历史信息与目标指数样本股之间的相关性输入计算机,选择跟踪误差最小的股票组合。这一方法的优点是利用计算机及有关程序来构造股票组合,手段比较先进,速度快,而且可以节省管理费用。其缺点是依赖目标指数样本股价格变化和目标指数样本股之间相关性的历史数据,如果它们在跟踪期内发生变化,所构造的股票组合与目标指数之间会出现比较大的跟踪误差。

对于债券组合来说,构造被动的指数化债券组合与构造被动的指数化股票组合基本相似。此外,被动的债券投资管理策略除构造被动的指数化债券组合策略以外,还有买入囤积策略。基金管理者根据投资目标选择一个债券组合,并应客户的要求将这些债券持有至到期日。投资者根据债券的质量、利率水平、偿还期限及赎回条款等重要的合约条款,选择自己最满意的债券。基金管理者寻找偿还期限及收益特征接近投资者预定投资期限及收益特征的债券,而不需要考虑主动的交易以获取更高的收益,因而可以减少价格和再投资的损失。在实际操作中,基金管理者及债券投资者还可以采用调整的买入囤积策略,即投资者在投资某种债券时将其持有至到期日,同时也积极寻找机会,建立更好的头寸。

2）积极的投资管理策略

积极的投资管理策略是指基金管理人试图超过一个经风险调整后的被动基准投资组合的绩效。在这里,基准投资组合又被称为标准组合,其平均特征与委托人的风险‐收益特征相称。这种投资管理策略追求的目标是使所构造的证券投资组合的收益率超过事先选择的被动基准投资组合的收益率,这两种收益率都要经过交易成本扣除和风险因素调整。在采用这种投资管理策略时,基金管理人与其委托人要选择一个合适的基准,该基准应体现委托人投资组合战略的一般特性。

（1）积极的投资管理策略的优缺点。积极的投资管理策略的优点是力争获取超过事先选择的被动基准投资组合的收益率。积极的投资管理策略也存在以下缺点:①交易成本较高,实施积极的投资管理策略的交易费用往往高于被动策略;②所构造的证券投资组合的风险较高,积极的证券投资组合的风险通常超过被动的基准投资组合。综合上述两个方面,积极的证券投资组合的收益率必须高于被动的基准投资组合,且其超出部分不仅要足以补偿高于被动的基准投资组合的交易费用,而且要足以补偿高于被动的基准投资组合的风险。

（2）积极的投资管理策略的组合方法。对股票组合来说,在实施积极的投资管理策略时,为了使积极投资组合的收益率高于基准投资组合,可以通过以下方法增加积极投资组合的价值。一是对证券市场进行全面系统的分析研究,科学预测证券市场未来行情,对不同投资对象的风险及其溢价进行合理评估。二是在此基础上适时将基金资产在不同证券之间进行转换。例如,将基金资产在不同行业板块、不同股本特征、不同公司特征及不同股权结构特征的股票之间进行转换,在股价被炒高之前提前买入;选择市场定价过低的股票,在低价时买入,在高价时卖出。三是对于全球性的积极投资组合来说,基金管理人通过对全球金融市场进行全面深入的分析研究,合理判断各个国家的股价水平是否过高或过低。如果某国股价水平过低,则在全球性投资组合中加大对该国股票的投资比重,使其权重高于全球基准投资组合中该国股票所占的权重;反之,如果某国股价水平过高,则在全球性投资组合中降低对该国股票的投资比重,使其权重低于全球基准投资组合中该国股票所占的权重。

对债券组合来说,在实施积极的投资管理策略时,可以通过以下具体途径或方法来构建积极债券投资组合:①利率预期,即在预期利率上升时保留资本,缩短债券组合的持续期间;反之,在预期利率下降时获取资本收益,延长债券组合的持续期间。该方法主要依靠针对未来利率的不确定性所进行的科学合理预测,因而是风险最高的积极债券组合管理策略。②估价分析,即对债券的投资价值进行详细分析,并将债券市场价格与债券投资价值进行比较,判断哪些债券目前估价过低、哪些债券目前估价过高。在此基础上,通过买入目前估价过低的债券、卖出目前估价过高的债券,积极调整所构建的债券组合。③信用分析,即对债券的信用等级进行评估,并对其变化进行预期。在此基础上,通过买入预期信用等级上升的债券、卖出预期信用等级下降的债券,积极调整所构建的债券组合。④收益率差分析。在债券市场上,不同债券的收益率之间存在一定的关系。例如,对于信用等级高的债券与信用等级低的债券来说,二者之间的收益率差应保持在合理的范围之内。收益率差分析是对债券市场中各种债券收益率之间的关系进行分析,当发现债券收益率差不正常或不合理时,进行债券互换或调整,从而积极调整所构建的债券组合。⑤债券互换,即在卖出某一债券的同时,买进另一种具有相似特征、收益较高或风险较低的债券。通过这一方法,基金管理人可以有效提高债券组合的当前收益率和到期收益率,并且可以根据利率变化或按照收益率差的重新排序,提高债券组合的绩效。

上述被动的投资管理策略和积极的投资管理策略是理论上基金的两种投资管理策略。在基金投资的实际操作中,基金管理人完全实施被动的投资管理策略或积极的投资管理策略并不多见,通常大部分基金管理人实施的投资管理策略是介于被动的投资管理策略与积极的投资管理策略之间的投资管理策略。

2. 投资分配风格策略

基金的投资分配策略是指基金管理人将基金资产在不同投资对象之间进行最优化配置的指导思想和原则。

基金管理人在制定基金的投资分配策略时应考虑以下因素:①国家相关法律、法规的限制及基金契约的规定。各国政府及其证券主管机构通过相关法律、法规对基金的投资对象及投资行为加以限制,基金契约也在一定程度上规定了基金的投资对象及投资行为,基金管理人在制定基金的投资分配策略时应考虑这些因素。②基金类型及其运作目标。对于不同类型的基金,其投资分配策略有很大差别。例如,在封闭式基金和开放式基金、成长型基金和收入型基金之间,基金的投资分配策略有很大差别。此外,对于同一类型的基金,由于其运作目标不同,基金的投资分配策略也有一定的区别。③证券市场的风险-收益状况。除上述两方面因素以外,基金管理人在制定基金的投资分配策略时还需要分析证券市场的风险-收益状况,根据分析结果及基金投资者的投资需求和目标,选择最优的投资分配策略。

基金的投资分配策略种类多样,以下从基金投资分配的基本策略和基金投资分配的具体策略两个层次,简要介绍关于目前常见的基金投资分配策略的有关内容。

1)基金投资分配的基本策略

(1)三分法策略。该策略是从个人理财中的资产配置三分法演变而来。基金的投资领域是证券市场中的各种股票、债券等有价证券,基金管理人在制定基金投资分配策略时首先要确定基金在股票、债券、现金或银行存款三种类型资产之间的投资比例。这一方法适合任何类型及投资目标的基金,不论基金的类型如何,都可以采用这一方法将基金资产按一定比例合理配置在三种不同类型的资产上,实现各种投资目标,所不同的是对于不同类型的基金,在三种不同类型的资产上的配置比例有所不同。这一方法的难点是如何合理地设计在三种不同类型的资产上的配置比例,并根据证券市场及投资者投资需求的变化适时进行调整。

(2)投资分散化策略。基金管理人在制定基金投资分配策略时还要考虑通过适当分散化投资以降低基金所面临的风险。投资分散化的具体内容包括投资对象分散化、投资期限分散化和投资区域分散化。基金的投资分散化是指基金管理人根据基金投资的范围限制将基金资产投资于不同的证券市场,并根据基金投资者的风险承受能力,将资本按一定比例投资于不同类别的股票、债券等有价证券,即不要把所有的鸡蛋放在一个篮子里。实行分散化投资是基金最显著的特点,投资者购买基金就等于间接购买了基金所持有的全部证券,从而有效降低了投资风险,并可以获得证券市场总体成长所带来的收益。

2) 基金投资分配的具体策略

(1) 固定比例投资分配策略。该策略主要用于解决如何在股票和债券之间分配投资的问题,具体做法是基金管理人在基金投资操作中努力使股票投资总额与债券投资总额保持某一适当比例,当股票价格上涨从而使投资总额中股票份额上升时,卖出部分股票、买入一定数量的债券,使投资资产总额中股票与债券份额保持既定的比例;反之,当股票价格下跌从而使投资总额中股票份额下降时,卖出部分债券、买入一定数量的股票,使投资资产总额中股票与债券份额仍保持既定的比例。通过调节股票和债券的比例,保持固定的资产持有结构,从而有效防范投资风险,提高投资收益。对于股票、债券、现金或银行存款三者之间的分配,这一策略同样适用。

(2) 黄金分割策略。这一策略主要用于分散投资风险,具体做法是基金管理人将基金投资资金分成两部分:一部分投资于风险性证券,另一部分投资于安全性证券,二者之间的比例为数学中的黄金分割比例 0.618,即 62% 左右,大致为 4:6。这一策略将基金投资资金中一半以上的资金投向安全性较高的证券,因而安全性较高,但与此同时,这一策略仅将基金投资资金中的少部分投资于获利较高的证券,难免会失去一部分获利机会,因此这一策略通常适用于较为保守的投资目标。

(3) 头寸保持策略。该策略将基金资金投资于不同期限、不同种类的证券,并定期保持该证券头寸,以长期稳定地获取证券收益。这一策略的基本要求是合理保持证券头寸,不在于操作方法,适用于这一策略的具体操作方法可以有多种。

(4) 梯形投资分配策略。基金管理人将基金资金投资于不同期限的证券上,每种证券的投资额大体相同,当期限最短的证券到期时,则收回投资于该证券的资金及其收益,并将收回的投资资金及其投资收益再投资于更长期限的证券。

(5) 杠铃投资策略。基金管理人将基金资金投资于长期或短期证券,很少或放弃对中期证券的投资。

3. 投资对象选择风格策略

基金管理人在确定了投资管理策略和投资分配策略后,还需要制定关于选择具体的投资对象的策略。对于实施被动的投资管理策略的基金来说,由于基金运作要求复制并跟踪某一目标指数,基金管理人对投资对象的选择体现在目标指数的选择上,一旦目标指数已经选定,投资对象选择的具体方法也就是本节前面所说的构造被动的指数化证券组合的基本方法。对于实施主动的投资管理策略或介于主动和被动之间的基金,基金管理人在选择基金投资对象之前需要进行大量的证券投资分析研究,使所选择的投资对象符合基金的投资需求,从而给基金投资者带来最大收益。在这里,基金管理人选择基金投资对象的基本方法也就是证券投资分析方法,包括宏观经济分析、行业分析、区域分析、公司分析等基础分析以及各种各样的技术分析。

拓展阅读 6-2
证券投资基金的
择时与风格转换

自测自练　扫码答题

思　考　题

1. 基金投资对象包括哪些？
2. 什么是基金的投资目标？基金的投资目标有哪些类别？
3. 对于基金投资的市场风险，投资人应如何进行风险管理？
4. 简述基金资产配置策略的具体内容。

第七章

基金的估值、费用、会计核算与收益分配

【学习目标】

1. 理解基金资产的估值；
2. 掌握基金费用的种类、计提标准与方式；
3. 了解基金会计核算的主要内容与收益分配方式。

第一节　基金资产估值

一、基金资产估值的概念

基金资产估值是指按一定的原则和方法对基金所拥有的全部资产及所有负债进行估算，进而确定基金资产公允价值的过程。

基金资产总值是指基金全部资产的价值总和。从基金资产中扣除基金所有负债即为基金资产净值。基金资产净值除以基金当前的总份额，就是基金份额净值。用公式表示为

$$基金资产净值 = 基金资产 - 基金负债$$

$$基金份额净值 = \frac{基金资产净值}{基金总份额}$$

基金份额净值是计算投资者申购基金份额、赎回资金金额的基础，也是评价基金投资业绩的基础指标之一。

二、基金资产估值需考虑的因素

1. 估值频率

基金一般按照固定的时间间隔对基金资产进行估值。通常监管法规会规定一个最小的估值频率。对开放式基金来说，估值的时间通常与开放申购、赎回的时间一致。目前，我国的开放式基金于每个交易日估值，并于次日公告基金份额净值。封闭式基金每周披露一次基金份额净值，但每个交易日也都进行估值。

海外的基金多数也是每个交易日估值，但也有一部分基金是每周估值一次，有的甚至每半个月、每月估值一次。基金估值的频率是由基金的组织形式、投资对象的特点等因素决定的，并在相关的发行法律文件中明确。

2. 交易价格

当基金只投资于交易活跃的证券时,对其资产进行估值较为容易。在这种情况下,市场交易价格是可接受的,也是可信的,直接采用市场交易价格就可以对基金资产进行估值。

当基金投资于交易不活跃的证券时,资产估值问题则要复杂得多。在这种情况下,基金持有的证券要么没有交易价格,要么交易价格不可信。

例如,我国的银行间债券市场就经常会出现以下情况:某些证券品种交易次数很少,或者根本就没有交易;某些品种开始时有交易,但交易越来越少。在我国股票市场上也有过某些出现严重问题的股票。由于涨跌停板的限制,一些股票会接连几个交易日封于涨跌停位置。

在上述情况下对基金资产进行估值时应非常慎重,其中证券资产的流动性是关键的因素。

3. 价格操纵及滥估问题

在对基金资产进行估值时还需注意价格操纵和滥估问题。例如,某债券流动性很差,基金管理人可以连续少量买入以"制造"出较高的价格,从而提高基金的业绩,这就是价格操纵。

在对流动性差的证券及问题证券进行估值时需要有主观判断,此时的主观判断如果由基金管理人做出,便为滥估提供了机会。

因此,要避免基金资产估值时出现价格操纵及滥估现象,需要监管当局颁布更为详细的估值规则来规范估值行为,或者由独立的第三方进行估值。如果基金管理人通过估值技术获得所持有证券的公允价值,基金托管人应审查管理人所采用的估值技术的科学性、合理性、合法性等,以保证通过估值技术获得的估值结果是公允的。

4. 估值方法的一致性及公开性

估值方法的一致性是指基金在进行资产估值时均应采取同样的估值方法,遵守同样的估值规则。

估值方法的公开性是指基金采用的估值方法需要在法定募集文件中公开披露。假若基金变更了估值方法,也需要及时进行披露。

三、基金资产估值的原则及方法

1. 估值责任人

我国基金资产估值的责任人是基金管理人,但基金托管人对基金管理人的估值结果负有复核责任。为准确、及时进行基金估值和份额净值计价,基金管理公司应制定基金估值和份额净值计价的业务管理制度,明确基金估值的原则和程序;建立健全估值决策体系;使用合理、可靠的估值业务系统;加强对业务人员的培训,确保估值人员熟悉各类投资品种的估值原则及具体估值程序;不断完善相关风险监测、控制和报告机制;根据基金投资策略定期审阅估值原则和程序,确保其持续适用性。

基金托管人在复核、审查基金资产净值以及基金份额申购、赎回价格之前,应认真审阅基金管理公司采用的估值原则和程序。当对估值原则或程序有异议时,基金托管人有义务要求基金管理公司做出合理解释,通过积极商讨达成一致意见。

为提高基金资产估值的合理性和可靠性,基金业协会还成立了基金估值工作小组。工作小组定期评估基金行业的估值原则和程序,并对活跃市场上没有市价的投资品种和不存在活跃市场的投资品种提出具体估值意见。

基金管理公司和基金托管人在进行基金估值、计算基金份额净值及从事相关复核工作时,可参考工作小组的意见,但是并不能免除各自的估值责任。

2. 估值程序

(1)基金份额净值是按照每个开放日闭市后基金资产净值除以当日基金份额的余额数量计算。

(2)基金日常估值由基金管理人进行。基金管理人每个交易日对基金资产进行估值后,将基金份额净值结果发给基金托管人。

(3)基金托管人按基金合同规定的估值方法、时间、程序对基金管理人的计算结果进行复核,复核无误后签章返回给基金管理人,由基金管理人对外公布,并由基金注册登记机构根据确认的基金份额净值计算申购、赎回数额。月末、年中和年末估值复核与基金会计账目的核对同时进行。

3. 估值的基本原则

(1)对存在活跃市场的投资品种,如估值日有市价,应采用市价确定公允价值。估值日无市价,但最近交易日后经济环境未发生重大变化且证券发行机构未发生影响证券价格的重大事件的,应采用最近交易市价确定公允价值。

(2)对存在活跃市场的投资品种,如估值日无市价,且最近交易日后经济环境发生了重大变化或证券发行机构发生了影响证券价格的重大事件,使潜在估值调整对前一估值日的基金资产净值的影响在0.25%以上,应参考类似投资品种的现行市价及重大变化因素,调整最近交易市价,确定公允价值。

(3)不存在活跃市场的投资品种,应采用市场参与者普遍认同且被以往市场实际交易价格验证具有可靠性的估值技术确定投资品种的公允价值。运用估值技术得出的结果,应反映估值日在公平条件下进行正常商业交易所采用的交易价格。

采用估值技术确定公允价值时,应尽可能使用市场参与者在定价时考虑的所有市场参数,并通过定期校验确保估值技术的有效性。

(4)有充分理由表明按以上估值原则仍不能客观反映相关投资品种公允价值的,基金管理公司应根据具体情况与基金托管人商定,按最能恰当反映公允价值的价格估值。

第二节　基金费用

基金运作过程中涉及的费用可分为两大类:一类是基金销售过程中发生的由基金投资者自己承担的费用,主要包括基金申购费、赎回费及转换费。这些费用直接从投资者申购、赎回或转换的金额中收取。另一类是基金管理过程中发生的费用,主要包括基金管理费、基金托管费、信息披露费等。这些费用由基金资产承担。对于不收取申购费(认购费)、赎回费的货币市场基金,基金管理人可以依照相关规定从基金财产中持续计提一定比例的销售服务费,专门用于基金的销售及对基金持有人的服务。

上述两大类费用的性质是截然不同的。第一类费用并不参与基金的会计核算,而第二类费用则需要直接从基金资产中列支。本节所述基金费用仅指第二类费用,其种类及计提标准通常在基金合同及基金招募说明书中明确规定。

一、基金费用种类

下列与基金有关的费用可以从基金财产中列支:

(1) 基金管理人的管理费;

(2) 基金托管人的托管费;

(3) 销售服务费;

(4) 基金合同生效后的信息披露费用;

(5) 基金合同生效后的会计师费和律师费;

(6) 基金份额持有人大会费用;

(7) 基金的证券交易费用;

(8) 按照国家有关规定和基金合同约定,可以在基金财产中列支的其他费用。

下列费用不列入基金费用:

(1) 基金管理人和基金托管人因未履行或未完全履行义务导致的费用支出或基金财产的损失;

(2) 基金管理人和基金托管人处理与基金运作无关的事项发生的费用;

(3) 基金合同生效前的相关费用,包括但不限于验资费、会计师费和律师费、信息披露费用等费用。

二、各种费用的计提标准与计提方式

1. 基金管理费、基金托管费和基金销售费

基金管理费是指基金管理人管理基金资产而向基金收取的费用。基金托管费是指基金托管人为基金提供托管服务而向基金收取的费用。基金销售服务费是指从基金资产中扣除的用于支付销售机构佣金以及基金管理人的基金营销广告费、促销活动费、持有人服务费等方面的费用。

(1) 计提标准。基金管理费率通常与基金规模成反比,与风险成正比。基金规模越大,基金管理费率越低;基金风险程度越高,基金管理费率越高。不同类别及不同国家、地区的基金,管理费率不完全相同。但从基金类型来看,证券衍生工具基金管理费率最高。例如,认股权证基金的管理费率为 1.5%~2.5%;股票基金居中,为 1%~1.5%;债券基金为 0.5%~1.5%;货币市场基金最低,管理费率为 0.25%~1%。在美国等基金业发达的国家和地区,基金的管理年费率通常为 1% 左右。但在一些发展中国家或地区则较高,有些发展中国家或地区的基金管理年费率甚至超过 3%。目前,我国股票基金大部分按照 1.5% 的比例计提基金管理费,债券基金的管理费率一般低于 1%,货币市场基金的管理费率为 0.33%。

基金托管费收取的比例与基金规模、基金类型有一定关系。通常基金规模越大,基金托管费率越低。新兴市场国家和地区的托管费收取比例相对较高。基金托管费年费率国际上通常为0.2%左右,美国一般为0.2%,我国则为0.25%。目前,我国封闭式基金按照0.25%的比例计提基金托管费;开放式基金根据基金合同的规定比例计提,通常低于0.25%;股票基金的托管费率要高于债券基金及货币市场基金的托管费率。

目前只有货币市场基金及一些债券型基金收取基金销售服务费,费率大约为0.25%。收取销售服务费的基金通常不收申购费。

(2)计提方法和支付方式。我国的基金管理费、基金托管费及基金销售服务费均是按前一日基金资产净值的一定比例逐日计提,按月支付。计算公式为

$$H = \frac{E \cdot R}{\text{当年实际天数}}$$

其中,H为每日计提的费用;E为前一日的基金资产净值;R为费率。

2. 基金交易费

基金交易费是指基金在进行证券买卖交易时发生的相关交易费用。目前,我国证券投资基金的交易费用主要包括印花税、交易佣金、过户费、经手费、证管费。交易佣金由证券公司按成交金额的一定比例向基金收取,印花税、过户费、经手费、证管费等则由登记公司或交易所按有关规定收取。参与银行间债券交易的,还需向中央国债登记结算有限责任公司支付银行间账户服务费,向全国银行间同业拆借中心支付交易手续费等服务费用。

3. 基金运作费

基金运作费是指为保证基金正常运作而发生的应由基金承担的费用,包括审计费、律师费、上市年费、信息披露费、分红手续费、持有人大会费、开户费、银行汇划手续费等。按照有关规定,发生的这些费用如果影响基金份额净值小数点后第5位,即发生的费用大于基金净值十万分之一,应采用预提或待摊的方法计入基金损益;发生的费用如果不影响基金份额净值小数点后第5位,即发生的费用小于基金净值十万分之一,应于发生时直接计入基金损益。

拓展阅读 7-1
基金的费用计提、利润分配与基金经理激励机制

第三节 基金会计核算

一、基金会计核算概述

基金会计核算是指收集、整理、加工有关基金投资运作的会计信息,准确记录基金资产变化情况,及时向相关各方提供财务数据及会计报表的过程。

我国基金的会计年度为公历每年1月1日至12月31日。基金核算以人民币为记账本位币,以人民币元为记账单位。

二、基金会计核算的特点

1. 基金会计的责任主体

基金会计的责任主体是对基金进行会计核算的基金管理公司和基金托管人,其中前者承担主会计责任。

2. 基金会计的分期

目前,我国的基金会计核算均已细化到日。

3. 基金资产会计的分类

新会计准则在 2017 年将金融资产四分类改为三分类:

(1)以摊余成本计量的金融资产;

(2)以公允价值计量且其变动计入当期损益的金融资产;

(3)以公允价值计量且其变动计入其他综合收益的金融资产。

以摊余成本计量的金融资产包括到期投资、贷款和应收款及货币资金的合并项,主要包括货币资金、应收票据、应收账款、其他应收款、长期应收款、债权投资等。

以公允价值计量且其变动计入当期损益的金融资产,可以简单理解为以赚差价为目的的金融资产。不管是债还是股,只要公司持有目的是获取价差,就归入此类。金融衍生品必须计入此类。

以公允价值计量且其变动计入其他综合收益的金融资产,符合下列条件:企业管理该金融资产的业务模式既以收取合同现金流量为目标又以出售该金融资产为目标;该金融资产的合同条款规定,在特定日期产生的现金流量,仅为对本金及以未偿付本金金额为基础的利息支付。

金融负债在初始确认时划分为两类:以公允价值计量且其变动计入当期损益的金融负债;其他金融负债。

基金持有的金融资产和承担的金融负债通常归类为以公允价值计量且其变动计入当期损益的金融资产和金融负债。

三、基金会计核算的主要内容

(1)证券和衍生工具交易核算。

(2)权益核算。

(3)利息和溢价核算。各类资产利息均应按日计提,并于当日确认为利息收入。

(4)费用核算。费用一般也按日计提,并于当日确认为费用。

(5)基金申购与赎回核算。

(6)估值核算。

(7)利润核算。证券投资基金一般在月末结转当期损益,按固定价格报价的货币市场基金一般逐日结转损益。

(8)基金财务会计报表。基金财务会计报表包括资产负债表、利润表及净值变动表等报表。

(9)基金会计核算的复核。

第四节   投资基金的收益分配

基金利润是指基金在一定会计期间的经营成果。利润包括收入减去费用后的净额、直接计入当期利润的利得和损失等。基金收入是基金资产在运作过程中所产生的各种收入。基金收入来源主要包括利息收入、投资收益及其他收入。基金资产估值引起的资产价值变动作为公允价值变动损益计入当期损益。

一、基金收益来源

1. 利息收入

利息收入是指基金经营活动中因债券投资、资产支持证券投资、银行存款、结算备付金、存出保证金、按买入返售协议融出资金等而实现的利息收入,具体包括债券利息收入、资产支持证券利息收入、存款利息收入、买入返售金融资产收入等。

2. 投资收益

投资收益是指基金经营活动中因买卖股票、债券、资产支持证券、基金等实现的差价收益,因股票、基金投资等获得的股利收益,以及衍生工具投资产生的相关损益,如卖出或放弃权证、权证行权等实现的损益,具体包括股票投资收益、债券投资收益、资产支持证券投资收益、基金投资收益、衍生工具收益、股利收益等。

3. 其他收入

其他收入是指除上述收入以外的其他各项收入,包括赎回费扣除基本手续费后的余额、手续费返还、ETF 替代损益,以及基金管理人等机构为弥补基金财产损失而支付给基金的赔偿款项等。这些收入项目一般根据发生的实际金额确认。

4. 公允价值变动损益

公允价值变动损益是指基金持有的采用公允价值模式计量的交易性金融资产、交易性金融负债等公允价值变动形成的应计入当期损益的利得或损失,并于估值日对基金资产按公允价值估值时予以确认。

二、基金的收益分配

1. 基金利润分配对基金份额净值的影响

基金进行利润分配会导致基金份额净值的下降。例如,一只基金在分配前的份额净值是 1.23 元,假设每份基金分配 0.05 元,在进行分配后基金的份额净值将会下降到 1.18 元。尽管基金的份额净值下降了,并不意味着投资者有投资损失。假设某基金投资者在该基金中拥有 1 000 份的基金投资,分配前该投资者在该基金中的投资价值为 1 230 元(=1 000×1.23),分配后该投资者获得了 50 元(=1 000×0.05)的现金分红,其在该基金上的投资价值为 1 180 元(=1 000×1.18),与现金分红合计仍为 1 230 元,因此分配前后的价值不变。

2. 封闭式基金的利润分配

根据《证券投资基金运作管理办法》有关规定,封闭式基金的利润分配,每年不得少于一次,封闭式基金年度利润分配比例不得低于基金年度已实现利润的 90%。

封闭式基金当年利润应先弥补上一年度亏损,然后才可以进行当年分配。封闭式基金一般采用现金方式分红。

3. 开放式基金的利润分配

我国开放式基金按规定需在基金合同中约定每年基金利润分配的最多次数和基金利润分配的最低比例。利润分配比例一般以期末可供分配利润为基准计算。

开放式基金的分红方式有如下两种:

(1) 现金分红方式。根据基金利润情况,基金管理人根据投资者持有基金单位数量的多少,将利润分配给投资者。这是基金分配最普遍的形式。

(2) 分红再投资转换为基金份额。将应分配的净利润按除息后的份额净值折算为等值的新的基金份额进行基金分配。

根据有关规定,基金分配应当采用现金方式。开放式基金的基金份额持有人可以事先选择将所获分配的现金利润,按照基金合同有关基金份额申购的约定转为基金份额。基金份额持有人事先未做出选择的,基金管理人应当支付现金。

4. 货币市场基金的利润分配

《货币市场基金管理暂行规定》第九条规定:"对于每日按照面值进行报价的货币市场基金,可以在基金合同中将收益分配的方式约定为红利再投资,并应当每日进行收益分配。"2005 年 3 月 25 日中国证监会下发的《关于货币市场基金投资等相关问题的通知》(证监基金字〔2005〕41 号)规定:"当日申购的基金份额自下一个工作日起享有基金的分配权益,当日赎回的基金份额自下一个工作日起不享有基金的分配权益。"

具体而言,货币市场基金每周五进行分配时,将同时分配周六和周日的利润;每周一至周四进行分配时,则仅对当日利润进行分配。投资者于周五申购或转换转入的基金份额不享有周五和周六、周日的利润,投资者于周五赎回或转换转出的基金份额享有周五和周六、周日的利润。

例如,假设投资者在 2022 年 6 月 10 日(周五)申购了份额,那么基金将从 6 月 13 日(周一)开始计算其权益。如果在 6 月 10 日(周五)赎回了份额,那么除了享有 6 月 10 日(周五)的利润外,还同时享有 6 月 11 日(周六)和 6 月 12 日(周日)的利润,但不再享有 6 月 13 日的利润。

节假日的利润计算基本与在周五申购或赎回的情况相同。投资者在法定节假日前最后一个开放日的利润将与整个节假日期间的利润合并后于法定节假日最后一日进行分配。法定节假日结束后第一个开放日起的分配规则同日常情况下的分配规则一样。投资者于法定节假日前最后一个开放日申购或转换转入的基金份额不享有该日和整个节假日期间的利润,投资者于法定节假日前最后一个开放日赎回或转换转出的基金份额享有该日和整个节假日期间的利润。假定 4 月 30 日至 5 月 4 日为法定休假日,2022 年 5 月 5 日是节后第一个工作日,假设投资者在 2022 年 4 月 29 日(周五,节前最后一个工作日)申购了基金份额,那么基金利润将会从 5 月 5 日起开始计算;如果投资者在 2022 年 4 月 29 日

拓展阅读 7-2

余额宝类货币基金申购赎回的小技巧

赎回了基金份额,那么投资者将享有直至 5 月 4 日内该基金的利润。

自测自练　扫码答题

思　考　题

1. 怎样理解基金资产估值?
2. 基金是如何进行分类的?
3. 基金会计核算的特点有哪些?
4. 基金收益来源有哪些?
5. 基金收益是如何分配的?

第 八 章

基金的信息披露

【学习目标】

1. 了解基金信息披露；
2. 了解基金主要当事人的信息披露义务；
3. 理解基金募集信息披露、基金运作信息披露、基金临时信息披露。

证券投资基金的一个突出特点是透明度较高，这主要得益于基金的强制信息披露制度。强制信息披露制度可以有效防止利益冲突与利益输送，有利于投资者利益的保护。真实、准确、完整、及时的基金信息披露是树立整个基金行业公信力的基石。我国的基金信息披露制度体系分为国家法律、部门规章、规范性文件与自律规则四个层次。基金信息披露主要包括募集信息披露、运作信息披露和临时信息披露。基金管理人、基金托管人是基金信息披露的主要义务人。

第一节 基金信息披露概述

一、基金信息披露的含义与作用

基金信息披露是指基金市场上的有关当事人在基金募集、上市交易、投资运作等一系列环节中，依照法律、法规规定向社会公众进行的信息披露。

"阳光是最好的消毒剂。"依靠强制性信息披露，培育和完善市场运行机制，增强市场参与各方对市场的理解和信心，是世界各国(地区)证券市场监管的普遍做法，基金市场作为证券市场的组成部分也不例外。基金信息披露的作用主要表现在以下方面。

1. 有利于投资者的价值判断

在基金份额的募集过程中，基金招募说明书等募集信息披露文件向公众投资者阐明了基金产品的风险收益特征及有关募集安排，投资者可据以选择适合自己风险偏好和收益预期的基金产品。在基金运作过程中，通过充分披露基金投资组合、历史业绩和风险状况等信息，现有基金份额持有人可以评价基金经理的管理水平，了解基金投资是否符合基金合同的承诺，从而判定该基金产品是否值得继续持有。

2. 有利于防止利益冲突与利益输送

资本市场的基础是信息披露，监管的主要内容之一就是对信息披露的监管。相对于实质性审查制度，强制性信息披露的基本推论是投资者在公开信息的基础上"买者自慎"。

它可以改变投资者的信息弱势地位,增加资本市场的透明度,防止利益冲突与利益输送,增加对基金运作的公众监督,限制并阻止基金管理不当和欺诈行为的发生。

3. 有利于提高证券市场的效率

由于现实中存在市场信息不对称问题,投资者无法对基金进行有效甄别,也无法有效克服基金管理人的道德风险,高效率的基金无法吸引到足够的资金进行投资,不能形成合理的资金配置机制。通过强制性信息披露,可以迫使隐藏的信息被及时和充分地公开,从而在一定程度上消除逆向选择和道德风险等问题带来的低效无序状况,提高证券市场的有效性。

4. 有效防止信息滥用

如果法规不对基金信息披露进行规范,任由不充分、不及时、虚假的信息得以传播,那么市场上便会充斥着各种猜测,投资者可能会受市场"噪声"的影响而做出错误的投资决策,甚至给基金运作带来致命的打击,这将不利于整个行业的长远发展。

二、基金信息披露的原则

基金信息披露的原则体现在对披露内容和披露形式两方面的要求上。在披露内容上,要求遵循真实性原则、准确性原则、完整性原则、及时性原则和公平性原则;在披露形式上,要求遵循规范性原则、易解性原则和易得性原则。

1. 披露内容方面应遵循的基本原则

(1)真实性原则。真实性原则是基金信息披露最根本、最重要的原则,它要求披露的信息应当以客观事实为基础,以没有扭曲和不加粉饰的方式反映真实状态。

(2)准确性原则。准确性原则要求用精确的语言披露信息,不使人误解,不使用模棱两可的语言。

(3)完整性原则。完整性原则要求披露所有可能影响投资者决策的信息。在披露某一具体信息时,必须对该信息的所有重要方面进行充分的披露,不仅披露对信息披露义务人有利的正面信息,更要揭示与投资风险相关的各种信息。该原则要求充分披露重大信息,但并不是要求事无巨细地披露所有信息,因为这不仅将增加披露义务人的成本,也将增加投资者收集信息的成本和筛选有用信息的难度。

(4)及时性原则。及时性原则要求公开披露最新的信息,即要求信息披露义务人在法规要求的时限内尽快履行披露义务。例如,当基金发生的重大事件可能对投资者决策产生重大影响时,基金管理人应在重大事件发生之日起 2 日内披露临时报告;为了让投资者了解基金募集的最新信息,基金管理人在基金成立后需要定期披露更新的招募说明书。

(5)公平性原则。公平性原则要求将信息向市场上所有的投资者平等公开地披露,而不是仅向个别机构或投资者披露,即不得针对不同投资者对信息进行选择性披露。

2. 披露形式方面应遵循的基本原则

(1)规范性原则。规范性原则要求基金信息必须按照法定的内容和格式进行披露,保证披露信息的可比性。

(2)易解性原则。易解性原则要求信息披露的表述应当简明扼要、通俗易懂,避免使用冗长费解的技术性用语。

（3）易得性原则。易得性原则要求公开披露的信息容易被一般公众投资者所获取。例如,我国基金信息披露采用了多种方式,包括通过中国证监会指定报刊、基金管理人网站、中国证监会基金信息披露网站(fund.csrc.gov.cn)披露信息,将信息披露文件备置于特定场所供投资者查阅或复制,直接邮寄给基金份额持有人等。

三、基金信息披露的禁止行为

为了防止信息误导给投资者造成损失,保护公众投资者的合法权益,维护证券市场的正常秩序,法律、法规对于借公开披露基金信息为名,编制、传播虚假基金信息,恶意进行信息误导,诋毁同行或竞争对手等行为做出了禁止性规定。具体包括以下情形。

1. 虚假记载、误导性陈述或者重大遗漏

虚假记载是指信息披露义务人将不存在的事实在基金信息披露文件中予以记载的行为。误导性陈述是指使投资者对基金投资行为发生错误判断并产生重大影响的陈述。重大遗漏是指披露中存在应披露而未披露的信息,以至于影响投资者做出正确决策。这三类行为将扰乱市场正常秩序,侵害投资者合法权益,属于严重的违法行为。

2. 对证券投资业绩进行预测

对于证券投资基金,其投资领域横跨资本市场和货币市场,投资范围涉及股票、债券、货币市场工具等金融产品,基金的各类投资标的由于受到发行主体、经营情况、市场涨跌、宏观政策及基金管理人的操作等因素的影响,其风险收益变化存在一定程度的随机性,因此对基金的证券投资业绩水平进行预测并不科学,应予以禁止。

3. 违规承诺收益或者承担损失

基金是存在一定投资风险的金融产品,投资者应根据自己的收益偏好和风险承受能力,审慎选择基金品种,即所谓"买者自慎"。一般情况下,管理人受托管理基金资产,托管人受托保管基金资产,但没有人可以替代投资者承担基金投资的盈亏。基金信息披露义务人既没有承诺收益的能力,也不存在承担损失的可能。因此,如果基金信息披露中违规承诺收益或承担损失,则将被视为对投资者的诱骗及进行不当竞争。

4. 诋毁其他基金管理人、基金托管人或者基金销售机构

如果基金管理人、基金托管人或者基金销售机构对同行进行诋毁、攻击,借以抬高自己,则将被视为违反市场公平原则,扰乱市场秩序,属于一种不当竞争行为。

四、基金信息披露的分类

基金信息披露大致可分为基金募集信息披露、运作信息披露和临时信息披露。

1. 基金募集信息披露

基金募集信息披露可分为首次募集信息披露和存续期募集信息披露。

首次募集信息披露主要包括基金份额发售前至基金合同生效期间进行的信息披露。在基金份额发售前,基金管理人需要编制并披露招募说明书、基金合同、托管协议、基金份额发售公告等文件。将验资报告提交中国证监会办理基金备案手续后,基金还应当编制并披露基金合同生效公告。

存续期募集信息披露主要指开放式基金在基金合同生效后每 6 个月披露一次更新的

招募说明书。由于开放式基金不是一次募集完成的,而是在其存续期间不断进行申购、赎回,这就需要针对潜在的基金投资者披露与后续募集期间相对应的基金募集、运作信息。

2. 基金运作信息披露

基金运作信息披露主要指在基金合同生效后至基金合同终止前,基金信息披露义务人依法定期披露基金存续期间的上市交易、投资运作及经营业绩等信息。

基金运作信息披露文件包括基金份额上市交易公告书、基金资产净值和份额净值公告、基金年度报告、半年度报告、季度报告。

3. 基金临时信息披露

基金临时信息披露主要指在基金存续期间,当发生重大事件或市场上流传误导性信息,可能引致对基金份额持有人权益或基金份额价格产生重大影响时,基金信息披露义务人依法对外披露临时报告或澄清公告。

第二节　基金主要当事人的信息披露义务

在基金募集和运作过程中,负有信息披露义务的当事人主要有基金管理人、基金托管人、召集基金份额持有人大会的基金份额持有人。这些当事人应当依法及时披露基金信息,并保证所披露信息的真实性、准确性和完整性。各基金当事人在信息披露中的具体职责如下。

一、基金管理人的信息披露义务

基金管理人主要负责办理与基金财产管理业务活动有关的信息披露事项,具体涉及基金募集、上市交易、投资运作、净值披露等环节。

(1) 向中国证监会提交基金合同草案、托管协议草案、招募说明书草案等募集申请材料。在基金份额发售的 3 日前,将招募说明书、基金合同摘要登载在指定报刊和管理人网站上;同时,将基金合同、托管协议登载在管理人网站上,将基金份额发售公告登载在指定报刊和管理人网站上。

(2) 在基金合同生效的次日,在指定报刊和管理人网站上登载基金合同生效公告。

(3) 开放式基金合同生效后每 6 个月结束之日起 45 日内,将更新的招募说明书登载在管理人网站上,将更新的招募说明书摘要登载在指定报刊上;在公告的 15 日前,应向中国证监会报送更新的招募说明书,并就更新的内容提供书面说明。

(4) 基金拟在证券交易所上市的,应向交易所提交上市交易公告书等上市申请材料。基金获准上市的,应在上市日前 3 个工作日,将基金份额上市交易公告书登载在指定报刊和管理人网站上。

(5) 至少每周公告一次封闭式基金的资产净值和份额净值。开放式基金在开始办理申购或者赎回前,至少每周公告一次资产净值和份额净值;开放申购和赎回后,应于每个开放日的次日披露基金份额净值和份额累计净值。如遇半年末或年末,还应披露半年度和年度最后一个市场交易日的基金资产净值、份额净值和份额累计净值。

(6) 在每年结束后 90 日内,在指定报刊上披露年度报告摘要,在管理人网站上披露年度报告全文。在上半年结束后 60 日内,在指定报刊上披露半年度报告摘要,在管理人网站上披露半年度报告全文。在每季度结束后 15 个工作日内,在指定报刊和管理人网站上披露基金季度报告。上述定期报告在披露的第 2 个工作日,应分别报中国证监会及其证监局备案。对于上市交易基金的定期报告,需要在披露前报送基金上市的证券交易所登记,由证券交易所进行事后审核。对于当期基金合同生效不足 2 个月的基金,可以不编制上述定期报告。

(7)当发生对基金份额持有人权益或者基金价格产生重大影响的事件时,应在 2 日内编制并披露临时报告书,并分别报中国证监会及其证监局备案。对于上市交易基金的临时报告,一般需在披露前报送基金上市的证券交易所审核。

(8)当媒体报道或市场流传的消息可能对基金价格产生误导性影响或引起较大波动时,管理人应在知悉后立即对该消息进行公开澄清,将有关情况报告中国证监会及基金上市的证券交易所。

(9)管理人召集基金份额持有人大会的,应至少提前 30 日公告大会的召开时间、会议形式、审议事项、议事程序和表决方式等事项。会议召开后,应将持有人大会决定的事项报中国证监会核准或备案,并予公告。

(10)基金管理人职责终止时,应聘请会计师事务所对基金财产进行审计,并将审计结果予以公告,同时报中国证监会备案。

除依法披露基金财产管理业务活动相关的事项外,对管理人运用固有资金进行基金投资的事项,基金管理人也应履行相关披露义务,包括:认购基金份额的,在基金合同生效公告中载明所认购的基金份额、认购日期、适用费率等情况;申购、赎回或者买卖基金份额的,在基金季度报告中载明申购、赎回或者买卖基金的日期、金额、适用费率等情况。

为了做好上述信息披露工作,基金管理人应当在公司内部建立健全信息披露管理制度,明确信息披露的目的、原则、方式、内容、程序等事项,并指定专人负责管理基金信息披露事务。

二、基金托管人的信息披露义务

基金托管人主要负责办理与基金托管业务活动有关的信息披露事项,具体涉及基金资产保管、代理清算交割、会计核算、净值复核、投资运作监督等环节。

(1)在基金份额发售的 3 日前,将基金合同、托管协议登载在托管人网站上。

(2)对基金管理人编制的基金资产净值、份额净值、申购和赎回价格、基金定期报告和定期更新的招募说明书等公开披露的相关基金信息进行复核、审查,并向基金管理人出具书面文件或者盖章确认。

(3)在基金年度报告中出具托管人报告,对报告期内托管人是否尽职尽责履行义务以及管理人是否遵规守约等情况做出声明。

(4)当基金发生涉及托管人及托管业务的重大事件时,如基金托管人的专门基金托管部门的负责人变动、该部门的主要业务人员在 1 年内变动超过 30%、托管人召集基金份额持有人大会、托管人的法定名称或住所发生变更、发生涉及托管业务的诉讼、托管人受到监管部门的调查或托管人及其托管部门的负责人受到严重行政处罚等,托管人应当在事件发生之日起 2 日内编制并披露临时公告书,并报中国证监会备案。

(5)托管人召集基金份额持有人大会的,应至少提前 30 日公告大会的召开时间、会议形式、审议事项、议事程序和表决方式等事项。会议召开后,应将持有人大会决定的事项报中国证监会核准或备案,并予公告。

(6)基金托管人职责终止时,应聘请会计师事务所对基金财产进行审计,并将审计结果予以公告,同时报中国证监会备案。同基金管理人一样,基金托管人也应建立健全各项信息披露管理制度,指定专人负责管理信息披露事务。

三、基金份额持有人的信息披露义务

基金份额持有人主要负责与基金份额持有人大会相关的披露义务。根据《证券投资基金法》,当代表基金份额 10% 以上的基金份额持有人就同一事项要求召开持有人大会,而管理人和托管人都不召集的时候,代表基金份额 10% 以上的持有人有权自行召集。此时,该类持有人应至少提前 30 日公告持有人大会的召开时间、会议形式、审议事项、议事程序和表决方式等事项。会议召开后,如果基金管理人和托管人对持有人大会决定的事项不履行信息披露义务,召集基金持有人大会的基金份额持有人应当履行相关的信息披露义务。

此外,有些公开披露的基金信息需要由中介机构出具意见书。例如,会计师事务所需要对基金年度报告中的财务报告、基金清算报告等进行审计并出具意见,律师事务所需要对基金招募说明书、基金清算报告等文件出具法律意见书。此时,该类中介机构应保证所出具文件内容的真实性、准确性和完整性。

第三节   基金募集信息披露

基金合同、基金招募说明书和基金托管协议是基金募集期间的三大信息披露文件。

一、基金合同

基金合同是约定基金管理人、基金托管人和基金份额持有人权利义务关系的重要法律文件。投资者缴纳基金份额认购款项时,即表明其对基金合同的承认和接受,此时基金合同成立。

1. 基金合同的主要披露事项

(1)募集基金的目的和基金名称。

(2)基金管理人、基金托管人的名称和住所。

(3)基金运作方式。

(4)封闭式基金的基金份额总额和基金合同期限,或者开放式基金的最低募集份额总额。

(5)确定基金份额发售日期、价格和费用的原则。

(6)基金份额持有人、基金管理人和基金托管人的权利、义务。

(7)基金份额持有人大会召集、议事及表决的程序和规则。

（8）基金份额发售、交易、申购、赎回的程序、时间、地点、费用计算方式以及给付赎回款项的时间和方式。

（9）基金收益分配原则、执行方式。

（10）作为基金管理人、基金托管人报酬的管理费、托管费的提取、支付方式与比例。

（11）与基金财产管理、运用有关的其他费用的提取、支付方式。

（12）基金财产的投资方向和投资限制。

（13）基金资产净值的计算方法和公告方式。

（14）基金募集未达到法定要求的处理方式。

（15）基金合同解除和终止的事由、程序以及基金财产清算方式。

（16）争议解决方式。

2. 基金合同所包含的重要信息

（1）基金投资运作安排和基金份额发售安排方面的信息。例如，基金运作方式，运作费用，基金发售、交易、申购、赎回的相关安排，基金投资基本要素，基金估值和净值公告等事项。此类信息一般也会在基金招募说明书中出现。

（2）基金合同特别约定的事项，包括基金各当事人的权利和义务、基金持有人大会、基金合同终止等方面的信息。

① 基金当事人的权利、义务，特别是基金份额持有人的权利。例如，基金份额持有人可申请赎回持有的基金份额，参与分配清算后的剩余基金财产，要求召开基金份额持有人大会并对大会审议事项行使表决权，对基金管理人、托管人或基金份额发售机构损害其合法权益的行为依法提起行政诉讼等。

② 基金持有人大会的召集、议事及表决的程序和规则。根据《证券投资基金法》，提前终止基金合同、转换基金运作方式、提高管理人或托管人的报酬标准、更换管理人或托管人等事项均需要由基金份额持有人大会审议通过。持有人大会是基金份额持有人维权的一种方式，基金合同当事人应当在基金合同中明确约定持有人大会的召开、议事规则等事项。

拓展阅读 8-1
易方达产业升级混合型证券投资基金合同

③ 基金合同终止的事由、程序及基金财产的清算方式。基金合同一旦终止，基金财产就进入清算程序，对于清算后的基金财产，投资者是享有分配权的。对此，基金投资者需要事先了解，以便对基金产品的存续期限有所预期，对封闭式基金现行的价格水平有所判断，对基金产品的风险有所认识。

二、基金招募说明书

基金招募说明书是基金管理人为发售基金份额而依法制作的，供投资者了解管理人基本情况、说明基金募集有关事宜、指导投资者认购基金份额的规范性文件。其编制原则是，基金管理人应将所有对投资者做出投资判断有重大影响的信息予以充分披露，以便投资者更好地做出投资决策。

1. 招募说明书的主要披露事项

（1）招募说明书摘要。

（2）基金募集申请的核准文件名称和核准日期。

（3）基金管理人、基金托管人的基本情况。

（4）基金份额的发售日期、价格、费用和期限。

（5）基金份额的发售方式、发售机构及登记机构名称。

（6）基金份额申购、赎回的场所、时间、程序、数额与价格，拒绝或暂停接受申购、暂停赎回或延缓支付、巨额赎回的安排等。

（7）基金的投资目标、投资方向、投资策略、业绩比较基准、投资限制。

（8）基金资产的估值。

（9）基金管理人、基金托管人报酬及其他基金运作费用的费率水平、收取方式。

（10）基金认购费、申购费、赎回费、转换费的费率水平、计算公式、收取方式。

（11）出具法律意见书的律师事务所与审计基金财产的会计师事务所的名称和住所。

（12）风险警示内容。

（13）基金合同和基金托管协议的内容摘要。

2. 招募说明书包含的重要信息

投资者应重点关注招募说明书中的下列信息：

（1）基金运作方式。不同运作方式的基金，其交易场所和方式不同，基金产品的流动性不同。例如，封闭式基金主要通过交易所进行交易；开放式基金主要在基金的直销和代销网点申购和赎回；而个别开放式基金品种，如 ETF 既可在交易所上市交易，也可在一级市场上以组合证券进行申购和赎回。此外，不同运作方式的基金，其运作特点也会有差异。例如，开放式基金的运作中要保留一定的现金以应付赎回，而封闭式基金组合运作的流动性要求会低一些，两类基金的风险收益特征必然会存在差异。

（2）从基金资产中列支的费用的种类、计提标准和方式。不同基金类别的管理费和托管费水平存在差异。即使是同一类别的基金，计提管理费的方式也可能不同。例如，有的管理人是每日计提管理费；而有的管理人会在招募说明书中约定，如果基金资产净值低于某一标准将停止计提管理费；一些特殊的基金品种（如货币市场基金），不仅计提管理费和托管费，还计提销售服务费。这些条款是管理人计提基金运作费用的依据，也是投资者合理预期投资收益水平的重要标准。

（3）基金份额的发售、交易、申购、赎回的约定，特别是买卖基金费用的相关条款。例如，不同开放式基金的申购费率、赎回费率可能不同。即使是同一开放式基金品种，由于买卖金额不同、收费模式不同，也可能适用不同的费率水平。有的基金品种（如货币市场基金）是不收取申购费和赎回费的。

（4）基金投资目标、投资范围、投资策略、业绩比较基准、风险收益特征、投资限制等。这是招募说明书中最为重要的信息，因为这些信息体现了基金产品的风险收益水平，可以帮助投资者选择与自己风险承受能力和收益预期相符的产品。与此同时，投资者通过将此信息同基金存续期间披露的运作信息进行比较，可以判断基金管理人遵守基金合同的情况，从而决定是否继续信赖该管理人。

（5）基金资产净值的计算方法和公告方式。由于开放式基金是按照基金份额净值进行申购、赎回，而封闭式基金的交易价格一般也是围绕基金份额净值上下波动的，因此基金资产净值与基金投资成本息息相关。对于投资者来说，除了解基金估值的原则和方法外，还应清楚基金资产净值的公告方式，以便及时了解相关信息。

（6）基金风险提示。在招募说明书封面的显著位置，管理人一般会做出"基金过往业绩不预示未来表现；不保证基金一定盈利，也不保证最低收益"等风险提示。在招募说明书正文，管理人还会就基金产品的各项风险因素进行分析，并列明与特定基金品种、特定投资方法或特定投资对象相关的特定风险。只有对投资基金的相关风险有清醒的认识，投资者才能做出科学的选择，才能放心地将资金交给管理人管理。即便是基金运作中出现亏损，投资者也能理解和接受。对于基金管理人来说，风险的充分揭示可以保证资金来源的稳定，从而为基金运作提供基本保障。

（7）招募说明书摘要。该部分出现在每 6 个月更新的招募说明书中，主要包括基金投资基本要素、投资组合报告、基金业绩和费用概览、招募说明书更新说明等内容，是招募说明书内容的精华。在基金存续期的募集过程中，投资者只需阅读这部分信息，即可了解基金产品的基本特征、过往投资业绩、费用情况以及近 6 个月来与基金募集相关的最新信息。

拓展阅读 8-2
易方达产业升级混合型证券投资基金更新的招募说明书

三、基金托管协议

基金托管协议是基金管理人与基金托管人签订的协议，主要目的在于明确双方在基金财产保管、投资运作、净值计算、收益分配、信息披露及相互监督等事宜中的权利、义务及职责，确保基金财产的安全，保护基金份额持有人的合法权益。

基金托管协议包含两类重要信息。第一类是基金管理人与基金托管人的相互监督和核查。例如，基金托管人应依据法律、法规和基金合同的约定，对基金投资对象、投资范围、投融资比例、投资禁止行为、基金参与银行间市场的信用风险控制等进行监督；基金管理人应对基金托管人履行账户开设、净值复核、清算交收等托管职责情况等进行核查。第二类是协议当事人权责约定中事关持有人权益的重要事项。例如，当事人在净值计算和复核中重要环节的权责，包括管理人与托管人依法自行商定估值方法的情形和程序、管理人或托管人发现估值未能维护持有人权益时的处理、

拓展阅读 8-3
易方达产业升级混合型证券投资基金托管协议

估值错误时的处理及责任认定等。

第四节 基金运作信息披露

基金运作信息披露文件主要包括净值公告、季度报告、半年度报告、年度报告及基金上市交易公告书等。

一、基金净值公告

基金净值公告主要包括基金资产净值、份额净值和份额累计净值等信息。封闭式基金和开放式基金在披露净值公告的频率上有所不同。封闭式基金一般至少每周披露一次资产净值和份额净值。对多数开放式基金(不包括 QDII 基金)来说,在其放开申购、赎回前,一般至少每周披露一次资产净值和份额净值;开放申购、赎回后,则会披露每个开放日的份额净值和份额累计净值。

二、基金季度报告

基金管理人应当在每个季度结束之日起 15 个工作日内,编制完成基金季度报告,并将季度报告登载在指定报刊和网站上。基金合同生效不足 2 个月的,基金管理人可以不编制当期季度报告、半年度报告或者年度报告。

基金季度报告主要包括基金概况、主要财务指标和净值表现、管理人报告、投资组合报告、开放式基金份额变动等内容。在季度报告的投资组合报告中,需要披露基金资产组合、按行业分类的股票投资组合、前 10 名股票明细、按券种分类的债券投资组合、前 5 名债券明细及投资组合报告附注等内容。

三、基金半年度报告

基金管理人应当在上半年结束之日起 60 日内,编制完成基金半年度报告,并将半年度报告正文登载在网站上,将半年度报告摘要登载在指定报刊上。与年度报告相比,半年度报告的披露主要有以下特点:

(1)半年度报告不要求进行审计。

(2)半年度报告只需披露当期的数据和指标;而年度报告应提供最近 3 个会计年度的主要会计数据和财务指标。

(3)半年度报告披露净值增长率列表的时间段与年度报告有所不同。半年度报告既无须披露近 5 年每年的净值增长率,也无须披露近 3 年每年的基金收益分配情况。

(4)半年度报告无须披露近 3 年每年的基金收益分配情况。

(5)半年度报告的管理人报告无须披露内部监察报告。

(6)财务报表附注的披露。半年度财务报表附注重点披露比上年度财务会计报告更新的信息,并遵循重要性原则进行披露。例如,半年度报告无须披露所有的关联关系,只披露关联关系的变化情况;又如,半年度报告只对当期的报表项目进行说明,无须说明两个年度的报表项目。

(7)重大事件揭示中,半年度报告只报告期内改聘会计师事务所的情况,无须披露支付给聘任会计师事务所的报酬及事务所已提供审计服务的年限等。

(8)半年度报告摘要的财务报表附注无须对重要的报表项目进行说明;而年度报告摘要的报表附注在说明报表项目部分时,则因审计意见的不同而有所差别。

四、基金年度报告

基金年度报告是基金存续期信息披露中信息量最大的文件。基金管理人应当在每年结束之日起 90 日内,编制完成基金年度报告,并将年度报告正文登载于网站上,将年度报告摘要登载在指定报刊上。基金年度报告的财务会计报告应当经过审计。基金份额持有人通过阅读基金年报,可以了解年度内基金管理人和托管人履行职责的情况、基金经营业绩、基金份额的变动等信息,以及年度末基金财务状况、投资组合和持有人结构等信息。具体而言,基金年度报告的主要内容如下。

1. 基金管理人和托管人在年度报告披露中的责任

基金管理人是基金年度报告的编制者和披露义务人,因此管理人及其董事应保证年度报告的真实、准确和完整,承诺其中不存在虚假记载、误导性陈述或重大遗漏,并就其保证承担个别及连带责任。为了进一步保障基金信息质量,法规规定基金年度报告应经 2/3 以上独立董事签字同意,并由董事长签发;如个别董事对年度报告内容的真实、准确、完整无法保证或存在异议,应当单独陈述理由和发表意见;未参会董事应当单独列示其姓名。

托管人在年度报告披露中的责任主要是一些与托管职责相关的披露责任,包括负责复核年报、半年报中的财务会计资料等内容,并出具托管人报告等。

2. 正文与摘要的披露

为满足不同类型投资者的信息需求,提高基金信息的使用效率,目前基金年报采用在管理人网站上披露正文、在指定报刊上披露摘要两种方式。基金管理人披露的正文信息应力求充分、详尽,摘要应力求简要揭示重要的基金信息。

相对于正文,摘要在基金简介、报表附注、投资组合报告等部分进行了较大程度的简化。这样一来,普通投资者通过阅读摘要即可获取重要信息,而专业投资者通过阅读正文可获得更为详细的信息。

3. 关于年度报告中的"重要提示"

为明确信息披露义务人的责任,提醒投资者注意投资风险,目前法规规定应在年度报告的扉页就以下方面做出提示:

(1)管理人和托管人的披露责任。

(2)管理人管理和运用基金资产的原则。

(3)投资风险提示。

(4)年度报告中注册会计师出具非标准无保留意见的提示。

4. 基金财务指标的披露

基金年度报告一般应披露以下财务指标:本期已实现收益、本期利润、加权平均基金份额本期利润、本期加权平均净值利润率、本期基金份额净值增长率、期末可供分配利润、期末可供分配基金份额利润、期末资产净值、期末基金份额净值和基金份额累计净值增长率等。

在上述指标中,本期基金份额净值增长指标是目前评价基金业绩表现的较为合理的指标。投资者通过将基金净值增长指标与同期基金业绩比较基准收益率进行比较,可以了解基金实际运作与基金合同规定基准的差异程度,判断基金的实际投资风格。

5. 基金净值表现的披露

基金资产净值信息是基金资产运作成果的集中体现。由于基金的主要经营活动是证券投资,因此其资产运作情况主要表现为证券资产的利息收入、投资收益和公允价值变动损益,具体又反映到基金资产净值的波动上。投资者通过考察较长历史阶段内基金净值增长率的波动,可以了解基金产品的长期收益情况和风险程度。基金咨询与评级机构通过对基金净值表现信息进行整理加工和评价,不仅可以向投资者提供有用的决策信息,而且可以对管理人形成压力和动力,促使其诚信经营、科学管理。可见,基金净值表现信息对于保护投资者利益具有十分重要的意义。目前,法规要求在基金年度报告、半年度报告、季度报告中以图表形式披露基金的净值表现。

6. 管理人报告的披露

管理人报告是基金管理人就报告期内管理职责履行情况等事项向投资者进行的汇报,具体包括管理人及基金经理情况简介,报告期内基金运作遵规守信情况说明,报告期内公平交易情况说明,报告期内基金的投资策略和业绩表现说明,管理人对宏观经济、证券市场及行业走势的展望,管理人内部监察稽核工作情况,报告期内基金估值程序等事项说明,报告期内基金利润分配情况说明及对会计师事务所出具非标准审计报告所涉事项的说明等。

7. 基金财务会计报告的编制与披露

(1) 基金财务报表的编制与披露。基金财务报表包括报告期末及其前一个年度末的比较式资产负债表、该两年度的比较式利润表、该两年度的比较式所有者权益(基金净值)变动表。

(2) 财务报表附注的披露。报表附注的披露内容主要包括:基金基本情况、会计报表的编制基础、遵循会计准则及其他有关规定的声明、重要会计政策和会计估计、会计政策和会计估计变更以及差错更正的说明、税项、重要报表项目的说明、或有事项、资产负债表日后事项的说明、关联方关系及其交易、利润分配情况、期末基金持有的流通受限证券、金融工具风险及管理等。基金财务报表附注主要是对报表内未提供的或披露不详尽的内容做进一步的解释说明。例如,对于按相关法规规定的估值原则不能客观反映资产公允价值、管理人与托管人共同商定估值方法的情况,报表附注中应披露对该资产估值所采用的具体方法。

8. 基金投资组合报告的披露

基金年度报告中的投资组合报告应披露以下信息:期末基金资产组合、期末按行业分类的股票投资组合、期末按市值占基金资产净值比例大小排序的所有股票明细、报告期内股票投资组合的重大变动、期末按券种分类的债券投资组合、期末按市值占基金资产净值比例大小排序的前五名债券明细、投资组合报告附注等。

基金股票投资组合重大变动的披露内容包括:报告期内累计买入、累计卖出价值超出期初基金资产净值2%(报告期内基金合同生效的基金,采用期末基金资产净值的2%)的股票明细;对累计买入、累计卖出价值前20名的股票价值低于2%的,应披露至少前20名的股票明细;整个报告期内买入股票的成本总额及卖出股票的收入总额。披露该信息的意义主要在于反映报告期内基金的一些重大投资行为。

9. 基金持有人信息的披露

基金年度报告披露的基金持有人信息主要包括：

（1）上市基金前 10 名持有人的名称、持有份额及占总份额的比例。

（2）持有人结构，包括机构投资者、个人投资者持有的基金份额及占总份额的比例。

（3）持有人户数、户均持有基金份额。

当期末基金管理公司的基金从业人员持有开放式基金时，年度报告还将披露公司所有基金从业人员投资基金的总量及占基金总份额的比例。

披露上市基金前 10 名持有人信息有助于防范上市基金的价格操纵和市场欺诈等行为。由于持有人结构的集中或者分散程度直接影响基金规模的稳定性，进而影响基金的投资运作，因此法规要求所有基金披露持有人结构和持有人户数等信息。

10. 开放式基金份额变动的披露

基金规模的变化在一定程度上反映了市场对基金的认同度，而且不同规模基金的运作和抗风险能力也不同，这是影响投资者进行投资决策的重要因素。为此，法规要求在年度报告中披露开放式基金合同生效日的基金份额总额、报告期内基金份额的变动情况（包括期初基金份额总额、期末基金份额总额、期间基金总申购份额、期间基金总赎回份额、期间基金拆分变动份额）。报告期内基金合同生效的基金，应披露自基金合同生效以来基金份额的变动情况。

拓展阅读 8-4
易方达智造优势混合型证券投资基金 2021 年年度报告

五、基金上市交易公告书

凡是根据有关法律、法规发售基金份额并申请在证券交易所上市交易的基金，基金管理人均应编制并披露基金上市交易公告书。目前，披露上市交易公告书的基金品种主要有封闭式基金、上市开放式基金（LOF）和交易型开放式指数基金（ETF）。

基金上市交易公告书的主要披露事项包括：基金概况、基金募集情况与上市交易安排、持有人户数、持有人结构及前 10 名持有人、主要当事人介绍、基金合同摘要、基金财务状况、基金投资组合报告、重大事件揭示等。

第五节　基金临时信息披露

一、基金临时报告

对于重大性的界定，我国基金信息披露法规采用较为灵活的标准，即影响投资者决策标准或者影响证券市场价格标准。如果预期某种信息可能对基金份额持有人权益或者基金份额的价格产生重大影响，则该信息为重大信息，相关事件为重大事件。信息披露义务人应当在重大事件发生之日起 2 日内编制并披露临时报告书。

基金的重大事件包括：基金份额持有人大会的召开，提前终止基金合同，延长基金合同期限,转换基金运作方式,更换基金管理人或托管人,基金管理人的董事长、总经理及其他高级管理人员、基金经理和基金托管人的基金托管部门负责人发生变动,涉及基金管理人、基金财产、基金托管业务的诉讼,基金份额净值计价错误金额达基金份额净值的0.5%,开放式基金发生巨额赎回并延期支付,基金改按估值技术等方法对长期停牌股票进行估值等。

二、基金澄清公告

由于上市交易基金的市场价格等事项可能受到谣言、猜测和投机等因素的影响,为防止投资者误将这些因素视为重大信息,基金信息披露义务人还有义务发布公告对这些谣言或猜测进行澄清。具体地,在基金合同期限内,任何公共媒体中出现的或者在市场上流传的消息可能对基金份额价格或者基金投资者的申购、赎回行为产生误导性影响的,相关信息披露义务人知悉后应当立即对该消息进行公开澄清。

自测自练　　　　扫码答题

思 考 题

1. 基金信息披露的作用有哪些?
2. 基金信息披露的禁止行为有哪些?
3. 基金托管人的信息披露义务有哪些?
4. 基金投资组合报告的披露要求有哪些?

第九章

基 金 监 管

【学习目标】

1. 了解基金监管的基本原则；

2. 掌握对基金机构及基金活动进行监管的主要内容；

3. 了解对非公开募集的监管规定。

拓展阅读 9-1
顶风作案，大成基金中后台总监"老鼠仓"被罚没2 300 万元

基金是面向社会大众销售的投资产品，不断完善对基金活动的监管，是保护广大投资者利益的重要保证。建立健全基金监管体系，既是我国基金业规范运作的客观要求，也是我国基金业快速、健康发展的重要保证。中国证监会在对我国基金的监管上负有最主要的责任。基金监管在内容上主要涉及对基金服务机构的监管、对基金运作的监管及对基金高级管理人员的监管三个方面。

第一节 基金监管概述

一、基金监管的概念与作用

1. 基金监管的概念

基金监管是指监管部门运用法律的、经济的及必要的行政手段，对基金市场参与者行为进行的监督与管理。

2. 基金监管的作用

基金监管的作用与基金监管的目标一致，具体包括：①保护投资者；②保证市场的公平、效率和透明；③降低系统风险；④推动基金业的规范发展。

二、基金监管目标

基金监管的目标是一切基金监管活动的出发点。国际证监会组织(IOSCO)于1998年制定的《证券监管的目标与原则》规定，证券监管的目标主要有三个：一是保护投资者；二是保证市场的公平、效率和透明；三是降低系统风险。这三个目标同样适用于基金监管。同时，考虑到我国资本市场正处于转型时期的新兴市场及我国基金业所具有的特点，我国基金监管还担负着推动基金业发展的使命。具体而言，我国基金监管的目标包括如

下几个方面。

1. 保护投资者利益

基金监管的首要目标是保护投资者利益。投资者是市场的支撑者,保护和维护投资者的利益是我国基金监管的首要目标。只有在基金市场管理中采取相应的监管措施,使投资者得到公平的对待,维护其合法权益,才能更有力地促使人们增加投资。具体而言,这一目标就是指要使基金投资者免受误导、操纵、欺诈、内幕交易、不公平交易和资产被滥用等行为的损害。

2. 保证市场的公平、效率和透明

监管部门应通过适当的制度安排,保障交易公平,使投资者能够平等地进入市场、使用市场资源和获得市场信息;同时,能发现、防止和惩罚操纵市场及其他导致市场交易不公平的行为。为保证市场的有效性,监管部门应当保证市场信息公布及时、传播广泛并有效地反映在市场价格中。监管部门应当推进市场的有效性,保证市场的高透明度。

3. 降低系统风险

该目标是指监管部门应当通过设定对基金管理机构的要求等措施降低投资者的风险。一旦基金管理机构及其他相关机构出现财务危机,监管部门应当尽量减轻危机对整个市场造成的冲击。为此,监管部门应当要求基金管理机构满足一定的运营条件及其他谨慎要求。当基金管理机构倒闭时,客户可以免遭损失或使整个系统免受牵连。但是,承受风险是投资的必然要求,也是市场活跃的基础,监管部门不能也没有必要试图消除风险,而应当鼓励人们进行理性的风险管理和安排,要求投资者将承担的风险限制在能力范围之内,并且监控过度的风险行为。

4. 推动基金业的规范发展

我国基金业的发展时间不长,基金行业整体发展水平与世界上其他发达市场相比还有一定的差距。因此,在加强对基金行业监管的同时,要进一步发展我国的基金业,在发展中求规范;要更多地鼓励产品创新和业务创新,并为一切推动基金业发展的行为创造良好的环境;要更多地吸引外资,引进国外的先进经验,提升我国基金业的水平,推动基金市场开展公平、健康、有序的竞争,形成一个有效的基金市场。

三、基金监管的基本原则

1. 依法监管原则

基金监管属于行政执法活动。监管机构作为执法机关,其成立由法律规定,其职权也是由法律所赋予的,因此基金监管部门应树立依法监管观念,在基金监管活动中严格遵守法律、法规等的规定。既要依法履行监管职权,又要依法承担监管责任;既要尊重监管对象的权利,保护市场各方参与者的合法权益,又要不徇情、不枉法。

2. "三公"原则

基金是证券市场的重要参与者之一,证券市场公开、公平、公正的原则同样适用于基金市场。公开原则要求基金市场具有充分的透明度,要实现市场信息的公开化。公平原则是指市场中不存在歧视,参与市场的主体具有完全平等的权利。公正原则要求监管部门在公开、公平原则的基础上,对被监管对象给予公正待遇。

3. 保障投资人利益原则

保障投资人利益原则是基金监管活动的目的和宗旨的集中体现,基金监管应以保障投资人即基金份额持有人的利益为首要目标。

4. 适度监管原则

市场失灵要求政府干预,但现代市场经济的政府干预应是"适度"的干预,即政府监管适度。

5. 高效监管原则

高效监管是指基金监管活动不仅要以价值最大化的方式实现基金监管的根本目标,而且要通过基金监管活动促进基金行业的高效发展。

6. 审慎监管原则

审慎监管又称"结构性的早期干预和解决方案",其精髓在于金融监管机构要尽可能赶在金融机构完全亏损之前采取有效措施,避免金融机构股东之外的其他人蒙受损失。

四、基金监管的对象

我国基金监管的对象主要包括:①基金管理公司;②基金代销机构;③基金托管银行;④基金评级机构。

第二节 对基金机构的监管

在基金市场上,从事基金活动、为基金提供服务的所有组织和机构,如基金管理公司、基金托管银行、基金销售机构、基金注册登记机构、基金评价机构等,都由中国证监会依法实施监管。

一、对基金管理人的监管

1. 基金管理人的市场准入监管

基金管理人由依法设立的公司或合伙企业担任。公开募集基金的基金管理人只能由基金管理公司或者经中国证监会按照规定核准的其他机构担任。

根据《证券投资基金法》规定,公开募集基金的基金管理公司应当具备如下条件:

(1)有符合《证券投资基金法》和《中华人民共和国公司法》(简称《公司法》)规定的章程。

(2)注册资本不低于1亿元人民币,且必须为实缴货币资本。

(3)主要股东应当具有经营金融业务或者管理金融机构的良好业绩、良好的财务状况和社会信誉,资产规模达到国务院规定的标准,最近3年没有违法记录。

(4)取得基金从业资格的人员达到法定人数。拟任高级管理人员、业务人员不少于15人,并应当取得基金从业资格。

(5)董事、监事、高级管理人员具备相应的任职条件。

(6)有符合要求的营业场所、安全防范设施和与基金管理业务有关的其他设施。

(7)有良好的内部治理结构及完善的内部稽核监控制度、风险控制制度。

2. 对基金管理人从业人员资格的监管

基金管理人从业人员应具备的资格包括:基金管理人的董事、监事、高级管理人员应当熟悉证券投资方面的法律、行政法规,具有 3 年以上与其所任职务相关的工作经历;高级管理人员还应当具备基金从业资格。

基金管理人从业人员的兼任和竞业禁止规定包括:公开募集基金的基金管理人的董事、监事、高级管理人员及其他从业人员不得担任基金托管人或者其他基金管理人的任何职务,不得从事损害基金财产和基金份额持有人利益的证券交易及其他活动。

3. 对基金管理人及其从业人员执业行为的监管

(1) 基金管理人的法定职责包括:①依法募集资金,办理基金份额的发售和登记事宜;②办理基金备案手续;③对所管理的不同基金财产分别管理、分别记账,进行证券投资;④按照基金合同的约定确定基金收益分配方案,及时向基金份额持有人分配收益;⑤进行基金会计核算并编制基金财务会计报告;⑥编制中期和年度基金报告;⑦计算并公告基金资产净值,确定基金份额申购、赎回价格;⑧办理与基金财产管理业务活动有关的信息披露事项;⑨按照规定召集基金份额持有人大会;⑩保存基金财产管理业务活动的记录、账册、报表和其他相关资料;⑪以基金管理人名义,代表基金份额持有人利益行使诉讼权利或者实施其他法律行为。

(2) 执业禁止行为包括:①将其固有财产或者他人财产混同于基金财产从事证券投资;②不公平地对待其管理的不同基金财产;③利用基金财产或者职务之便为基金份额持有人以外的人牟取利益;④向基金份额持有人违规承诺收益或者承担损失;⑤侵占、挪用基金财产;⑥泄露因职务便利获取的未公开信息,利用该信息从事或者明示、暗示他人从事相关的交易活动;⑦玩忽职守,不按照规定履行职责;⑧法律、行政法规和中国证监会规定禁止的其他行为。

(3) 证券投资的限制是:基金管理人的董事、监事、高级管理人员及其他从业人员,其本人、配偶、利害关系人进行证券投资,应当事先向基金管理人申报,并不得与基金份额持有人发生利益冲突。

4. 对基金管理人内部治理的监管

(1) 基金份额持有人利益优先原则:基金管理人内部治理的法定基本原则。

(2) 对基金管理人内部治理结构的监管:公开募集基金的基金管理人应当建立良好的内部治理结构,明确股东会、董事会、监事会和高级管理人员的职责权限,确保基金管理人独立运作。

(3) 对基金管理人的股东、实际控制人的监管。基金管理人的股东、实际控制人应当按照中国证监会的规定及时履行重大事项报告义务,并且不得有下列行为:①虚假出资或者抽逃出资;②未依法经股东会或者董事会决议擅自干预基金管理人的基金经营活动;③让基金管理人利用基金财产为自己或者他人牟取利益,损害基金份额持有人利益。

(4) 风险准备金制度:公开募集基金的基金管理人应当从管理基金的报酬中计提风险准备金。

5. 中国证监会对基金管理人的监管措施

对于基金管理人的一般违法违规行为,可采取责令限期改正、限制令、责令更换有关人员等监管措施。

发生一般违法行为不改正或严重违法行为时,中国证监会可以区别情形,对其采取下列措施:①限制业务活动,责令暂停部分或者全部业务;②限制分配红利,限制向董事、监事、高级管理人员支付报酬、提供福利;③限制转让固有财产或者在固有财产上设定其他权利;④责令更换董事、监事、高级管理人员或者限制其权利;⑤责令有关股东转让股权或者限制有关股东行使股东权利。

在公开募集基金的基金管理人被责令停业整顿,被依法指定托管、接管或者清算期间,或者出现重大风险时,经中国证监会批准,可以对该基金管理人直接负责的董事、监事、高级管理人员及其他直接责任人员采取下列措施:①通知出境管理机关依法阻止其出境;②申请司法机关禁止其转移、转让或者以其他方式处分财产,或者在财产上设定其他权利。

中国证监会还负责对基金管理人职责终止进行监管。公开募集基金的基金管理人职责终止的事由包括:①被依法取消基金管理资格;②被基金份额持有人大会解任;③依法解散、被依法撤销或者被依法宣告破产;④基金合同约定的其他情形。

二、对基金托管人的监管

中国证监会对基金托管人的监管分为市场准入监管和日常持续监管两个方面。

1. 市场准入监管

基金托管人资格由中国证监会、中国银监会核准。申请托管资格的商业银行须在资产质量、人员配备、办公硬件及系统软件、风险控制等方面符合《证券投资基金法》及《证券投资基金托管资格管理办法》等法律、法规的规定。获得基金托管资格后,商业银行就可以承接基金的托管业务。同时,根据相关法规规定,只有获得基金托管资格的商业银行才可以承接 QDII 基金和基金管理公司特定资产管理业务的托管。目前,我国具有基金托管资格的商业银行有 28 家。

2. 日常持续监管

商业银行取得基金托管资格后,其基金托管业务活动主要受中国证监会的监管。中国证监会对基金托管人的日常监管主要包括基金托管职责的履行情况和基金托管部门内部控制情况两个方面。

1) 对履行基金托管职责的监管

(1) 在监督基金投资运作中,是否在基金托管协议中事先与基金管理公司订明相关权责,是否建立并及时维护相关监督系统,是否在发现问题时及时提醒基金管理公司并报告中国证监会。

(2) 在办理基金的清算交割事宜中,是否既能保证清算的及时高效,又能保证基金财产的安全与独立。

(3) 在复核、审查基金管理公司计算的基金资产净值时,是否科学评估基金采取的估值方法,是否及时与基金管理公司核对;在发现估值方法不能反映基金资产的公允价值时,是否采取必要的手段。

(4) 在办理与基金托管业务相关的信息披露事项中,是否及时、真实、准确、完整地履行信息披露业务,是否在基金年度报告中的托管人报告中独立、客观地发表意见。

2) 对基金托管部门内部控制的监管

在日常监管中,中国证监会密切关注基金托管人是否建立了科学合理、控制严密、运行高效的内部控制体系。例如,托管人各机构、部门和岗位职责是否保持相对独立,基金资产、托管人自有资产、其他资产的保管和运作是否严格分离,托管人托管业务部门的岗位设置应当权责分明、相互制衡等。

与对基金管理公司的日常监管一样,中国证监会主要通过审阅托管人定期报送的报告及对托管人进行不定期现场检查等方式,实现对托管人的日常监管。

三、对基金服务机构的监管

1. 基金销售机构的准入监管

按现行法规规定,开放式基金的销售业务由基金管理人负责,基金管理人可以委托经中国证监会认定的其他机构代为办理。机构拟开办基金销售业务应当首先经中国证监会审核和批准,取得基金代销资格。商业银行、证券公司、证券投资咨询机构、专业基金销售机构及中国证监会规定的其他机构,在资本充足率(或净资本、注册资本)、组织机构、治理结构与内部控制、营业场所、信息系统建设、业务管理制度、从业人员资格等方面符合法律、法规规定的条件时,可以向中国证监会申请基金销售业务资格。对于未取得基金销售业务资格而擅自开办基金销售业务的机构,中国证监会将依法责令整改,并处警告、罚款,同时对直接负责的主管人员和其他直接责任人员处以警告、罚款。

2. 基金登记机构的准入监管

由于封闭式基金在证券交易所的交易系统内进行竞价交易,因此其登记业务与上市公司的股票一样,由中国结算公司办理。

开放式基金的登记业务与封闭式基金的情形有所不同。根据法规规定,开放式基金份额的登记业务可以由基金管理人办理,也可以委托中国证监会认定的其他机构办理。从开放式基金实践的情况来看,目前具备办理开放式基金登记业务资格的机构主要包括基金管理公司和中国结算公司。

基金管理公司作为基金管理人办理开放式基金的登记结算业务,是目前大多数开放式基金采用的模式。基金管理公司的该项业务资格无须另外批准。其他类别机构拟申请办理开放式基金登记业务资格的,需要向中国证监会提出申请并报送有关材料,经审查符合有关条件的,由中国证监会批准其办理该项业务的资格。

3. 基金销售机构的日常监管

(1) 基金销售机构内部控制监管。中国证监会对基金销售机构内部控制情况的监督检查是日常监管的重点。监督检查的内容包括:销售机构的内部控制是否体现了健全、有效、独立、审慎的原则,控制环境、风险评估、授权控制、内部监控、危机处理等要素是否达到要求,销售决策、销售业务执行流程、会计系统、信息技术、监察稽核等业务环节是否按照法规设立的标准和公司的内部控制制度有效执行。通过督促销售机构建立科学合理、控制严密、运行高效的内部控制体系,促使基金销售机构合规运作,提高风险防范意识,及时查错防弊,消除隐患,确保销售业务的稳健运行和投资者资金的安全。

（2）规范基金销售业务信息管理平台建设并实施检查。现行法规对基金销售机构内部的销售前台和后台业务系统、应用系统的支持系统、监管信息报送系统等的建设进行了规范,其目的在于提升基金销售相关信息系统的安全性、实用性和系统化,保障投资人资金流动的安全,防止销售业务中的不正当竞争行为,支持销售适用性原则的运用,提高对基金投资人的信息服务质量。对于各销售机构信息管理平台的建设,中国证监会及其各地方证监局主要通过现场检查方式实施监督。

第三节　对基金活动的监管

中国证监会对基金运作的监管主要包括对基金募集申请的核准、基金销售活动的监管、基金信息披露的监管,以及基金投资与交易行为的监管等。

一、基金募集申请的核准

基金募集申请核准是基金运作的首要业务环节。对该项业务环节的监管,各国(地区)的方式不同,主要分为核准制与注册制,二者在概念、适用范围、主要特点及优缺点等方面均存在较大的不同。注册制是指在强调充分披露信息的前提下,基金在履行必要的报备手续后就可以进行基金募集的一种制度安排。核准制是指监管部门对基金的募集申请进行实质性审查的制度安排。

在我国,资本市场的发展具有较明显的转轨经济和新兴市场的特征。在此背景下,我国对基金募集申请实行的是核准制。现行法律、法规赋予了中国证监会对基金募集申请履行集中统一监管的职责。中国证监会对拟任基金管理人提出的申请依法审查,对符合条件的准予其从事基金募集、管理业务活动。

基金募集申请核准的主要程序和内容如下。

1. 对基金募集申请材料进行齐备性和合规性审查

（1）募集申请材料的齐备性审查。中国证监会对报送的申请报告、基金合同草案、托管协议草案和招募说明书草案等必要文件是否齐备进行审查。

（2）募集申请材料的合规性审查。中国证监会根据有关法律、法规所规定的基金募集申请条件进行审查,做出受理或不受理的决定。审查主要涉及以下两个方面:一是拟任基金管理人、基金托管人是否具备法规规定的条件。二是拟募集的基金是否具备法规规定的条件,至少包括:①有明确、合法的投资方向;②有明确的基金运作方式;③符合法律、法规关于基金品种的规定;④不与拟任基金管理人已管理的基金雷同;⑤基金合同、招募说明书等法律文件草案符合法律、法规的规定;⑥基金名称表明基金的类别和投资特征,不存在损害国家利益、社会公共利益,欺诈、误导投资人,或者其他侵犯他人合法权益的内容。

2. 组织专家评审会对基金募集申请进行评审,最后做出核准或者不予核准的决定

中国证监会受理基金募集申请后,根据审慎监管原则及拟募集基金的有关具体情况决定是否组织基金专家评审会对基金募集申请进行评审。对于提交基金专家评审会的基金募集申请,评审专家重点就基金的投资管理、风险控制等方面进行评审,独立发表评审意见,供中国证监会参考。

中国证监会自受理基金募集申请之日起 6 个月内做出核准或者不予核准的决定。

3. 简化产品审核程序,实施分类审核制度

近年来,中国证监会始终坚持以市场化为导向,不断优化产品审核工作。2010 年,中国证监会开始简化基金产品审核程序,对基金产品实行分类审核制度,即基金管理公司可以按照权益类产品与固定收益类产品(包括债券基金、货币市场基金和保本基金)、境内产品与境外产品(QDII 基金)、公募产品与特定资产管理计划、创新产品与成熟产品的分类,同时申报不同类型基金产品的发行申请。同时,中国证监会还根据不同产品的种类,进一步优化专家评审会等审核程序,例如,对 QDII 基金,除创新、复杂产品外,成熟产品不再组织境外专家进行评审。对于其他公募基金,除重大创新产品外,原则上不再组织专家评审会。2014 年 7 月,证监会发布《公开募集证券投资基金运作管理办法》及其实施规定,将公募基金产品的审查由核准制改为注册制,证监会将在后续监管中进行落实,目标是在激发市场活力的同时,提升公募基金行业的合规诚信水平。2019 年 10 月,全面实施公募基金常规产品分类注册机制,基金注册便利度大幅提升,行业主体获得感明显增强,有力促进了权益类基金的发展壮大,助推行业规模快速增长,产品结构持续优化。

4. 办理基金备案

获准发售基金份额之后,基金管理人将在规定的募集期限发售基金份额。当募集的基金份额总额、基金份额持有人人数符合法律、法规规定的基金设立条件,基金管理人需按照规定办理验资和基金备案手续。中国证监会自收到基金管理人验资报告和基金备案材料之日起 3 个工作日内予以书面确认;自中国证监会书面确认之日起,基金备案手续办理完毕,基金合同生效。

基金管理公司在申请获批 QDII 业务资格后,就可以向中国证监会报送 QDII 基金产品募集申请文件,募集申请程序与普通基金基本相同。此外,基金管理公司还需要根据市场情况、产品特性等在 QDII 基金的募集方案中设定合理的额度规模上限,向国家外汇局备案,并按有关规定到国家外汇局办理相关手续。在募集申请材料上,除普通基金所要求的内容外,还需要针对 QDII 基金的产品特性补充其他材料,如介绍境外投资市场及其风险的投资者教育材料、管理人与投资顾问签订的协议草案、托管人与境外托管人签订的协议草案等。

二、基金销售活动的监管

1. 基金销售活动监管关注的主要内容

基金销售活动监管所关注的内容主要涉及以下方面:销售的基金产品是否经过核准以及销售主体是否具备相应资格;基金销售过程中是否遵循适用性原则;基金宣传推介材料的制作、分发和发布是否合规,是否充分揭示相关投资风险。此外,规范基金销售费用结构和费率水平,规范基金评价业务也是近年来基金销售监管的重要内容。

(1) 销售的基金产品是否经过核准以及销售主体是否具备相应资格。现行法规规定,基金募集申请获得中国证监会核准前,基金管理人、代销机构不得办理基金销售业务,不得向公众分发、公布基金宣传推介材料或者发售基金份额。基金管理人委托其他机构

办理基金销售业务的,被委托的机构应当取得基金销售业务资格。未经基金管理人或者代销机构聘任,任何人员不得从事基金销售活动。从事宣传推介基金活动的人员还应当取得基金从业资格。基金管理人委托代销机构办理基金的销售,应当与其签订书面代销协议。未经签订书面代销协议,代销机构不得办理基金的销售。代销机构不得委托其他机构代为办理基金的销售。

(2)基金销售过程中是否遵循适用性原则。现行法规规定,基金销售过程中,基金销售机构应遵循投资人利益优先原则、全面性原则、客观性原则和及时性原则,通过对基金管理人进行审慎调查,对基金产品风险和基金投资人风险承受能力进行客观评价,最后根据投资人的风险承受能力销售不同风险等级的产品,把合适的产品卖给合适的基金投资人。

(3)基金宣传推介材料的制作、分发和发布是否合规,是否充分揭示相关投资风险。现行法规规定,基金销售机构应在宣传推介材料中加强对投资人的教育和引导,积极培养投资人的长期投资理念,注重对行业公信力及公司品牌、形象的宣传,避免采用大比例分红等通过降低基金份额净值来吸引投资人的营销手段,以及有悖基金合同约定的暂停、打开申购等营销手段。宣传推介材料应有完整的风险提示。宣传推介材料使用的语言应准确清晰,不得使用"坐享财富增长""安心享受成长""尽享牛市"等易使基金投资人忽视风险的表述,不得使用"欲购从速""申购良机"等片面强调集中营销时间限制的表述,不得使用"净值归一"等误导基金投资人的表述。对于宣传推介材料的监管,法规规定,销售机构应在分发或公布基金宣传推介材料之日起5个工作日内向其主要办公场所所在地证监局报送以下材料:宣传推介材料的形式和用途说明、宣传推介材料、基金管理公司督察长出具的合规意见书、托管银行出具的基金业绩复核函等。基金销售机构负责基金营销业务的高级管理人员还应对宣传推介材料的合规性进行复核并出具复核意见。

(4)规范基金销售费用结构和费率水平,维护基金销售市场秩序。2009年,中国证监会发布《开放式证券投资基金销售费用管理规定》,自2010年3月15日起实施。按照该规定,允许基金管理公司自主选择对1周、1个月内赎回的基金持有人设定较高的赎回费率标准,并将此类赎回费全额计入基金财产。这主要是通过提高短期基金交易投资者的交易成本,抑制短期资金套利行为。此外,为了防范利益冲突,鼓励持续营销,该规定禁止基金管理公司向销售机构支付一次性奖励,而允许基金管理公司依据销售基金的保有量,向基金销售机构支付客户维护费(俗称"尾随佣金"),用于客户服务及销售活动中产生的相关费用。

(5)规范基金评价业务,引导长期投资理念。中国证监会于2009年发布《证券投资基金评价业务管理暂行办法》(以下简称办法),并于2020年10月30日进行了修订。办法指出,基金评价机构对基金进行评价并通过公开形式发布基金评价结果,需遵守该规定的要求。中国证监会及其派出机构依法对基金评价业务活动进行监管,基金评价机构应加入中国证券业协会,并由协会依法对基金评价业务活动进行自律管理。基金评价机构应当将基金评价标准、评价方法和程序报中国证监会、中国证券业协会备案,并通过协会网站、本机构网站及至少一家指定报刊向社会公告。办法还列举了任何机构从事基金评价业务并以公开形式发布评价结果的禁止行为,包括:①对不同分类的基金进行合并评价;②对同一分类中包含基金少于 10 只的基金进行评级或单一指标排名;③对基金合同生效不足 6 个月的基金(货币市场基金除外)进行评奖或单一指标排名;④对基金(货币市场基金除外)、基金管理人评级的评级期间少于 36 个月;⑤对基金、基金管理人评级的更新间隔少于 3 个月;⑥对基金、基金管理人评奖的评奖期间少于 12 个月;⑦对基金、基金管理人单一指标排名(包括具有点击排序功能的网站或咨询系统数据列示)的排名期间少于 3 个月;⑧对基金、基金管理人单一指标排名的更新间隔少于 1 个月;⑨对特定客户资产管理计划进行评价。

2. 基金销售监管的主要方式

(1) 通过督察长监督、检查基金销售活动。按现行法规规定,基金管理人的督察长应当检查基金募集期间基金销售活动的合法合规情况,并自基金募集行为结束之日起 10 日内编制专项报告,予以存档备查。在基金持续销售期间,基金管理人的督察长应当定期检查基金销售活动的合法合规情况,在监察稽核季度报告中做专项说明,并报送中国证监会。

(2) 对基金销售适用性原则应用情况进行检查与指导。中国证监会及其各地方证监局在对基金销售活动进行现场检查时,将对基金销售适用性相关的制度建设、推动实施、信息处理和历史记录等进行询问或检查,发现存在问题的,将对销售机构进行必要的指导。

(3) 宣传推介材料的报备监管。当基金销售机构未按规定报送宣传推介材料、实际宣传推介材料和上报材料不一致及出现其他违规情形时,中国证监会及其证监局将根据违规程度依法采取行政监管或行政处罚措施,包括:提示销售机构改正;出具监管警示函;对在 6 个月内连续两次被出具监管警示函仍未改正的销售机构,在分发或公布基金宣传推介材料前,应事先将材料报送中国证监会,报送之日起 10 日后,方可使用;责令销售机构整改、暂停办理相关业务、立案调查;对直接负责的基金销售机构高级管理人员和其他直接责任人员,采取监管谈话、出具警示函、记入诚信档案、暂停履行职务、认定为不适宜担任相关职务者等行政监管措施,或建议销售机构免除有关高管人员的职务。

三、基金信息披露的监管

各国(地区)基金市场产生和发展的历史表明,信息披露是基金市场建立和发展的基础,信息披露制度是基金市场管理制度的基石。自 1998 年我国首只基金成立以来,监管部门一直很重视对基金信息披露的监管。我国已初步建立了既接近国际惯例又符合我国实践的基金信息披露制度,基金信息披露监管已成为监管部门的工作重点。

1. 主要监管部门及其相应的职责

目前对基金信息披露进行监管的部门主要是中国证监会及其各地方监管局、证券交易所。从职责划分看,中国证监会主要负责起草修订基金信息披露规范,对基金募集申请材料中的信息披露文件进行审核,对存续期基金的信息披露行为进行日常监督,指导各地方监管局和证券交易所的监管工作等。中国证监会各地方监管局根据中国证监会的授权,对辖区内基金管理公司管理的基金在存续期间的信息披露进行监管。沪、深证券交易所则主要负责监管上市基金的信息披露。

2. 信息披露监管的原则和目标

基金信息披露监管的原则是以制度形式保证基金做到信息披露的真实、准确、完整和及时,最终实现最大限度保护基金份额持有人合法权益的监管目标。

3. 基金信息披露监管的主要内容

(1) 建立健全基金信息披露制度规范。根据基金市场发展的需要不断完善基金信息披露规范,是基金信息披露监管工作的重要组成部分。目前已形成以《证券投资基金信息披露管理办法》为原则指导、以《证券投资基金信息披露内容与格式准则》为指南、以《证券投资基金信息披露编报规则》为特别补充、以《证券投资基金信息披露 XBRL 标引规范(Taxonomy)》和基金信息披露 XBRL 模板为技术操作指引的基金信息披露规范体系。

(2) 基金募集信息披露监管。基金募集信息披露监管主要是指对基金招募说明书、基金合同、基金托管协议等基金募集申请材料进行审核,对基金份额发售至基金合同生效期间的信息披露行为进行监管,基金合同生效后对定期更新的基金招募说明书进行形式审查。

(3) 基金存续期信息披露监管。基金存续期信息披露监管包括:基金合同生效后,监管机构对基金上市交易公告书、基金净值公告、定期报告及临时报告等信息披露文件的监管,重点在于相关文件披露的及时性、信息披露是否存在虚假记载、误导性陈述及重大遗漏。近年来,信息披露监管还针对报告期内发现的基金违反法规或违反基金合同的情况,加大监管力度,将不诚信的行为公之于众,通过披露手段提升基金管理公司的自律意识。

目前,按照基金监管职责分工,中国证监会各证监局主要协助中国证监会基金部对辖区内开放式基金(不含 ETF)的存续期信息披露进行监管,包括对开放式基金存续期间的定期报告进行合规性检查并出具意见报告中国证监会,对临时报告、澄清公告的披露进行日常监管。而证券交易所则按照《证券投资基金上市规则》,对在交易所上市基金(含 ETF)的信息披露行为进行监管。例如,对上市基金的定期报告进行事前登记、事后审查,对基金临时报告进行事前审查,并定期向中国证监会报送基金信息披露监管工作总结。

(4) 信息披露违规处罚。法律、法规对基金信息披露违法违规行为做了严格规定并制定了处罚制度。对于信息披露义务人违反法律、法规或者基金合同约定,给基金财产或者基金份额持有人造成损害的,中国证监会将依据法律、法规对违规机构及其相关人员进行处罚。对于违规机构,处罚类别有责令改正、没收违法所得、罚款和承担赔偿责任等;对于违规机构直接负责的主管人员和其他直接责任人员,处罚类别有警告、暂停或者取消基金从业资格、罚款、追究刑事责任。

四、基金投资与交易行为的监管

中国证监会对基金投资与交易行为的监管主要涉及两个方面:对投资组合遵规守信情况的监管;对基金管理公司内部投资、交易环节相关内部控制制度健全及执行情况的监管。

1. 对投资组合遵规守信情况的监管

监督基金按照法律法规、基金合同的约定谨慎勤勉地进行投资运作,是中国证监会对基金进行日常监管的重要内容,具体涉及投资范围、投资比例、回购交易和投资限制等事项。根据《证券投资基金法》《证券投资基金运作管理办法》等,基金投资组合应符合以下规定。

1）投资范围的规定

（1）股票基金应有80％以上的资产投资于股票,债券基金应有80％以上的资产投资于债券。

（2）货币市场基金仅投资于货币市场工具,不得投资于股票、可转换债券、剩余期限超过397天的债券、信用等级在AAA级以下的企业债券、国内信用等级在AAA级以下的资产支持证券、以定期存款利率为基准利率的浮动利率债券。

（3）基金不得投资有锁定期但锁定期不明确的证券。货币市场基金、中短债基金不得投资流通受限证券。封闭式基金投资流通受限证券的锁定期不得超过封闭式基金的剩余存续期。

（4）基金投资的资产支持证券必须在全国银行间债券交易市场或证券交易所交易。

2）基金投资比例的规定

（1）基金名称显示了投资方向的,应当有80％以上的非现金基金资产属于投资方向确定的内容。

（2）基金管理人运用基金财产进行证券投资,不得有下列情形:①一只基金持有一家上市公司的股票,其市值超过基金资产净值的10％;②同一基金管理人管理的全部基金持有一家公司发行的证券,超过该证券的10％;③基金财产参与股票发行申购,单只基金所申报的金额超过该基金的总资产,单只基金所申报的股票数量超过拟发行股票公司本次发行股票的总量;④违反基金合同关于投资范围、投资策略和投资比例等的约定;⑤中国证监会规定禁止的其他情形。完全按照有关指数的构成比例进行证券投资的基金品种可以不受第①和②项规定的比例限制。

（3）开放式基金应当保持不低于基金资产净值5％的现金或者到期日在1年以内的政府债券,以备支付基金份额持有人的赎回款项,但中国证监会规定的特殊基金品种除外。

（4）基金管理人应当自基金合同生效之日起6个月内使基金的投资组合比例符合基金合同的有关约定;因证券市场波动、上市公司合并、基金规模变动等基金管理人之外的因素致使基金投资不符合有关投资比例的,基金管理人应当在10个交易日内进行调整。

（5）单只基金持有的同一信用级别资产支持证券的比例,不得超过该资产支持证券规模的10％;单只基金投资于同一原始权益人的各类资产支持证券的比例,不得超过该基金资产净值的10％;同一基金管理人管理的全部基金投资于同一原始权益人的各类资产支持证券,不得超过其各类资产支持证券合计规模的10％;单只基金持有的全部资产支持证券,其市值不得超过该基金资产净值的20％,中国证监会规定的特殊品种除外。因市场波动、基金规模变动等基金管理人之外的因素致使基金投资资产支持证券不符合前述第二、第四项规定的比例,基金管理人应当在10个交易日内调整完毕。

（6）单只基金在任何交易日买入权证的总金额不得超过上一交易日基金资产净值的5‰,单只基金持有的全部权证市值占基金资产净值的比例不得超过3％。

（7）1家基金公司通过1家证券公司的交易席位买卖证券的年交易佣金，不得超过其当年所有基金买卖证券交易佣金的30%（新成立的基金管理公司，从管理的首只基金成立后第二年起执行）。

3）对参与全国银行间同业拆借市场交易的规定

（1）在全国银行间同业拆借市场进行债券回购的资金金额不得超过基金资产净值的40%。

（2）基金在全国银行间同业拆借市场中的债券回购最长期限为1年，债券回购到期后不得展期。

4）投资限制方面的规定

基金财产不得用于下列投资或者活动：

（1）承销证券。

（2）向他人贷款或者提供担保。

（3）从事承担无限责任的投资。

（4）买卖其他基金份额，但是国务院另有规定的除外。

（5）向其基金管理人、基金托管人出资或者买卖其基金管理人、基金托管人发行的股票或者债券。

（6）买卖与其基金管理人、基金托管人有控股关系的股东或者与其基金管理人、基金托管人有其他重大利害关系的公司发行的证券或者承销期内承销的证券。

（7）从事内幕交易、操纵证券交易价格及其他不正当的证券交易活动。

（8）有关法律、法规禁止的其他活动。

5）货币市场基金投资的相关规定

货币市场基金的投资应当符合下列规定：

（1）投资于同一公司发行的短期企业债券的比例，不得超过基金资产净值的10%。

（2）所投资银行存款的存款银行应当是具有证券投资基金托管人资格、证券投资基金销售业务资格或合格境外机构投资者托管人资格的商业银行。存放在具有基金托管资格的同一商业银行的存款，不得超过基金资产净值的30%；存放在不具有基金托管资格的同一商业银行的存款，不得超过基金资产净值的5%。投资于定期存款的比例，不得超过基金资产净值的30%。

（3）投资组合的平均剩余期限在每个交易日均不得超过180天。

（4）不得与基金管理人的股东进行交易，不得通过交易上的安排人为降低投资组合平均剩余期限的真实天数。

（5）在全国银行间债券市场债券正回购的资金余额不得超过基金资产净值的40%。除发生巨额赎回的情形外，货币市场基金的投资组合中，债券正回购的资金余额在每个交易日均不得超过基金资产净值的20%。因发生巨额赎回致使货币市场基金债券正回购的资金余额超过基金资产净值20%的，基金管理人应当在5个交易日内进行调整。

（6）持有的剩余期限不超过397天但剩余存续期超过397天的浮动利率债券的摊余成本总计不得超过当日基金资产净值的20%。

（7）不得投资于以定期存款利率为基准利率的浮动利率债券。

（8）买断式回购融入基础债券的剩余期限不得超过 397 天。

（9）投资于同一公司发行的短期融资券及短期企业债券的比例，合计不得超过基金资产净值的 10%。因市场波动、基金规模变动等基金管理人之外的因素致使基金投资不符合上述比例的，基金管理人应当在 10 个交易日内调整完毕。

（10）投资于同一商业银行发行的次级债的比例不得超过基金资产净值的 10%。

（11）不得投资于股票、可转换债券、剩余期限超过 397 天的债券、信用等级在 AAA 级以下的企业债券等金融工具。

2. 对基金管理公司内部投资、交易环节相关内部控制制度健全及执行情况的监管

2002 年年底，中国证监会发布《证券投资基金管理公司内部控制指导意见》，并于 2003 年开始实施至今。该指导意见对证券投资基金投资管理的程序、决策过程、投资相关环节、部门和人员的配置、相关人员的责任、权利和义务做了具体而明确的规定。具体来说，在投资管理方面，该指导意见要求建立投资对象备选库制度，强调研究部门应根据基金合同要求，在充分研究的基础上建立和维护备选库。在投资决策方面，要求健全投资决策授权制度，明确界定投资权限，严格遵守投资限制，防止越权决策。投资决策应当有充分的投资依据，其中明确了进行重要投资要有详细的研究报告和风险分析支持，并有决策记录。

2011 年 8 月，中国证监会修订发布现行的《证券投资基金管理公司公平交易制度指导意见》，旨在进一步明确基金管理公司公平对待不同组合所应遵循的具体原则和方法。该意见提出，基金管理公司应建立科学的投资决策体系，通过客观充分的研究，确立并维护全公司以及不同组合的投资对象备选库和交易对手备选库、严格投资授权等程序，实现决策的客观性和独立性，在决策环节上保障各类组合得到公平对待。同时，基金管理公司应实行集中交易制度，建立和完善交易分配制度，确保各组合享有公平的交易执行机会。基金管理公司公平交易制度的完善程度，将作为监管部门评判公司诚信水平和规范程度、进行日常监管及做出行政许可的重要依据。

2012 年 9 月，中国证监会修订发布现行的《基金管理公司特定客户资产管理业务试点办法》。该办法要求基金管理公司公平地对待所管理的不同资产，建立有效的异常交易日常监控制度，并定期向中国证监会报告。该办法规定，除完全按照有关指数的构成比例进行证券投资的投资组合外，严格禁止同一投资组合或不同投资组合之间在同一交易日内进行反向交易及其他可能导致不公平交易和利益输送的交易行为。该办法还规定，基金管理公司从事特定资产管理业务，应设立专门的业务部门，投资经理与证券投资基金的基金经理的办公区域应严格分离，并不得相互兼任。

3. 基金投资交易监管的方式及违规处罚

中国证监会主要通过基金托管银行和证券交易所提交的定期、不定期报告掌握基金投资运作的遵规守信情况，并据以对重大违规问题进行处罚。同时，中国证监会还根据托管银行、交易所、中国结算公司等机构报送的内部监管数据以及公开披露的基金信息等，建立了基金投资监控的预警系统和分析系统，以及时掌握基金投资状况及相关风险。

首先，通过基金托管银行实现对基金投资的监管。当基金出现违反法律、法规及基金合同约定的事项时，基金托管银行对基金管理人进行提示，并向中国证监会提交临时报告,中国证监会据以进行处理。此外,托管银行还定期向中国证监会报送基金持仓日报、基金投资监控周报,使中国证监会能实时掌握基金投资情况。针对公司存在的违规事项和风险事项,中国证监会进一步加强对基金信息披露的监管及对公司内部控制执行情况的现场检查。

其次,通过交易所实现对基金交易的实时监控。目前,证券交易所按中国证监会要求建立基金交易监控体系,重点监控以下涉嫌违法违规的交易行为:单只基金的异常交易、同一基金管理公司不同基金或账户间的异常交易、不同基金管理公司账户间的异常交易、基金与股东等关联方账户间的异常交易、基金同可疑账户的异常交易、基金管理公司股东账户的异常交易等。此外,交易所还监控基金买卖高风险股票的行为。交易所在日常监控中发现基金异常交易行为时将向中国证监会报告。

对于基金管理公司在基金投资过程中出现的违规失信行为,中国证监会将依法对基金管理公司及相关责任人采取记入诚信档案等行政监管措施,甚至采取行政处罚;给基金财产或投资者造成损失的,将由托管银行督促基金管理公司进行赔偿。监管部门将视投资交易违规情节的严重程度做出不同程度的处理。如果属于偶然操作失误,证券投资基金交易过程中存在少量的不规范交易行为,由交易所及时电话通知,给予提醒。如果交易金额较大,且影响其他投资者的市场判断,交易所将向监管部门专项汇报;监管部门根据情况决定是否进行调查,也可直接约见基金管理公司高级管理人员进行谈话提醒。如果证券投资基金在投资过程中存在重大投资失误,或涉嫌操纵市场价格,或基金管理人进行重大关联交易,或涉嫌用基金资产牟取个人私利,或基金管理人存在重大渎职行为,给基金持有人利益造成损害,监管部门将进行专门调查。根据调查结果,决定是否移交稽查部门立案调查。根据《证券投资基金法》及其他有关规定,监管部门可以停止基金管理人的资格,对从业人员可以给予暂停甚至取消从业资格、罚款、市场禁入等处罚。

拓展阅读 9-2
基金"挂羊头卖狗肉",风格漂移引起监管关注

第四节　对非公开募集基金的监管

一、非公开募集基金的基金管理人的登记

我国对于非公开募集基金的基金管理人没有严格的市场准入限制,担任非公开募集基金的基金管理人无须中国证监会审批,而实行登记制度,即非公开募集基金的基金管理人只需向基金业协会登记即可。

我国对于非公开募集基金管理人的内部治理结构也没有强制性的监管要求,而由基金业协会制定相关指引和准则,实行自律管理。

担任非公开募集基金的基金管理人,应当按照规定向基金业协会履行登记手续,报送基本情况。未经登记,任何单位或者个人不得使用"基金"或"基金管理"字样或者近似名称进行证券投资活动。

基金业协会应当在私募基金管理人登记材料齐备后的 20 个工作日内,通过网站公告私募基金管理人名单及其基本情况的方式,为私募基金管理人办结登记手续。

二、对非公开募集基金募集行为的监管

1. 对非公开募集基金募集对象的限制

(1) 依据《证券投资基金法》的规定,非公开募集基金应当向合格投资者募集,合格投资者累计不得超过200人。

(2) 私募基金的合格投资者是指具备相应风险识别能力和风险承担能力,投资于单只私募基金的金额不低于100万元且符合下列相关标准的单位和个人:①净资产不低于1 000万元的单位;②金融资产不低于300万元或者最近3年个人年均收入不低于50万元的个人。上述金融资产包括银行存款、股票、债券、基金份额、资产管理计划、银行理财产品、信托计划、保险产品、期货权益等。

(3) 下列投资者视为合格投资者:①社会保障基金、企业年金等养老基金,慈善基金等社会公益基金;②依法设立并在基金业协会备案的投资计划;③投资于所管理私募基金的私募基金管理人及其从业人员;④中国证监会规定的其他投资者。

(4) 以合伙企业、契约等非法人形式,通过汇集多数投资者的资金直接或者间接投资于私募基金的,私募基金管理人或者私募基金销售机构应当穿透核查最终投资者是否为合格投资者,并合并计算投资者人数。

2. 对非公开募集基金推介方式的限制

(1) 非公开募集基金,不得向合格投资者之外的单位和个人募集资金,不得通过报刊、电台、电视台、互联网等公众传播媒体或者讲座、报告会、分析会和布告、传单、手机短信、微信、博客和电子邮件等方式向不特定对象宣传推介。

(2) 这一规定同样适用于非公开募集基金份额的转让,基金份额持有人也不得采用公开宣传的方式向非合格投资者转让基金份额。

(3) 依据《私募投资基金监督管理暂行办法》的规定,私募基金管理人、私募基金销售机构不得向投资者承诺投资本金不受损失或者承诺最低收益。

(4) 私募基金管理人自行销售私募基金的,应当采取问卷调查等方式,对投资者的风险识别能力和风险承担能力进行评估,由投资者书面承诺符合合格投资者条件;应当制作风险揭示书,由投资者签字确认。私募基金管理人委托销售机构销售私募基金的,私募基金销售机构应当采取上述规定的评估、确认等措施。

(5) 私募基金管理人自行销售或者委托销售机构销售私募基金,应当自行或者委托第三方机构对私募基金进行风险评级,向风险识别能力和风险承担能力相匹配的投资者推介私募基金。

3. 规定非公开募集基金的基金合同的必备条款

(1) 私募基金管理人通过契约形式募集设立私募证券投资基金的,应当制定私募投资基金合同。

(2) 私募基金管理人通过有限责任公司或股份有限公司形式募集设立公司型私募投资基金的,应当制定公司章程。

(3) 私募基金管理人通过有限合伙形式募集设立合伙型私募投资基金的,应当制定

有限合伙协议。

三、对非公开募集基金运作的监管

1. 非公开募集基金的备案

(1) 非公开募集基金募集完毕,基金管理人应当向基金业协会备案。对募集的资金总额或者基金份额持有人的人数达到规定标准的基金,基金业协会应当向中国证监会报告。

(2) 各类私募基金募集完毕,报送以下基本信息:①主要投资方向及根据主要投资方向注明的基金类别。②基金合同、公司章程或者合伙协议。资金募集过程中向投资者提供基金招募说明书的,应当报送基金招募说明书。以公司、合伙等企业形式设立的私募基金,还应当报送工商登记和营业执照正副本复印件。③采取委托管理方式的,应当报送委托管理协议。委托托管机构托管基金财产的,还应当报送托管协议。④基金业协会规定的其他信息。

2. 非公开募集基金的托管

《证券投资基金法》允许非公开募集基金的当事人对于设置基金托管人做例外约定,即非公开募集基金应当由基金托管人托管,但是基金合同另有约定的除外。

3. 非公开募集基金的投资运作行为规范

私募基金管理人、私募基金托管人、私募基金销售机构及其他私募服务机构及其从业人员从事私募基金业务,不得有以下行为:

(1) 将其固有财产或者他人财产混同于基金财产从事投资活动;

(2) 不公平地对待其管理的不同基金财产;

(3) 利用基金财产或者职务之便,为本人或者投资者以外的人牟取利益,进行利益输送;

(4) 侵占、挪用基金财产;

(5) 泄露因职务便利获取的未公开信息,利用该信息从事或者明示、暗示他人从事相关的交易活动;

(6) 从事损害基金财产和投资者利益的投资活动;

(7) 玩忽职守,不按照规定履行职责;

(8) 从事内幕交易、操纵交易价格及其他不正当交易活动;

(9) 法律、行政法规和中国证监会规定禁止的其他行为。

4. 非公开募集基金的信息披露和报送

(1) 私募基金管理人应当根据基金业协会规定,及时填报并定期更新管理人及其从业人员的有关信息、所管理私募基金的投资运作情况和杠杆运用情况,保证所填报内容真实、准确、完整。发生重大事项的,应当在 10 个工作日内向基金业协会报告。

(2) 私募基金管理人应当于每个会计年度结束后的 4 个月内,向基金业协会报送经会计师事务所审计的年度财务报告和所管理私募基金年度投资运作基本情况。

(3) 私募基金管理人、私募基金托管人及私募基金销售机构应当妥善保存私募基金投资决策、交易和投资者适当性管理等方面的记录及其他相关资料,保存期限自基金清算终止之日起不得少于 10 年。

思 考 题

1. 基金监管的对象有哪些？
2. 基金监管的原则是什么？
3. 对基金托管人的监管有哪些？
4. 非公开募集基金的基金管理人的登记有哪些？
5. 对非公开募集基金运作的监管是怎样的？

第 十 章

基金业绩评价与评级

【学习目标】
1. 掌握基金业绩评价的基本内容；
2. 掌握基金净值收益率的计算方法；
3. 掌握基金业绩评价方法；
4. 了解基金的择时能力衡量；
5. 了解基金选择指标；
6. 理解基金评级。

第一节 基金业绩评价概述

一、基金业绩评价的目的

基金业绩评价是通过一些定量指标或定性指标，对基金的风险、收益、风格、成本、业绩来源及基金管理人的投资能力进行分析与评判，是基金评价机构或评价人对基金的投资收益和风险及基金管理人的管理能力开展评级、评奖或单一指标排名等，其目的在于帮助投资者更好地了解投资对象的风险收益特征、业绩表现，方便投资者进行基金之间的比较和选择。

对基金管理人而言，由于信息披露或者品牌宣传等外部需求，基金公司需要对所管理的基金进行评价。同时，由于基金经理的投资策略与投资风格不同，通过基金业绩评价，基金公司可以更好地量化分析基金经理的业绩水平，为投资目标匹配、投资计划实施与内部绩效考核提供参考。

对基金投资者而言，投资者投资基金的目标是多样化的，如保全资本、跑赢通货膨胀、获取较高的绝对收益、获取较高的风险调整后收益等，通过基金业绩评价，投资者可以辨识具有投资管理能力的基金经理，并通过跟踪基金策略理性选择与其投资目标相适应、反映相应投资管理能力的基金进行投资。

二、基金业绩评价需要考虑的因素

目前，尽管对基金业绩评价的各种技术和方法层出不穷，但至今仍没有一个为人们所广泛认可的方法。为了对基金研究做出有效的评价，必须考虑如下因素。

1. 基金的投资目标

基金的投资目标不同,其投资范围、操作策略及所受的投资约束也不同。例如,债券型基金与股票型基金由于投资对象不同,在基金业绩衡量上就不具有可比性。又如,一个仅可以进行小型股票投资的基金经理与一个仅投资于大型公司的基金经理也不具有可比性。因此,在业绩比较中必须注意投资目标对基金业绩衡量可比性造成的影响。

2. 基金的风险水平

现代投资理论认为,投资收益是由投资风险驱动的,而投资组合的风险水平深深地影响着组合的投资表现,表现较好的基金可能只是由于其所承担的风险较高。因此,为了恰当地考察不同风险水平基金的投资表现,必须考察该基金所获得的收益是否足以弥补其所承担的风险水平,即需要在风险调整的基础上对基金的绩效加以衡量。

3. 基金规模

基金存在一些固定成本,如研究费用和信息获得费用等。与小规模基金相比,规模较大的基金平均成本更低。而且,规模较大的基金可以有效地减少非系统性风险。但是基金规模如果过大,对可选择的投资对象、被投资股票的流动性等都会有不利影响。

4. 时期选择

同一基金在不同时间段内的表现可能有很大的差距。业绩计算开始与结束时间不同,基金回报率和业绩排名可能会有较大的差异。因此,进行业绩评价时需要计算多个时间段的业绩,如最近一个月、最近三个月、最近一年、最近五年等。

5. 基金组合的稳定性

基金操作策略的改变、资产配置比例的重新设置、经理的更换等都会影响基金组合的稳定性。因此,在实际评价中必须考虑这些问题。

三、基金业绩评价的原则

1. 客观性原则

基金业绩评价应一视同仁地对待所有对象,具有明确、一致的评价标准、评价方法及评价程序,评价结果应客观、准确、可重复,避免主观因素的干扰。

2. 可比性原则

基金业绩评价应比较同时间段、同等风险(或同等收益)的基金收益(或风险),否则对比将没有任何实质性意义。

3. 长期性原则

基金业绩评价应注重对基金的长期评价。基金的业绩应具有持续性,任何短期评价都无法准确地将基金经理投资管理的运气和能力区别开。基金业绩评价只有坚持长期性原则,才能真正立足于基金长期投资管理能力的持续性。

拓展阅读 10-1
晨星企业介绍

第二节　基金净值收益率计算

一、简单净值收益率

简单（净值）收益率的计算不考虑分红再投资时间价值的影响，其计算公式与股票持有期收益率的计算类似：

$$R = \frac{\text{NAV}_t + D - \text{NAV}_{t-1}}{\text{NAV}_{t-1}}$$

其中，R 为简单收益率；NAV_t、NAV_{t-1} 为期末、期初基金的份额净值；D 为考察期内每份基金的分红金额。

例：假设某基金在 2019 年 12 月 3 日的份额净值为 1.484 8 元/单位，2020 年 9 月 1 日的份额净值为 1.788 6 元/单位，其间基金曾经在 2020 年 2 月 29 日每 10 份派息 2.75 元，则这一阶段该基金的简单收益率为

$$R = \frac{1.778\ 6 + 0.275 - 1.484\ 8}{1.484\ 8} \times 100\% = 39\%$$

二、时间加权收益率

简单（净值）收益率由于没有考虑分红的时间价值，因此只能是一种基金收益率的近似计算。而时间加权收益率考虑到了分红再投资，能更准确地对基金的真实投资表现做出衡量。

时间加权收益率的假设前提是红利以除息前一日的单位净值减去每份基金分红后的份额净值立即进行了再投资。分别计算分红前后的分段收益率，时间加权收益率可由分段收益率的连乘得到：

$$R = (1 + R_1)(1 + R_2) \cdots (1 + R_n) - 1$$
$$= \frac{\text{NAV}_1}{\text{NAV}_0} \cdot \frac{\text{NAV}_2}{\text{NAV}_1 - D_1} \cdots \frac{\text{NAV}_{n-1}}{\text{NAV}_{n-2} - D_{n-2}} \cdot \frac{\text{NAV}_n}{\text{NAV}_{n-1} - D_{n-1}} - 1$$

其中，R_1 为第一次分红之前的收益率；R_2 为第一次分红至第二次分红期间的收益率，以此类推；NAV_0 为基金期初份额净值；$\text{NAV}_1, \cdots, \text{NAV}_{n-1}$ 分别表示除息前一日基金份额净值；NAV_n 为期末份额净值；$D_1, D_2, \cdots, D_{n-1}$ 为份额基金分红。

上例中，假设已知该基金在 2022 年 2 月 28 日（除息前一日）的份额净值为 1.897 6 元/份，则

$$R_1 = \left(\frac{1.897\ 6}{1.484\ 8} - 1 \right) \times 100\% = 27.8\%$$

$$R_2 = \left(\frac{1.788\ 6}{1.897\ 6 - 0.275} - 1 \right) \times 100\% = 10.23\%$$

因此，该基金在该期间的时间加权收益率为

$$R = [(1 + 0.278)(1 + 1.102\ 3) - 1] \times 100\% = 40.87\%$$

可以看出，在该例中，由于第二段收益率为正，考虑分红再投资的时间加权收益率在数值上也就大于简单收益率。

在时间加权收益率的计算上,另一种更容易理解的方法是,将分红转换成基金份额进行再投资。每单位 0.275 的分红可以转换为 0.169 48 份[=0.275/(1.897 6−0.275)]的基金。假设初期投资者持有一份基金,则期末的投资价值将等于 2.091 7(=1.169 48×1.788 6),基金在该期间的收益率为 40.87%(=2.091 7÷1.484 8×100%)。计算结果与第一种方法一致。

时间加权收益率反映了 1 元投资在不取出的情况下(分红再投资)的收益率,其计算将不受分红多少的影响,可以准确地反映基金经理的真实投资表现,现已成为衡量基金收益率的标准方法。

三、算术平均收益率与几何平均收益率

在对多期收益率的衡量与比较上,常常会用到平均收益率指标。平均收益率的计算有两种方法:算术平均收益率和几何平均收益率。

算术平均收益率的计算公式为

$$\overline{R}_A = \frac{\sum_{t=1}^{n} R_t}{n}$$

其中,R_t 为第 t 期收益率;n 为期数。

几何平均收益率的计算公式为

$$\overline{R}_C = \sqrt[n]{\left[\prod_{t=1}^{n}(1+R_t)\right]} - 1$$

其中,R_t 为第 t 期收益率;n 为期数。

假设某基金第一年的收益率为 50%,第二年的收益率为 −50%,该基金的年算术平均收益率为 0,年几何平均收益率为 −13.4%,那么该用哪一个平均收益率呢?

假设最初在该基金上的投资为 100 元,这 100 元投资 2 年后变为 75 元,2 年累计亏损 25%,相当于每年亏损 −13.4%。可以看出,几何平均收益率能正确地算出投资的最终价值,而算术平均数则高估了投资的收益率。

一般来说,算术平均收益率要大于几何平均收益率,每期的收益率差距越大,两种平均方法的差距越大。

几何平均收益率可以准确地衡量基金表现的实际收益情况,因此常用于对基金过去收益率的衡量。算术平均收益率一般可以用作对平均收益率的无偏估计,因此更多地被用来估计未来的收益率。

1 年以上的长期收益率往往需要转换为便于比较的年平均收益率。例如,一个基金 3 年零 9 个月(相当于 3.75 年)的累计收益率为 25%,则该基金的年平均收益率可以用几何平均收益率的公式计算如下:

$$R_C = \left[(1+25\%)^{\frac{1}{3.75}} - 1\right] \times 100\% = 6.13\%$$

需要注意的是,对 1 年以下的收益率一般不进行年平均收益率的计算。

四、年(度)化收益率

有时需要将阶段收益率换算成年收益率,这就涉及年度化收益率(简称"年化收益

率")的计算。年化收益率有简单年化收益率与精确年化收益率之分。已知季度收益率,简单年化收益率的计算公式为

$$R_{年} = \sum_{i=1}^{4} R_i$$

其中,$R_{年}$ 为年化收益率;R_i 为季度收益率。

已知季度收益率,精确年化收益率的计算公式为

$$R_{年} = \prod_{i=1}^{4} (1 + R_i) - 1$$

假设某基金每季度的收益率分别为 7.5%、-3%、1.5% 和 9%,则不难得出简单年化收益率为

$$R_{年} = 7.5\% - 3\% + 1.5\% + 9\% = 15\%$$

精确年化收益率为

$$R = (1 + 7.5\%)(1 - 3\%)(1 + 1.5\%)(1 + 9\%) - 1 = 15.36\%$$

类似地,可以将周收益率、月收益率转换为年化收益率。通过基金年化收益率不仅可以进行不同投资基金、不同时期收益率的比较,而且可以与其他投资的收益率进行比较,进而对基金业绩做出全面评价。

第三节　基金业绩评价方法

一、基金业绩评价体系

迄今为止,国内外投资界的大量研究人员提出了各类基金业绩评价方法,形成了不同的基金业绩评价体系。本节我们将其归纳为国外证券投资基金业绩评价体系和国内证券投资基金业绩评价体系。

1. 国外证券投资基金业绩评价体系

1) 晨星基金业绩评价体系

美国晨星(Morningstar)公司由乔·曼斯威托(Joe Mansueto)于 1984 年创立,是美国最主要的投资研究机构之一和国际基金评级的权威机构。该公司的基金业绩评价体系侧重评价基金本身,而非基金管理公司,具体分为"向后看"的定量分析评价和"向前看"的定性分析评价。

(1) 晨星定量分析评级体系。晨星公司基金业绩评级的立足点是通过期望效用理论计算出风险调整收益,主要分为以下 5 个步骤。

一是计算区间基金收益率。晨星公司采用以下公式计算基金的区间收益率:

$$\mathrm{TR}_C = \frac{N_e}{N_b} \cdot \prod_{i=1}^{n} \left(1 + \frac{D_i}{N_i}\right) - 1$$

其中,TR_C 为基金的收益率;N_b 为考察期初基金的单位净值;N_e 为考察期末基金的单位净值;N_i 为考察期内时间 i 发生的单位分红;D_i 为考察期内时间 i 发生的分红;n 为考察期内发生的分红次数。

二是计算费用调整后收益。首先,对区间收益率进行调整:

$$LR_C = (1 + TR_C)(1 - F)(1 - R) - S(1 - F)\frac{\min(N_b, N_c)}{N_b} - 1$$

其中,LR_C 为基金区间调整收益率;F 为最大前端费率(前端费率即购买基金时支付的申购费率);R 为赎回费率;S 为销售费率。

接下来,晨星公司在 LR_C 的基础上计算每月的调整系数 a,进而计算月度费用调整收益率:

$$a = \left(\frac{1 + LR_C}{1 + TR_C}\right)^{1/T}$$

$$LR_i = a(1 + TR_i) - 1$$

其中,LR_C 为基金月度费用调整收益率;TR_i 为基金月度净值增长率;T 为考察区间包含的月份数。

三是计算晨星收益 MR(Morningstar Return)。

$$MR_t = \left[\prod_{i=1}^{T}(1 + ER_i)\right]^{12/T} - 1$$

$$ER_t = \frac{LR_t}{1 + R_{f,t}} - 1$$

其中,ER_t 为月度经过无风险利率调整后的基金收益率;$R_{f,t}$ 为第 t 个月的无风险利率。

四是计算晨星风险调整后收益(Morningstar Risk-Adjusted Return,MRAR)。

其理论基础来源于期望效用理论:

$$MRAR = \left[\frac{1}{T}\sum_{i=1}^{T}(1 + ER_i) - \gamma\right]^{12/\gamma} - 1$$

其中,γ 为风险厌恶系数。

晨星公司依据自身经验和市场综合分析,将风险厌恶系数设定为 2,以此反映市场典型投资者对风险的容忍程度。此外,通过计算 MR 与 MRAR 差额,晨星公司得出了对风险的度量。

五是评级划分。晨星星级评价结果每月定期更新,并给出 3 年、5 年、10 年和整体表现的评级(整体表现为 3 年、5 年、10 年结果的加权平均数)。其中,五星为前 10% 的基金,四星为排名在 10%～32.5% 的基金,三星为排名在 32.5%～67.5% 的基金,二星为排名在 67.5%～90% 的基金,一星为排名在最后 10% 的基金。

(2) 晨星定性分析评级体系。晨星公司认为,影响基金未来经营能力的共有 5 个关键因素:投资团队(People)、投资方法(Process)、基金公司(Parent)、业绩(Performance)和费用(Price)。

① 投资团队。公司认为基金投资团队的能力至关重要,是使基金取得超越同行的收益率的重要因素。因此,公司重点从投资团队人员能力与经验、人员稳定性、人员性格、团队结构、团队沟通、基金经理工作量、利益相关程度等方面考量基金的投资团队因素。

② 投资方法。公司认为对基金进行评价可从基金的投资方法入手,如可从投资证券的选择、组合构建的合理性、投资组合的可复制性等方面考察投资方法的质量,同时检验基金是否有效执行了投资方法,投资组合的分布是否与该方法一致。

③ 基金公司。公司认为基金公司是评价基金的重要环节。因此,公司重点考察基金公

司的整体实力、风险控制能力、吸引力、薪酬设计和企业文化,从而对基金公司做出评价。

④ 业绩。公司认为过去的业绩并非一定会影响基金未来的表现,因此在定性分析的过程中,公司主要考察基金在不同环境下的持续经营能力及业绩的稳定程度,而赋予业绩评价的权重较小。

⑤ 费用。公司认为基金费用是预测基金业绩的最佳指标之一,因此公司着重评估基金的年度总费用及业绩提成。

晨星公司从上述 5 个方面入手,通过定性分析对同类基金进行考察并做出以下评价:金(Gold)、银(Silver)、铜(Copper)、中性(Neutral)、负面(Negative)。其中"金"意味着基金获得了晨星分析师最高程度的认可,而"负面"则表示基金缺少一个或一个以上的关键因素,导致竞争力不足。

2) 理柏基金评级体系

理柏公司成立于 1973 年,于 1998 年成为路透社全资附属公司,是国际知名的基金研究机构。该公司的评级系统主要通过 5 个独立的评估标准对同一类别的基金进行评级。

(1) 稳定回报。稳定回报反映基金收益的稳定性和风险调整收益。公司使用 Hurst-Holder 指数(H 指数)及有效回报对基金能否取得稳定回报进行衡量。其中 H 指数用于衡量基金业绩的波动性:H 指数高($H \geqslant 0.55$)表示基金业绩波动小,H 指数低($H < 0.55$)则表示基金业绩波动大。有效回报的计算类似于信息比率(information ratio,IR),公司在计算中使用其自身编制的全球行业指数收益率替代业绩比较基准。

在排名过程中,公司将同类基金分为 3 组:$H \geqslant 0.55$,$0.45 \leqslant H < 0.55$,$H < 0.45$。之后在每组中按有效回报递减排序,最后再将高 H 指数组中有效回报为负的基金放至低 H 指数组的最后序列中,得到所有基金稳定回报的排序。

(2) 保本能力。保本能力反映基金的抗跌能力。公司通过计算考察期内(3 年、5 年或 10 年)月度跌幅总额衡量基金的抗跌能力(如果基金当月没有下跌,则用 0 表示当月跌幅)。

(3) 总回报。总回报反映了基金总收益的高低,是投资者最关注的一个指标,其计算与有效回报类似。

(4) 费用。费用是指基金的总体费用率。公司将同类基金按无收费或前端收费、后端收费和机构费率进行细分,再在每一子类中按费率降序排列,评价基金的费用水平。

(5) 税收收益。税收收益反映的是基金规避税收的能力。公司使用相对财富指标(税后收益与税前收益之比乘以 1 000)来衡量税收收益。

理柏公司每月都会对上述 5 个指标的评级进行更新,并给出 3 年、5 年、10 年和整体表现的评级(整体表现为 3 年、5 年、10 年结果的等权重平均数)。其中,Leaders 为排名前 20% 的基金,2 级为排名在 20%~40% 的基金,3 级为排名在 40%~60% 的基金,4 级为排名在 60%~80% 的基金,5 级为排名在最后 20% 的基金。

2. 国内证券投资基金业绩评价体系

1) 中国晨星基金评价体系

中国晨星深圳总部于 2003 年 2 月成立。目前该公司为我国具备 3 年及 3 年以上业绩数据的开放式基金(货币市场基金和保本基金除外)提供 3 年或 5 年风险调整后收益的评级结果。

在进行基金评级前需要对基金进行分类。无论是对基金的收益、风险及风险调整后的收益指标进行评价,还是对基金进行评级,都是在同类基金中进行的。基金的分类方法有"事前法"和"事后法"两类。如前所述,前者是指依据基金契约或章程的规定来确定基金的类型,不考虑基金开始运作后的投资组合特征表现。而后者是指以基金投资组合的实际状况对基金进行分类,注重基金当前的资产配置状况。公司采用"事后法",在一定程度上避免了基金投资对象过于宽泛造成的分类失真状况。

在对基金进行分类之后,公司对同类基金以收益、风险及风险调整后收益指标为基础进行评价和排名,并依据基于投资者偏好的晨星风险调整后收益(MRAR)进行基金评级。

(1) 月度回报率。公司采用月度回报率(monthly total return)衡量基金的收益。月度回报率是指假设将持有基金所得分红均用于投资,且在不考虑税收及交易费用的情况下,投资者持有基金获得的收益。具体公式为

$$\text{TR} = \frac{N_e}{N_b} \cdot \prod_{j=1}^{m} \text{Ratio}_t \cdot \prod_{i=1}^{n} \left(\frac{D_i}{N_i} \right) - 1$$

其中,TR 为基金月度回报率;N_b 为考察期上月末基金的单位净值;N_e 为当月末基金的单位净值;N_i 为第 i 次分红对应的再投资所依据的基金单位净值;D_i 为计算期内的第 i 次基金单位分红;n 为计算期内发生的分红次数;m 为计算期内的份额调整次数;Ratio_t 为计算期内第 j 次份额调整的比率。

该公式同样适用于计算其他考察期(如 3 个月、6 个月、1 年、2 年、3 年、5 年等)的回报率。此外,如果基金的份额发生拆分等情况,其收益率的计算需进行及时调整。

(2) 晨星风险调整后收益。晨星风险调整后收益的衡量以期望效用理论为基础,即投资者更倾向于可预见的低收益而非无法预期的高收益,因此愿意放弃部分预期收益换取确定性较强的收益。在该思路下,根据每个投资组合的期末价值构造效用函数,计算期望效用并按其数值高低对所有的投资组合进行排名。

需要特别指出的是,公司是按照基金在计算期内月度收益率的波动率,特别是下行波动的情况以"惩罚风险"的方式对基金的收益率进行调整:波动越大,惩罚越多。通过该方式,可体现基金月度业绩表现的变化,并注重反映基金资产的下行波动风险,奖励业绩持续稳定者,减少由于基金短期业绩突出而掩盖内在风险的可能性。

MRAR 通常用 MRAR(γ)表示,其中 γ 为描述风险厌恶程度的系数。若不考虑风险因素,则可以用 MRAR(0)表示。一般情况下,$\gamma > 0$。晨星公司认为,$\gamma = 2$ 基本能代表市场典型投资者对风险的厌恶程度。MRAR 可进一步分解为收益部分即 MRAR(0)和风险部分即 MRAR(0)−MRAR(2)。

(3) 晨星星级评价。具体而言,公司会根据各基金截至当月末的过去 36 个月回报率计算风险调整后收益 MRAR(2)。各基金按 MRAR(2)由大到小进行排序:排名前 10%的基金为 5 星;排名在 10%~32.5%的基金为 4 星;排名在 32.5%~67.5%的基金为 3 星;排名在 67.5%~90%的基金为 2 星;排名在最后 10%的基金为 1 星。

2) 银河基金评价体系

中国银河证券是国内最早涉足基金业绩评价研究的券商,在基金研究与评价方面居

于国内领先地位,其独立开发的基金研究业务规则、基金评价指标、基金分类体系已成为国内基金行业的标准。该公司 2001 年推出的基金评级服务的评级原理与晨星基本类似。

首先,公司采用"事前法"对基金进行分类,操作更简便,但缺点是如果基金实际投资组合特征偏离基金契约或章程规定,会使该分类法失去准确性。

其次,对于基金评级范围,公司要求参评的基金(除货币型基金和指数型基金外)成立至少满 3 年(156 周)且建仓期间(13 周)业绩数据不纳入评级范围。换言之,参评基金必须具有 169 周的净值增长率。

最后,在基金评级原理方面,公司同样以 5 个星级作为评定基金的标准,但在参数侧重方向和基金分类标准上有所不同。此外,公司采用的评级指标也包括收益评价指标、风险评价指标和风险调整后收益指标。对于收益评价指标,公司综合考虑基金在评价期内的净值增长率、平均季度净值增长率及平均月度净值增长率,并将基金在每个阶段的净值增长率转换为合计标准分。合计标准分越高,基金的收益越高。对于风险评价指标,公司将月度净值增长率的标准差转换为标准分的形式对风险进行评价。标准分越高,基金的风险越高。对于风险调整收益指标,公司综合考虑基金的收益评价和风险评价,将收益评价的得分减去风险评价的得分即为风险调整收益标准分。风险调整收益标准分越高,基金整体表现越好。

3) 海通基金评价体系

海通证券基金研究所成立于 1993 年,是国内较早成立的证券专业研究与咨询机构,也是最早从事基金研究的机构之一。目前海通证券的基金评级体系包括基金产品评级、基金经理评级及基金公司评级,其部分评级指标如表 10-1 所示。

表 10-1 海通基金部分评级指标

评级类别	评级指标	指标说明
基金评级	简单收益	采用几何算法计算基金某一期间的净值增长率
	风险调整收益	采用夏普比率、特雷诺比率及信息比率指标,分别代表总风险调整收益、系统风险调整收益和非系统风险调整收益,综合评价基金的历史风险与收益
	持股调整收益	通过重仓股与传统基金评价方法的互动融合对基金进行评价,摆脱了传统评价法仅运用净值表现进行评价的思维定式
	契约因素	运用相对业绩比较的超额收益指标、换手率、投资比例的遵守三大指标衡量基金对契约的遵守情况
基金管理公司评级	简单收益	计算基金管理公司单只基金净值增长率,并以单只基金规模占该公司参评基金总规模的比重为权重计算该公司整体收益
	风险调整收益	计算基金管理公司单只基金的夏普比率、特雷诺比率和信息比率指标,再按照规模加权法计算该公司的总体夏普比率、特雷诺比率和信息比率指标
	规模及增长	考虑基金管理公司总规模及其规模增长率
	公司运作情况	考察基金管理公司及其人员的合规性,股东、高级管理人员、基金经理的稳定性,信息披露和风险控制能力,基金管理公司的治理结构

二、基金业绩评价标准

投资业绩的衡量和比较有多种方法,且各国、各地区的标准也有差异,导致最后得出的业绩报告之间缺乏可比性。为有效解决上述问题,特许金融分析师(CFA)协会于1995年开始筹备成立全球投资业绩标准(Global Investment Performance Standards,GIPS)委员会,主要负责制定单一的业绩呈现标准,以方便不同投资管理人之间进行比较及基金管理人与潜在客户之间就管理人如何取得业绩结果和未来投资策略等重大问题进行沟通。自1999年CFA协会正式批准GIPS为全球投资业绩标准以来,GIPS已逐渐被各国所接受。GIPS委员会制定的标准并非一成不变,而是会随行业的变化不定期对标准进行调整。

GIPS分为5个部分,包括数据输入、计算方法、成分构建、信息披露、报告及公告。

1. 数据输入的相关规定

数据输入的连贯性对有效符合GIPS要求极为重要,也是建立完整、公平、可比较的投资业绩报告的基础。对于数据输入,GIPS有以下要求:

(1) 自2011年1月1日起,投资组合必须以公允价值(而非成本价值或账面价值)进行实际估值。对于交易不频繁或难以获取市价的证券,投资管理机构应采用受广泛认可的其他合理估值方式,并遵守GIPS估值原则。进行估值的时间为月底或月内的最后一个交易日。

(2) 2001年1月1日前,投资组合必须至少每季度估值一次。2001年1月1日后,估值周期由季度改为月度。自2010年1月1日起,投资组合除每月至少估值一次外,还需在发生大额对外现金流的当日进行估值。

(3) 自2005年1月1日起,投资管理基金必须采用日会计原则。

(4) 固定收益证券及其他有应计利息收入的资产必须采用权责发生制原则。

(5) 自2005年1月1日起,对于红利必须采用权责发生制会计原则。

2. 计算方法的相关规定

为实现投资管理公司的业绩报告可比性,需要采用统一的回报率计算方法。对于计算方法,GIPS有以下要求:

(1) 必须采用时间加权总收益率(包括实现的和未实现的回报及损失并加上收入)的方法计算业绩。其中不同时期的回报率必须由几何平均的方式关联;自2005年1月1日起,必须采用经每日加权现金流调整后的时间加权收益率。自2010年1月1日起,必须在所有出现大额对外现金流的当日对投资组合进行估值。

(2) 投资组合的收益必须以期初资产值加权计算或采用其他能反映期初价值及对外现金流的方法。

(3) 总回报率的计算中必须包括投资组合中持有的现金及现金等价物的回报率。

(4) 所有收益的计算必须以扣除所有交易费用后的实际开支为基础,而不得使用估计的买卖开支。

(5) 固定收益证券市价的分子、分母必须都加上应计利息。

(6) 自2006年1月1日起,投资管理机构必须至少每季度计算一次投资组合群的收益,并使用个别投资组合的收益以资产加权方式计算。自 2010 年 1 月 1 日起,必须至少每月计算一次投资组合群的收益,并使用个别投资组合的收益以资产加权方式计算。

(7) 如果实际的直接买卖开支无法从综合费用中确定并分离出来,则在计算未扣除费用收益时,从收益中减去全部综合费用或综合费用中包含直接买卖开支的部分,而不得使用估计出的买卖开支;计算已扣除费用收益时,必须从收益中减去全部综合费用或综合费用中包含直接买卖开支及投资管理费用的部分,而不得使用估计的买卖开支。

3. 成分构建的相关规定

成分是指将代表一种特定目标或策略的数个投资组合集中到一个类别(或一个群)。成分的回报率是指成分中所有投资组合业绩结果的资产加权平均值。建立有意义的资产加权成分对不同时间及不同公司间业绩报告的公平性、连贯性和可比性有重要意义。对于成分构建,GIPS 有以下要求:

(1) 所有付费全权委托投资组合必须包含在至少一个成分中。

(2) 成分或组合群必须按照相似的投资目标和/或投资策略界定。组合群定义太宽或太窄,均不利于投资者在投资管理机构间进行行业业绩比较。

(3) 投资管理机构应及时将新的投资组合纳入组合群。已终止的投资组合的历史业绩应保留在组合群内,直至管理期限内的最后一个完整汇报期。例如,汇报季度业绩时,7 月 15 日终止的投资组合业绩应保留于截至 6 月 30 日的组合群。同理,汇报年度业绩时,投资组合业绩不应保留于当年的组合群,而应保留于上一个完整年度的组合群。

(4) 除非有正式修订投资组合的投资目标、范围、策略等适当理由,投资管理机构不得随意将投资组合在组合群间转换。

4. 信息披露的相关规定

信息披露是指各公司对业绩报告中的原始数据进行详细报告,并给业绩报告的最终用户合理的范围来理解业绩结果。对于信息披露,GIPS 的部分要求如下:

(1) 披露每一时期的全部公司资产。

(2) 表明公司是否采取清算日估值法。

(3) 说明用来表示业绩的货币比重。

(4) 明确财务杠杆或衍生品的存在与否、使用情况和程度。

(5) 说明业绩计算是否包括或扣除了管理费及客户付给管理公司或其关联方的其他费用。

(6) 披露对红利、利息收入和资本利得应扣税收的详细处理情况。

(7) 披露成分投资于不在业绩比较基准中的国家或地区的比例。

(8) 描述并报告所有已知的所选择的和基准的汇率数据来源不一致。

(9) 披露公司是否将不付费的投资组合计入成分及成分资产中不付费部分所占的比重。

(10) 说明业绩报告是否符合与 GIPS 要求不一致的当地法律、法规,以及当地标准与GIPS 相矛盾之处。

(11) 2000 年 1 月 1 日前披露任何不符合 GIPS 的业绩报告、不符合 GIPS 的时段及此类业绩报告不符合 GIPS 的原因。

（12）当某一资产类别从多资产投资组合中分离出去且其回报率作为单一资产成分的一部分被报告时，必须披露分离资产回报率中分配现金的方法。

5. 报告及公告的相关规定

在完成成分构建、收集并输入数据、计算回报率、落实必要的信息披露后，各公司必须按照 GIPS 对报告业绩结果的规定，将这些信息记入报告。GIPS 对报告及公告的相关规定如下：

（1）必须报告的事项：至少 5 年的业绩 GIPS 合规记录（如公司成立不满 5 年，则提供自公司成立日起的业绩记录），在提供 5 年的业绩记录后，公司必须提供额外的年度业绩报告至 10 年；所有年度的回报率；投资组合数量及成分中的资产数额和每时段末占公司管理所有资产的百分比；单个投资组合回报率在成分回报率中的分布统计；全公司符合 GIPS 的标准合规申明；成分成立日期。

（2）只要公司符合信息披露的要求且自 2000 年 1 月 1 日后未被提交不合规记录，公司可将未进行 GIPS 合规检查的业绩与合规历史进行链接。

（3）未满 1 年的业绩不得按年计算。

（4）只有符合以下条件时，原公司或关联公司的业绩记录可被链接或用作新建公司或新关联公司的历史记录：仅是公司所有权或名称发生变化；公司拥有所有用以支持计算业绩的记录，其中成分中的所有资产转入新公司，并且原有投资决策程序完全没有变化。

（5）如果一家合规公司收购未合规公司或被一家未合规公司收购，公司有 1 年期限用以对未合规公司的收购资产进行合规审查。

（6）如果一个成分由多重资产级别组合中分离出的单个资产组合而成，报告必须包括：分离出的资产源自的成分列表；分离出的资产在每个成分中的百分比。

（7）必须提交与成分回报率同期的体现投资策略或要求的基准的总回报率。如果未提交任何基准，报告必须说明为何未披露基准。如果公司在业绩报告中更改某特定组合使用的基准，公司必须披露更改日期和原因。如果应用惯用的基准或联合应用数个基准，公司必须描述基准的构造和调整程序。

拓展阅读 10-2
银河证券公募基金分类体系的理论依据与规则基础

第四节　基金择时能力衡量

一、现金比例变化法

在市场繁荣期，成功的择时能力表现为基金的现金比例或持有的债券比例应该较低；在市场萧条期，基金的现金比例或持有的债券比例应该较高。现金比例变化法就是一种较为直观的、通过分析基金在不同市场环境下现金比例的变化情况来评价基金经理择时能力的方法。为便于说明，这里将债券等同于现金，并以债券指数的收益率作为现金收益率，只考虑基金在股票与现金资产之间进行资产的转换。

使用这种方法,首先需要确定基金的正常现金比例。正常现金比例可以是基金投资政策规定的,也可以评价期基金现金比例的平均值作为代表。实际现金比例相对于正常现金比例的偏离即可被看作主动性的择时活动所致,进而可以用下式衡量择时活动的损益:

择时损益=(股票实际配置比例-正常配置比例)×股票指数收益率+(现金实际配置比例-正常配置比例)×现金收益率

例:假设某季上证 A 股指数的收益率为 10%,现金(债券)的收益率为 2%。基金投资政策规定,基金的股票投资比例为 80%、现金(债券)投资比例为 20%,但基金在实际投资过程中股票的投资比例为 70%、现金(债券)的投资比例为 30%,则可以根据上式得到该基金在本季的择时效果:

$$择时损益 = (70\% - 80\%) \times 10\% + (30\% - 20\%) \times 2\%$$
$$= -1\% + 0.2\% = -0.8\%$$

可以看出,由于在该季股票市场相对于现金(债券)处于强势,但基金却减少了在股票上的投资,保留了更高的现金比例,因此其错误的择时活动导致了基金市场时机选择的损失。

二、成功概率法

成功概率法是根据对市场走势的预测而正确改变现金比例的百分比来衡量基金择时能力的方法。由于股票市场的涨跌概率大约各占 60% 与 40%,因此一个没有任何市场预测能力的基金经理如果总是将市场看作牛市,其正确预测市场的概率将高达 60%。为了对这种衡量偏误加以纠正,使用成功概率法对择时能力进行评价的一个重要步骤是将市场划分为牛市和熊市两个阶段,通过考察基金经理在两种情况下的预测能力来衡量其基金择时能力。

设 P_1 表示基金经理正确地预测到牛市的概率,P_2 表示基金经理正确地预测到熊市的概率,成功概率可由下式给出:

$$成功概率 = P_1 + P_2 - 1$$

例:假设在 20 个季度内,股票市场出现上扬的季度数有 12 个,其余 8 个季度则出现下跌。在股票市场上扬的季度中,择时损益为正值的季度数为 9 个;在股票市场出现下跌的季度中,择时损益为正值的季度数为 5 个,计算该基金的成功概率。

由条件可得:$P_1 = 9 \div 12 = 0.75$,$P_2 = 5 \div 8 = 0.625$

因此,成功概率=$(0.75 + 0.625 - 1) \times 100\% = 37.5\%$

这一数字明显大于零,因此可知该基金经理具有优异的择时能力。

三、二次项法

一个成功的市场选择者能够在市场处于涨势时提高其组合的 β 值,而在市场处于下跌时降低其组合的 β 值。因此,对一个成功的市场选择者而言,其 β 值可表示为

$$\beta_{it} = \beta_i + \gamma_i + (r_{mt} - r_f)$$

第五节　基金选择指标

一、外部结构指标

对基金业绩进行评价,部分目的是希望找出哪些基金的投资绩效显著地优异于其他基金,并找出哪些基金的投资绩效能够击败市场。但如前所述,所有的绩效评估都是基于对正常回报率、业绩基准(benchmark return)及正确的资产定价模型的假定,因此所有的绩效评估都可能存在偏差。

此外,业绩的评价总是在事后发生的。这些事后的业绩能否代表未来基金的真实能力仍然是一个未解的问题。对于基金的选择,需要凭借的是事前的预测指标,过去的历史业绩数据只是其中一种。更何况基金管理人或基金销售机构在提供基金的历史业绩数据时,可能会"精心策划":突出业绩好的时期,淡化业绩差的时期;突出业绩好的指标,隐藏业绩差的指标等。再加上媒体的过度宣传,将会导致基金表面上的业绩大大超过其实际的业绩。

因此,纯粹应用历史绩效指标作为选择基金的唯一基础很可能是徒劳无功的,除了一般的基金业绩评估指标之外,还应当考查基金内部的一些结构性指标,也就是可能会影响基金业绩的潜在因素,具体包括以下几个方面的内容。

1. 基金的规模

一般来说,小型基金由于费用相对较高,在实际操作中风险承受能力较小,对投资者而言具有较高的风险。在美国的金融市场上,厌恶风险的人都会回避 5 000 万美元以下的基金,而且通常认为投资 1 000 万美元规模以下的基金更是不明智的。不过另一个极端是,较大型的股票基金对市场变化做出的反应较为迟钝。比如一个拥有 200 亿美元资产的基金要想把其中的 1% 投资于一个颇有增长潜力的小公司可能就会遇到问题:这家小公司没有那么多的股份可供售卖,而且巨额的资金买卖股票必将大幅影响该公司的股价。小规模的基金在投资这类小公司的股票时则更具优势。追求高回报也敢冒高风险的投资者可以考虑小一点的基金,尤其是大型基金家族中的小规模基金。

2. 基金经理人的背景和任期长短

目前国内外证券投资基金的经理分为小组制和单经理制两种模式。在小组制模式下,重大决策都是由一组管理者做出的,因此决策受个人的性格、偏好等方面的影响较小,风险也相对较低。而在单经理制也就是大多数情况下,决策由基金经理个人做出,基金业绩将在较大程度上受基金经理个人特征的影响,投资者在投资之前应该对经理人有一个明确的了解。首先要了解他的个人经历。在基金管理公司的网页或其他媒体上找出经理人的姓名,查看他有多长时间的基金管理经验(是几个月还是很多年)、是否管理过其他基金等。其次,投资者可以查阅有关专业报纸杂志或者直接向基金管理公司查阅该经理人是否写过文章或书籍,有哪些观点,以便更多地了解其包括管理风格等在内的个人情况。投资者除了要明确该经理人是否富有经验、合格且勤勉外,还应该考虑他可能会在这个职位上干多久。研究表明,如果经理人是基金管理公司的创业元老,他就会比仅作为一名高级雇员在公司待的时间更长。如果某家基金管理公司要更换经理,则采取观望策略或投资其他基金是明智的。有数据显示,随着基金经理任期的延长,经风险调整后的收益和基金的资产将随之增加。最后,投资者要牢记:前任经理的辉煌业绩与现任经理无关;基金经理只是选择基金时应考虑的众多因素之一。

3. 基金的费用

在证券投资基金操作过程中会产生一些费用,投资者在投资之前应将这些费用因素考虑在内。以美国为例,在证券市场黄金时期,股市年均 20％ 的收益率会使 6％ 左右的基金费用显得无足轻重;而在股市低迷时期,股市的低收益率甚至是负收益率会使基金费用成为投资者沉重的包袱,甚至会给投资者造成损失。高的费用并不意味着可以给投资者带来高的收益或提供优质的服务。因此,投资者在选择证券投资基金时,必须仔细查阅其公开说明及相关资料,明确其所有收费情况,特别是一些隐性的费用支出。

二、内部结构指标

1. 基金的投资周转率

基金的投资周转率(turnover rate)是指基金买卖其持有有价证券的频率或称换手率,具体又可以分为股票周转率和债券周转率。投资周转率是一项显示基金投资战略的重要指标。周转率低,表明基金经理有一种长期投资倾向;周转率高,则短期投资倾向占主导地位。周转率高的基金的交易成本显然要高于周转率低的基金。如果证券市场正处于上升期,投资收益可能会大于交易成本,此时周转率高是有利的;反之,如果证券市场处于衰退期,低周转率策略则较为有利。有统计数据表明,在美国基金市场中,股票基金的年投资周转率在不断上升。20 世纪 50 年代为 20％ 左右,20 世纪 60 年代后期接近 50％,80 年代开始加速上涨,1981 年超过 60％,到顶峰的 1986 年达到 111％,1997 年为 85％。21 世纪初期,股票型基金的年投资周转率接近 100％,其中一些积极成长股票基金的周转率为 150％ 左右,应税债券基金的年投资周转率为 150％ 左右,而免税债券基金的这一指标仅为 75％。指数基金的周转率则一直是最低的。

2. 现金流量

对于开放式基金而言,现金流量一般指投资于基金的资金净增长,即申购基金的资金超出赎回基金的部分或称净申购资金。现金流量在基金总资产中所占比重对选择基金的投资者来说是一个非常重要的评价指标。那么现金流量与基金的投资收益有没有关系呢?

20 世纪 60 年代末期,美国共同基金分析专家阿兰·波普通过研究发现,现金流量这一指标与证券投资基金的业绩有着密切的关系。当某一基金有大量的现金注入时,基金的运作呈现良好的发展势头,基金的业绩也呈上升态势;但是如果这种大量的现金停止注入,基金业绩的上升态势也随之停止,甚至还有下降的趋势。究其原因,有以下三个。

(1)基金经理使用新的现金流量扩充了现有的股票头寸,这种上升的投资需求对基金本身来说是利好消息,有利于刺激基金所投资股票的价格上涨,尤其是对那些基金所持有的小盘股来说,效果比较明显。

(2)基金可以扩充发展机会,因为基金经理不必卖出原有股票来筹集资金,而是可以用新注入的资金来做新的投资组合。

（3）当股市处于牛市高峰的时候，大量现金流入可以作为即将到来的熊市的缓冲器。因为基金有充足的资金进行追加投资，而不必担心"套牢或割肉"。

需要说明的是，对开放式基金而言，大规模现金流量的负增长应当引起投资者的警惕，这种现象意味着投资者不断从基金中撤出：或者出于对基金业绩不满，或者由于基金的费用率增加，或者由于其他消极因素。这样就会迫使基金经理采取一些可能会造成损失的应急措施，基金规模会因此萎缩，基金管理人可能会失去信心，基金的费用率也会因此而上升。

3. 基金的资产结构

如前所述，基金的资产配置对基金绩效十分重要。经验表明，中国股票市场和债券市场的收益经常呈现一种负相关的关系。由于资金在两个市场间相互流动，股票市场火爆时，债券市场低迷；而债券市场火爆时，股票市场低迷。基金经理可以通过在两种市场上不断地调整配置来展现其投资风格和能力。

4. 基金投资的行业结构

不同行业具有不同的收益，人们对不同行业的收益预期也存在较大的差异。将资金在朝阳产业与夕阳产业之间、成熟型产业与成长型产业之间进行合理配置，同样可以起到防范风险、提高收益的作用。

5. 基金投资的时间结构

在投资策略上，基金在坚持中、长线持股的同时，也会及时根据整个市场大势的变化对所持股票进行必要的减持、增持和变换。但在具体的转换上，各基金在不同时期和不同的条件下存在许多差异。

进行投资结构的时间调整，不仅可以降低非系统风险，还可以在一定程度上化解系统风险。一般系统风险对市场总体的影响是有时间限制的，过了一段时间，系统风险便暂时解除，因此根据市场大势或政策的起伏变化分散投资时机，将资金分散在几个月或更长的时间内进行配置，可以在某种程度上避开系统风险。通常可以采用以下方法：

（1）在经济周期的不同阶段进行组合，分别给予不同阶段不同的权重。

（2）将资金进行长、中、短期结合，根据实际情况合理分配长、中、短期资金。

（3）在经济发展和经济衰退时期进行组合。

以上实际也反映了基金的择时能力。

第六节   基 金 评 级

一、基金评级的意义

基金评级即基金业绩评价，是指基金评级机构或评价人对基金的投资收益与风险及基金管理人的管理能力开展的评级、评奖或指标排名等。它既是资产管理过程结束后的总体评价，也是资产管理过程中的实时评价。基金业绩评价对基金管理人与基金投资者都具有重要意义。

对于基金管理人而言,基金公司需要对其业绩进行评价以满足信息披露或品牌宣传的需要。此外,基金管理人的投资策略与风格不一,基金公司需要对基金业绩进行量化分析,以便为投资目标匹配、投资计划实施及内部绩效考核提供参考。对于基金投资者而言,其投资基金的目标不一,通过基金业绩评价,投资者可以识别具有投资管理能力的基金经理,为其选择基金提供合适的标准。

二、基金评级的原则与方法

1. 基金评级的原则

评估基金的主要目的是为投资者服务。普通投资者想知道基金经理管理证券组合的能力,是否比"非管理"的证券组合强,是否比散户自己的管理能力强。一旦发现基金值得投资,普通投资者就面临另一个问题:市场上有如此多的基金,应该如何选择? 基金的业绩排名对投资者来说是选择基金的一个重要参考依据。此外,基金管理公司也要进行内部业绩评比,从而实现优胜劣汰,促进内部竞争。

一种挑选基金的原则是 4R 原则,即收益率(returns)、评级(rating)、风险(risk)和支出比率(expense ratio)。美国著名的基金评级公司晨星公司就提供这方面的信息。

(1)收益率。为了更客观地分析基金的历史表现,晨星公司计算了所有基金收益率的平均数,以便使用者将某一基金与平均数进行比较,并对基金最近三年的收益率进行统计处理,将其收益率与同类其他基金比较所得的百分数排序,分别以 1~100 的数字代表,数字越小,表明其过往的表现越好。例如,某基金的百分比为 99%,就意味着该基金在过去三年的收益率比同类其他 99% 的基金收益率都高,因而排名就为 1。

(2)评级及风险度。晨星公司为了更全面地给各基金评级,对基金做了细致的分类,然后再对各类基金分别进行排名。在每类基金中,每一基金又被按照三年的实际业绩表现排名。在晨星公司的评级体系中,最著名的是其三年的"星级"评级。通过考察该指标,投资者可以在更大的范围内综合判断基金的表现与抗风险能力。

(3)支出比率。支出比率是指基金的年度费用占资产的比例。如果某基金收取的费用高于平均水平,该基金的回报同样应该高于平均水平。有些基金收取销售费用,多数情况是因为这些基金是通过经纪人或财务顾问出售的,因此需要为此类服务付费。

(4)其他因素。包括"最差三个月的表现"和"管理者任期"等内容。

2. 基金评级的方法

1) 有基准的业绩衡量方法

在该方法下,最重要的是找到合适的业绩比较基准,然后再使用前述基金业绩评价指标进行对比,评估基金业绩的好坏。以下将重点阐述如何寻找合适的基准。合适的业绩比较基准的首要条件是必须与要评价的基金高度相关,二者的投资类型、投资结构等应相同或类似。在实操中,通常有两类选择基准的做法,具体说明如下。

(1)以市场指数为基准。在证券市场上有许多现存指数,它们是事先确定的,与整个或部分市场的运行高度相关。这些指数可以直接作为基金业绩的比较基准,但最终选择哪类指数取决于基金的性质、类型,如股票型基金应选择一种与其投资类型相同的股价指数作为基准。

可用作比较基准的指数有很多,如在我国,大家熟知的上证综指、上证 50 指数、上证 180 指数、沪深 300 指数等都属于参考基准。评估方可根据基金的投资情况选择合适的基准。

以市场指数为基准有利有弊:利在于使用方便,指数是现成的,拿来即可使用;弊在于指数是由特定的证券组合计算得来的,与基金投资类型存在差异,其精准度受到质疑。

(2)以类似基金为基准。针对市场指数作为基准的弊端,一些评估机构开始使用类似基金作为比较基准。所谓类似基金,是指一组投资风格相近的基金组合。与指数不同,它是众多现存的风格相似的基金的平均业绩表现,能够反映该基金的运行业绩。

寻找类似基金存在一些规则。在美国,区分类似基金最常用的方法有招募说明书投资目标分类法、理柏(Lipper)基金分类法和晨星基金分类法。招募说明书投资目标分类法是指每只基金都有自身的投资目标,由此决定了基金的投资风格,可以根据不同的投资目标将基金分为不同的组,这些组即为类似基金。该方法的缺点在于准确性较低:部分基金在实际投资中不完全按照投资目标规定的风格进行投资。理柏基金分类法是理柏公司采用的分类方法,在使用招募说明书投资目标的基础上辅以其他有关信息进行分类,其缺点在于分类过细,使用不便。晨星基金分类法是晨星公司采用的分类方法,根据公司投资风格,按照基金各自的实际投资组合进行调整,其缺点在于基金类别不稳定,易于变化。

使用基准衡量基金业绩存在不可克服的困难,具体包括:

① 指数的调整。为了更好地反映市场的全貌,市场指数会定期进行调整,这种时变的市场指数降低了其作为业绩比较基准的有效性和可比性。

② 交易成本。基准收益是理论上可获得的收益,而实际基金投资组合的建立与调整都必须支付一定的交易成本。二者间在进行比较时应注意交易成本的影响。

③ 现金的影响。投资组合中难免会保留一定数量的现金,这使市场上涨时,投资组合的表现劣于市场指数,而在市场下跌时,投资组合的表现优于市场指数。

2)无基准的业绩衡量方法

学术界对于如何选择业绩比较基准存在争论,并对以 CAPM 为基础发展起来的基金业绩衡量方法提出了质疑。为解决上述问题,有学者提出了事件研究方法或无基准的业绩衡量方法,其中包括科尔内尔(Cornell,1979)的事件研究模型(Event Study Model,ESM)及科柏兰和梅耶斯(Coperland & M. Mayes,1982)的事件研究模型。无基准的业绩衡量方法认为,如果基金经理有特殊的选股或择时能力,则基金投资组合中个股的实际收益率应高于预期收益率,相反则说明基金经理不具备证券选择能力。

(1)科尔内尔的事件研究模型。科尔内尔以马科维茨的均值-方差模型为基础,以基金投资组合中每只证券的投资比例为权重计算的收益率加权平均值作为该基金的期望收益率,用第 T 期某个基金投资组合的实际收益率与期望收益率之差的平均值构建了 ESM:

$$\text{ESM}_P^C = \sum_{t=1}^{T} \sum_{i=1}^{N} \{w_{p,i,t}[R_{p,i,t} - E(R_{p,i,t})]\} \qquad (t=1,\cdots,T; i=1,\cdots,N)$$

$$E(R_{p,i,t}) = \overline{R}_{p,i,t-1} \qquad (i=1,\cdots,N)$$

其中,$w_{p,i,t}$ 为基金投资组合中第 i 只证券的投资比例;$R_{p,i,t-1}$ 为基金投资组合中第 i 只证

券在第 t 期的收益率；$E(R_{p,i,t})$ 为基金投资组合中第 i 只证券在第 t 期的期望收益率；T 为样本期；N 为基金投资组合中包含的证券数量。

科尔内尔的 ESM 是对基金业绩评价理论的一次创新，但由于该方法以基金投资组合中证券的事前收益率为基准，容易导致基金经理为提高基金业绩而人为调节基金的事前收益，因此缺乏客观性。

（2）科柏兰和梅耶斯的事件研究模型。科柏兰和梅耶斯认为，科尔内尔的方法使用评价期（事件）前的一段样本区间进行组合期望收益率的估计，这种根据证券的历史表现选择证券的行为容易导致统计上的系统偏误。因此，他们改用评价期（事件）后的一段样本区间进行组合期望收益率的估计，得到以下 ESM 模型：

$$\text{ESM}_P^{CM} = \frac{\sum_{t=1}^{T}\sum_{i=1}^{N}\{w_{p,i,t}[R_{p,i,t}-E(R_{p,t})]\}}{T} \qquad (t=1,\cdots,T;i=1,\cdots,N)$$

$$E(R_{p,i,t})=\overline{R}_{p,i,i+\tau} \qquad (i=1,\cdots,N)$$

其中，τ 的取值为 1 或 2。

然而，利用后续期间估计的收益率可能无法包括一些未预料到的特殊情形（如公司兼并、收购等），因此会造成估计上的困难。

三、基金评级机构

随着基金业的发展，美国等的发达证券市场已经形成了一些相对成熟的基金业绩评价方法，比较知名的有晨星、理柏、标准普尔的基金评级理论。

目前，国内的基金业绩评价机构主要有三类：①第三方独立的外资评级机构，如晨星等，这些资深机构的评级方法比较成熟；②券商评级机构，如银河证券、海通证券、招商证券等；③国内独立的投资咨询研究机构，如天相投顾等。在众多基金评级体系中，知名度较高、影响力较大的主要包括中国晨星、银河、海通等。这些机构虽均采用收益评价指标、风险评价指标和风险调整后收益指标来总体衡量基金业绩，再根据风险调整后收益指标对基金进行评级，但在具体细节和实际操作上仍存在差异。

1. 基金评级机构具备的条件

由于基金评级产品是对基金业绩进行复杂的数学和统计运算后得到的结果，其生产过程比较隐蔽，数据处理工作量大，对其进行逐笔核算显然不现实。因此，基金评级产业的监管应从基金评级机构的选择入手，通过对基金评级机构的独立性、公正性及数据处理水平等方面的考察，为基金评级产品质量控制把好第一关。基金评级机构应具有下面五个基本条件。

（1）独立性。独立性是指基金评级机构所提供的信息不能受任何机构及个人利益和意志的影响。基金评级结果可能涉及基金市场中很多参与者的利益，如果基金评级机构与基金市场相关参与者有利益关系，基金评级结果就有可能受某些参与者利益的影响，进而误导所有评级结果的使用者，对投资者的基金选样和投资决策、基金销售及基金经理激励等各方面造成不良影响。同时，如果评级结果不能充分保证独立性，其市场公信力将受到影响，甚至动摇整个基金评级行业的公信力，从而影响行业的发展。因此，基金评级机构的独立性是保证其评级结果及相应产品公正性和可靠性的基础。

（2）公正性。基金评级系统及其产品的公正性是其获得市场认可的基础。公正性包括基金评级产品实质上的公正性和形式上的公正性。实质上的公正性是指对每一只基金的评级结果都应该是公正的，基金评级结果没有任何利益或其他关联等原因对任何基金有所偏向或袒护。为了保证基金评级实质上的公正性，进行基金评级并推出相关产品的机构必须能够充分保证其独立性和公正性，并且能够得到市场上各参与者的信任和认同，也就是说从形式上要让投资者相信评级结果的公正性，即保证其形式上的公正性。

（3）有效的数据维护和处理能力。基金评级是一个数据处理的过程，需要以庞大的数据库为基础，按照一定的规则，即基金评级指标体系，进行数据处理。该数据处理规则的确定和完善需要强大的理论和市场研究的支持。因此，拥有强大的基础数据库和数据库处理能力是基金评级产品成功的基础。

（4）强大的资金实力。基金评级系统的建立和维护，基金评级产品推出之初的推广和宣传，都需要一定的人力、物力和财力的投入，通常需要在基金评级产品具有比较广泛的市场影响力和公信力后才能逐渐产生经济效益。因此，基金评级机构需要有一定的资金实力进行前期和初期的投入，或者有其他盈利产品进行补充，以保证其未来的成功。

（5）高效的信息发布和推广渠道。保证基金评级指标体系的科学、公正之外，成功的市场推广也是基金评级产品取得商业成功的重要保障，而通畅的信息发布渠道和灵活多样的推广方式是基金评级产品商业推广的基础。因此，通畅高效的基金评级结果发布和推广渠道是基金评级成功的重要支持。

2. 基金评级机构的区别与联系

（1）业务范围不同。理柏、晨星、标准普尔、全球基金评级机构等是专门的基金评级机构，以基金业绩评价为核心，针对不同的客户开发了几十种产品，拓展收入渠道，这也是基金评级公司生存和发展的法宝。标准普尔、穆迪等是兼营基金评级的信用评级公司，基金业绩评价只是其众多评级业务中的一项。

（2）评级对象略有区别。理柏、晨星和标准普尔在主要基金市场上都设有分支机构，因而其评级对象几乎涵盖了世界上大多数国家和地区公开发售的各种基金。相比之下，全球基金评级机构和穆迪的评级对象较窄。全球基金评级机构的评级对象主要是近万种国际离岸基金，穆迪的基金评级主要针对债券基金和货币市场基金。

（3）评级方法各有特点。全球基金评级机构采用的是打分法的星号评级。标准普尔、穆迪则沿用信用评级的符号，采用实质性分析和标准性判断的方法对被评级的基金给出等级。理柏的评级结果没有采用特定符号来标记，而是采用按指标排序、评比、列示指标等方式予以公布。

（4）盈利模式有所不同。标准普尔有应基金管理人申请对其基金进行业绩评价并收取一定费用的基金评级业务，而大多数基金业绩评价公司只是通过提供围绕基金业绩评价所衍生的基金数据、投资分析工具、研究报告、在线服务等业务获取收入。例如，晨星为机构投资者提供资产管理分析软件，每年使用费为 545 美元，网上付费客户每年交费 99 美元，其出版的《晨星共同基金》杂志每年订阅费为 500 美元。

思　考　题

1. 简述基金选择的外部结构指标和内部结构指标。
2. 如何具体测量择时能力？有哪些方法？
3. 简述晨星公司的基金业绩评价体系。
4. 为了对基金绩效进行有效的衡量,必须考虑哪些因素?

主要参考文献

1. 中国证券投资基金业协会.证券投资基金:上册[M].北京:高等教育出版社,2017.

2. 中国证券投资基金业协会.证券投资基金:下册[M].北京:高等教育出版社,2017.

3. 王鲁志.证券投资基金实务教程[M].上海:复旦大学出版社,2017.

4. 赵庆国.证券投资基金[M].南京:东南大学出版社,2012.

5. 刘大赵.证券投资基金[M].大连:东北财经大学出版社,2022.

6. 王国林.证券投资基金管理简明教程[M].西安:西安交通大学出版社,2021.

7. 郗修方.证券投资基金[M].北京:化学工业出版社,2013.

8. 洪卉.证券投资基金投资管理学[M].北京:中国经济出版社,2019.

9. 何孝星.证券投资基金管理学[M].大连:东北财经大学出版社,2018.

10. 李曜,游搁嘉.证券投资基金学[M].北京:清华大学出版社,2014.

11. 陈卫东.投资基金管理[M].北京:科学出版社,2004.

12. 李曜.证券投资基金学[M].北京:清华大学出版社,2014.

13. 陈卫东.投资基金管理[M].北京:科学出版社,2014.

14. 张存萍.证券投资基金[M].北京:电子工业出版社,2018.

15. 霍文文.证券投资学简明教程[M].北京:高等教育出版社,2010.

16. 沈维涛,黄兴孪.我国证券投资基金业绩的实证研究与评价[J].经济研究,2001(9).

17. 包明宝.泛投资基金:从证券基金、产业基金到创业基金[M].北京:经济管理出版社,2000.

教师服务

　　感谢您选用清华大学出版社的教材！为了更好地服务教学，我们为授课教师提供本书的教学辅助资源，以及本学科重点教材信息。请您扫码获取。

》》教辅获取

本书教辅资源，授课教师扫码获取

》》样书赠送

财政金融类重点教材，教师扫码获取样书

 清华大学出版社

E-mail: tupfuwu@163.com
电话：010-83470332 / 83470142
地址：北京市海淀区双清路学研大厦 B 座 509

网址：http://www.tup.com.cn/
传真：8610-83470107
邮编：100084